JOSÉ REIS
TIAGO SANTOS PEREIRA
JOÃO TOLDA
NUNO SERRA

Imigrantes em Portugal
Economia, Pessoas, Qualificações e Territórios

IMIGRANTES EM PORTUGAL
ECONOMIA, PESSOAS, QUALIFICAÇÕES E TERRITÓRIOS

AUTORES
JOSÉ REIS
TIAGO SANTOS PEREIRA
JOÃO TOLDA
NUNO SERRA

EDITOR
EDIÇÕES ALMEDINA. SA
Av. Fernão Magalhães, nº 584, 5º Andar
3000-174 Coimbra
Tel.: 239 851 904
Fax: 239 851 901
www.almedina.net
editora@almedina.net

PRÉ-IMPRESSÃO | IMPRESSÃO | ACABAMENTO
G.C. GRÁFICA DE COIMBRA, LDA.
Palheira – Assafarge
3001-453 Coimbra
producao@graficadecoimbra.pt

Março, 2010

DEPÓSITO LEGAL
305162/10

Os dados e as opiniões inseridos na presente publicação
são da exclusiva responsabilidade do(s) seu(s) autor(es).

Toda a reprodução desta obra, por fotocópia ou outro qualquer
processo, sem prévia autorização escrita do Editor, é ilícita
e passível de procedimento judicial contra o infractor.

Biblioteca Nacional de Portugal – Catalogação na Publicação

Imigrantes em Portugal : economia, pessoas,
qualificações e territórios / José Reis... [et al.].
(CES)
ISBN 978-972-40-4084-4

I – REIS, José

CDU 314
      338
      316
      331

À memória de Maria Ioannis Baganha, que influenciou decisivamente os estudos sobre migrações em Portugal e cuja companhia como investigadora do CES nos enriqueceu a todos. Recordamo-la aqui com profunda emoção e respeito

ÍNDICE

Apresentação   11

Capítulo I
O modelo económico português e os factores de competitividade   23

1. O crescimento económico recente em Portugal: um modelo extensivo
e os seus ciclos   23
2. O crescimento económico e o factor trabalho   26
3. Conclusão   30

Capítulo II
**A estrutura regional da economia: sistemas produtivos
e especializações territoriais**   31

1. A terciarização da economia e o reordenamento subsectorial da indústria
em Portugal   32
2. Região Norte: uma indústria concentrada em actividades de fraca
intensidade tecnológica e um terciário polarizado numa área metropolitana   41
3. Região Centro: uma indústria de média intensidade tecnológica e uma
distribuição espacial difusa do terciário   48
4. Região de Lisboa: uma indústria de elevada intensidade tecnológica
e um terciário polarizado numa área metropolitana   55
5. Região do Alentejo: uma indústria e um terciário com uma frágil
empregabilidade   59
6. Região do Algarve: uma economia concentrada na exploração turística
de potencialidades naturais sem uma base industrial significativa   64
7. Conclusão   66

Capítulo III
Portugal em mudança: demografia, urbanização e territórios   69

1. A relevância recente da imigração na demografia portuguesa   69
2. Demografia e urbanização: diferenciações regionais   75
3. Conclusão   85

Capítulo IV
A imigração em Portugal: novos imigrantes e uma nova geografia

87

1. Meio milhão de imigrantes: um "país de imigração" e uma alteração
demográfica significativa

88

2. Os "novos" imigrantes: a "geografia das origens"

91

3. Imigração e território: a "geografia das chegadas"

96

4. Conclusão

110

Capítulo V
Perfis do trabalho nacional e do trabalho imigrante

113

1. O universo de referência: 152 mil imigrantes em 2,6 milhões de trabalhadores
por conta de outrem

113

2. Perfis de habilitações, qualificações e competências

116

2.1. Habilitações escolares

116

2.2. Qualificações profissionais

123

2.3. Sectores de Actividade

130

2.4. Classes Tecnológicas

139

2.5. Profissões

142

3. Grau de correspondência entre qualificações e emprego

150

4. Conclusão

166

Capítulo VI
Imigração e Território

169

1. A distribuição e a intensidade territorial da mão-de-obra imigrante

169

2. Polarização territorial do trabalho imigrante segundo a nacionalidade

178

3. Calibragem dos mercados locais de trabalho: distribuição da mão-de-obra
imigrante por ramos e sectores de actividade

184

3.1. A inserção do trabalho imigrante por ramos de actividade nos territórios
do país

184

3.2. A inserção territorial do trabalho imigrante por ramos de actividade

191

3.3. A terciarização e a necessidade de trabalho na economia portuguesa

201

3.4. Análise territorial das classes tecnológicas da indústria e dos serviços

211

4. Imigração e capacitação dos espaços de acolhimento: as habilitações
dos imigrantes e dos portugueses

218

5. As qualificações dos imigrantes: o uso desqualificado da mão-de-obra

225

6. Conclusão

231

Capítulo VII
A imigração enquanto mobilidade: Portugal numa plataforma global de 'circulação de investigadores'? 233

1. Dimensão internacional do sistema de investigação 234
2. Distribuição da imigração científica em Portugal 237
3. Experiências e trajectórias de imigração científica 245
    3.1. Caracterização da amostra 247
    3.2. Portugal nas trajectórias de mobilidade internacionais 251
    3.3. Experiências e motivações de migração 255
    3.4. Redes e Resultados 265
4. Conclusão 267

Bibliografia 270

Índice de Quadros, Gráficos e Figuras 273

Anexo 285

Integração de imigrantes e aproveitamento de potencialidades produtivas: Análise baseada em entrevistas e inquéritos 287

APRESENTAÇÃO

É sobretudo na década de noventa que a sociedade portuguesa se apercebe, colectivamente, da transformação do estatuto do país em relação aos fenómenos migratórios, ou seja, da passagem da sua condição de *país de emigrantes* para *país de imigração*. De facto, apesar de Portugal não ter deixado de continuar a registar saídas da sua população para o estrangeiro, passou a ser também um destino com crescente relevância em relação aos fluxos migratórios, tal como outros países do contexto europeu.

Sendo certo que esta transformação assume um significado que é, em primeira instância, *quantitativo*, dada a inversão de sentido dos saldos migratórios observados até ao início dos anos 90, é igualmente um significado *qualitativo* que se associa a esta nova percepção e realidade, na qual Portugal passou a ser igualmente um ponto de chegada na rede das migrações, a uma escala em que se combinam a dimensão europeia, as proximidades geográficas, culturais e linguísticas e também a própria escala global. Com efeito, depois do regresso massivo de cidadãos das ex-colónias, na sequência da revolução de Abril de 1974, e do afluxo continuado de imigrantes provenientes dos novos países de língua oficial portuguesa, sobretudo africanos, é a entrada significativa de cidadãos brasileiros e de imigrantes de países do leste europeu – tanto de países que se aproximam da União Europeia, quanto de outras proveniências – que marca qualitativamente o novo estatuto de Portugal no quadro das migrações (Fonseca, 2003; Baganha *et al.*, 2004).

Este novo estatuto do país suscitou, em alguns sectores da sociedade portuguesa, e sobretudo até meados dos anos noventa, quando o fenómeno da imigração irrompeu nas suas novas formas, um conjunto de reflexões relativamente aos possíveis impactos das novas realidades migratórias, e que – à semelhança do ocorrido com a vaga de "retorno" do pós 25 de Abril – se centraram essencialmente em duas questões consideradas problemáticas: por um lado, a dos impactos da imigração na estrutura de emprego e, por outro, a dos seus impactos na esfera da segurança e da própria coesão social.

A par das interrogações que um fenómeno desta natureza naturalmente comporta, alguns discursos de pendor discriminatório, e até, em muitos casos, mitigada ou explicitamente xenófobos, tiveram o seu lugar (mas também o seu tempo), sugerindo a necessidade de um controlo muito restritivo das entradas de imigrantes no país, e sublinhando a insegurança pública e a criminalidade que lhes estariam associadas, bem como a circunstância de os imigrantes poderem vir a ser causa de desemprego entre os cidadãos nacionais.

Estes discursos sobre a imigração, hoje muitíssimo mais ténues e pontuais, foram em certa medida legitimados, perante o senso comum, pela carga semântica e simbólica associada às circunstâncias de "ilegalidade" e de "clandestinidade" de uma parte da imigração, decorrentes portanto da existência de contingentes significativos de entradas ilegais e de "não documentados" entre os imigrantes, quer no universo dos cidadãos provenientes das ex-colónias, quer no universo dos cidadãos que integram os novos fluxos migratórios.

No espaço de cerca de dez anos, todavia, estes discursos temerosos da imigração foram perdendo progressivamente lugar e adesão junto das opiniões públicas, sendo hoje relativamente consensual, por um lado, que os imigrantes se ocupam essencialmente em sectores de actividade e profissões pelas quais os portugueses revelam pouca apetência, ao mesmo tempo que a consciência do envelhecimento demográfico permitiu encarar a entrada de activos como um contributo positivo para o rejuvenescimento da população em geral e para o reforço dos contingentes de população activa em particular.

Por outro lado, e muito graças ao empenho e ao trabalho desenvolvido pelo ACIME (Alto Comissariado para a Imigração e Minorias Étnicas), criado em 1996 e que hoje assume o estatuto de Instituto Público, sob a designação de Alto Comissariado para a Imigração e Diálogo Intercultural (ACIDI), têm vindo a ser gradualmente desconstruídos alguns dos "mitos" e equívocos acerca da imigração e dos imigrantes, nomeadamente em matérias como a da relação entre imigração e criminalidade (Seabra e Santos, 2005 e 2006), ou do peso dos encargos que os imigrantes representariam para o orçamento de Estado (Almeida, 2003)[1], entre outras questões.

Simultaneamente, um conjunto de iniciativas, projectos e campanhas de informação e sensibilização têm vindo a mobilizar conhecimento objectivo e fundamentado sobre o real significado e os reais impactos do fenómeno imigratório em Portugal, contribuindo desse modo para que – mesmo no contexto de recessão e crise social que emergiu sobretudo a partir de 2000 – este fenómeno fosse cada vez mais encarado como uma oportunidade e um bene-

---

[1] A 12 de Agosto de 2007, uma notícia do Diário de Notícias dava conta do facto de *"um em cada dez trabalhadores por conta de outrem que descontaram para a Segurança Social durante 2006 [ser] de nacionalidade estrangeira"*, bem como do facto de *"18% dos patrões portugueses que entregaram declarações de remunerações nesse mesmo ano [terem pago] salários a estrangeiros"*, confirmando assim *"a importância da mão-de-obra estrangeira na produção da riqueza nacional."*

APRESENTAÇÃO 13

fício, e não como uma ameaça (Vitorino, 2007), travando-se também desta forma uma luta junto das opiniões públicas, no campo do discurso e das imagens e representações acerca dos imigrantes na comunicação social (Cádima *et al.*, 2003; Ferin *et al.*, 2004; Silveirinha e Cristo, 2004; Ferin e Santos, 2006).

Parece pois legítimo admitir que, mais recentemente, a própria realidade quotidiana foi deixando cada vez menos espaço para os discursos menos optimistas a até repressivos acerca da imigração. Não se quer dizer que não são justificadas as interrogações acerca da relação dos fenómenos migratórios com outros fenómenos, como é o caso das redes de tráfico que se lhes associam (Sassen, 2002; Peixoto *et al.*, 2005), das questões cívicas relacionadas com a integração de cidadãos imigrantes (Silva, 2004; Fonseca e Malheiros, 2005; Silva, 2005), da nova divisão global do trabalho permitida pela imigração (Saxenian, 2006), ou ainda em questões como as relativas às políticas de regulação de entradas e de gestão dos processos de legalização (Rocha-Trindade, 2001; Santos, 2004; Baganha, 2005). Por isso mesmo são vários os estudos, muito diferenciados, que exploram as repercussões da imigração em distintas vertentes.

Exemplos destas abordagens sobre a imigração portuguesa são alguns trabalhos que analisam os impactos demográficos da imigração e as questões da reunificação familiar (Fonseca, 2005 e Rosa *et al.*, 2003); estudos sobre as relações entre a imigração, o emprego e a economia (Carvalho, 2004; Ferreira, 2004; Peixoto, 2004; Oliveira, 2004; Góis e Marques, 2007); sobre matérias associadas aos impactos sociais e culturais da imigração (Lajes e Policarpo, 2002; Marques, 2003; Marques, 2005; Bastos, 2006; Nico *et al.*, 2007), ou acerca das dimensões territoriais do fenómeno imigratório, que – nas suas novas feições – tem evidenciado uma geografia diferente daquela que se associava à prevalência da imigração lusófona até ao início da década de noventa (Rebelo, 2006; Fonseca, 2003 e 2007; Fonseca e Malheiros, 2005; Malheiros *et al.*, 2007).

Estamos assim perante um lado incontornável da sociedade e da economia portuguesas que os últimos dados confirmam e tornam até cada vez menos desconhecido ou estranho. A informação mais recente, do INE e do SEF, confirma que em 2007 estavam legalmente em Portugal 435 736 cidadãos de nacionalidade estrangeira, distribuídos entre titulares de Autorizações de Residência (401 612), concessões e prorrogações de Autorização de Permanência (5 741) e prorrogações de Vistos de Longa Duração (28 383). De Cabo Verde (61 110), do Brasil (55 665) e da Ucrânia (34 240) provêm as principais comunidades, representando respectivamente 15,2%, 13,9% e 8,5% do total.

É perante este universo de cidadãos que renovam a nossa própria cidadania que vai sendo acumulado conhecimento e que subsiste um vasto campo de investigação em aberto, o qual diz justamente respeito aos impactos concretos da imigração em múltiplas vertentes e escalas da sociedade e do território português. Isto é, na esfera das transformações e contributos em que o aumento de cidadãos imigrantes entre nós se traduz, e que se reflectem numa multiplicidade de dimensões que é porventura tão ampla como o é hoje a própria realidade das proveniências geográficas destes cidadãos, e que – pela natureza qualitativa deste fenómeno – nem sempre requer dimensão e escala para dar origem a impactos significativos na nossa estrutura social, económica e cultural.

É com estas questões e até com as que permanecem em aberto que o trabalho que aqui se apresenta se relaciona.[2] Ele teve como principal finalidade desenvolver uma *análise de impactos da imigração na economia e na sociedade*[3], tendo como objectivo privilegiar a dimensão económica das qualificações. Procurava-se, em particular, identificar situações em que a imigração fosse um factor de qualificação dos meios de acolhimento. O que implicou dedicar uma atenção muito especial à *inserção pelo trabalho* e, desse modo, ao uso das habilitações dos imigrantes, designadamente quando elas se revelam mais elevadas do que as dos portugueses. Para tal usou-se de forma privilegiada uma fonte estatística que se revelou profícua, e que permitiu analisar um grande volume de informação, configuradora dos contornos mais estruturais e mais extensivos dos *mercados do trabalho assalariado* em Portugal e do lugar

---

[2] Este trabalho resulta do Projecto de Investigação "A Imigração Qualificada: Imigrantes em sectores dinâmicos e inovadores da sociedade portuguesa" (PIQS/SOC/50096/2003), financiado pela FCT – Fundação para Ciência e Tecnologia. Para além de Eduardo Basto, bolseiro de investigação deste projecto desde Julho de 2005 até ao final, contou-se com a colaboração de Élia de Jesus (bolseira de investigação entre Janeiro a Abril de 2005) e de Stefano Baruffaldi (estudante ERASMUS na Universidade de Coimbra) que, no âmbito do trabalho final de licenciatura, participou na realização de um inquérito a investigadores estrangeiros em Portugal. Manifesta-se a todos o reconhecimento dos investigadores do projecto.

[3] Para isso desenvolveram-se três bases de dados. Numa, com a informação contextual mais relevante, privilegiaram-se os dados demográficos, com desagregação concelhia, distrital, por NUTS II e por NUTS III. A outra, com elaborações por concelhos, por NUTS II e por NUTS III, resultou do tratamento da informação dos Quadros de Pessoal adquirida ao Ministério do Trabalho e da Segurança Social. A terceira é composta pela informação de base dos próprios Quadros de Pessoal.

que hoje aí ocupam os imigrantes. Essa fonte corresponde aos Quadros de Pessoal das empresas, disponibilizados pelos serviços do Ministério do Trabalho e da Solidariedade Social. Com esta análise foi possível dar às questões da *inserção formal* no mercado do trabalho assalariado um lugar mais central do que se imaginava e isso permitiu ancorar solidamente as conclusões de que os imigrantes têm, neste plano da economia, um peso equivalente ao que se estima (através do seu peso demográfico) terem na sociedade em geral (cerca de 5%).

Esta mesma linha de análise levou-nos a consolidar a ideia de que o *modelo de desenvolvimento económico português* tem como característica muito forte o facto de ser *muito "consumidor" de mão-de-obra*. A sua natureza extensiva implica que o lado da oferta do mercado de trabalho seja amplo. Este facto, que se relaciona também com especificidades da própria sociedade portuguesa, não pode deixar de ser associado ao peso que a imigração assumiu entre nós, numa fase concreta da nossa trajectória de crescimento.

O interesse que se dedicou à *informação quantitativa* sobre a inserção dos imigrantes no trabalho formal (e que permitiu estudar habilitações, qualificações, profissões, sectores e territórios) não impediu que se desse igualmente atenção a *dimensões mais específicas ou qualitativas*. Uma dessas dimensões foi a que consistiu em acompanhar sempre aquela análise com o estudo e a observação de situações de terreno e com a recolha de informação qualitativa. A outra foi a que consistiu em abrir uma linha de pesquisa sobre os trabalhadores científicos.

Na primeira situação privilegiámos dois *sistemas locais*, por serem bem conhecidos dos investigadores e por permitirem apreciar de forma relevante se as situações mais dinâmicas em termos industriais são mais favoráveis a uma inserção do trabalho imigrante de acordo com as suas habilitações. Concluímos que não e que a imigração aparenta ter aqui um papel relativamente transitório, fugaz e pouco consolidado.

Quanto aos trabalhadores científicos, foi igualmente procurada uma fonte privilegiada de informação para a análise da *inserção no sistema de investigação*, através do recurso aos dados do Inquérito ao Potencial Científico e Tecnológico Nacional, elaborado pelo actual Gabinete de Planeamento, Estratégia, Avaliação e Relações Internacionais do Ministério da Ciência, Tecnologia e Ensino Superior. A análise destes dados permite concluir que também neste sub-sistema *os imigrantes têm um peso equivalente ao da sua inserção formal na economia*, constituindo cerca de 5% dos investigadores, devendo assinalar-se um crescimento significativo no curto período analisado (2001 e 2003).

IMIGRANTES EM PORTUGAL

Com vista a analisar mais aprofundadamente as trajectórias em que a inserção dos trabalhadores científicos ocorre, optou-se por desenvolver um *inquérito aos investigadores estrangeiros em Portugal*, o que permitiu concluir pela inserção do sistema de investigação nacional em dinâmicas globais de circulação de investigadores, tendo em conta a diversidade de origens dos investigadores que se integram em Portugal.

O trabalho desenvolvido permitiu chegar a *conclusões relevantes e a informação original*, aprofundando aspectos geralmente pouco tratados. Exactamente porque assim foi, não se hesitou em conceder um largo tempo de trabalho a aspectos que não se imaginava no início que pudessem ser tão profícuos. É certo que isso levou a que neste momento possamos dispor de material importante que pode ser agora objecto de *desenvolvimentos com maior detalhe*, designadamente através de análises de nível local e de maior incidência quantitativa.[4]

As **conclusões** a que chegámos repartem-se por onze domínios:

a) **Economia portuguesa**. A natureza extensiva do ciclo de crescimento económico iniciado em 1994 aponta para o uso de grandes quantidades de trabalho pela economia, o que conduz a uma dependência forte relativamente ao lado da oferta do mercado de trabalho. A imigração foi, claramente, uma forma de assegurar uma disponibilidade alargada de trabalho, necessária a uma economia pouco produtiva, assente na mão--de-obra e deficitária relativamente aos outros factores de competitividade, como a inovação ou as economias de escala.

b) **Evolução da estrutura sectorial do emprego em Portugal**. A economia tem seguido um intenso processo de terciarização, de tal forma que o trabalho assalariado na agricultura e na indústria é inferior a 1/3 do total. Esse processo é, por natureza, intensivo em trabalho em muitas das actividades. Mostra-se neste livro que a imigração é uma das fontes principais de fornecimento de mão-de-obra para esta trajectória de evolução do conjunto da economia.

---

[4] No desenvolvimento deste projecto tomaram-se em conta trabalhos que, em simultâneo, iam sendo divulgados. Trata-se, em concreto, dos trabalhos de Rosa *et al* (2003), Carvalho (2004), Góis e Marques (2007), Banco Mundial (2006) e OECD (2007), sendo de referir especialmente os que surgiram no quadro do Fórum Gulbenkian Imigração (Vitorino, 2007). De resto, elementos da equipa do projecto participaram em sessões deste fórum.

c) **Sistemas produtivos regionais em Portugal**. A grande diferenciação territorial das estruturas produtivas do nosso país evidencia que há diferentes lógicas de inclusão no mercado de trabalho. Contudo, tanto a indústria de fraca intensidade tecnológica, ou as polarizações de actividades terciárias, como as actividades agrícolas mais ligadas ao mercado, ou certas actividades industriais com especiais localizações regionais, bem como a construção civil, revelam-se "captadoras" de mão-de-obra imigrante, o que é sinal de uma grande "adaptabilidade" à economia e às suas diferenciações regionais.

d) **Evolução demográfica**. O baixo dinamismo demográfico da sociedade portuguesa tem tido na imigração uma fonte indispensável para a manutenção dos níveis populacionais actuais e as previsões para o futuro vão no mesmo sentido. O que é verdade no plano nacional tem ainda expressões mais fortes em certas regiões, onde os saldos demográficos naturais são baixos ou negativos e onde os saldos migratórios compensam aquele défice.

e) **Geografias da imigração**. A recente vaga de imigração em Portugal, de meados dos anos noventa para cá, trouxe como facto original uma difusão dos imigrantes por todo o território, contrastante com a anterior tendência para a aglomeração na Grande Lisboa (chamámos a isto "geografia das chegadas"). Este dado está directamente associado à chegada de novas nacionalidades, especialmente a brasileira e as do Leste Europeu, e à forte alteração da "geografia das origens".

f) **Imigração e economias locais**. O impacto da imigração na sociedade portuguesa tem diferentes intensidades territoriais. Neste livro procura-se mostrar que há fortes aglomerações territoriais da imigração (Algarve, Grande Lisboa e Península de Setúbal perfazem 65% do total), visto que, na distribuição espacial do total nacional de imigrantes estas localizações constituem os maiores volumes. Mas, por outro lado, são muitas as situações em que o impacto se revela pelo peso dos trabalhadores estrangeiros no território de acolhimento. Fora daquelas três NUTS III, há 14 concelhos periféricos do Norte, Centro, Alentejo e Madeira em que o que designámos Índice de Distribuição Territorial do trabalho imigrante é igual ou superior a 1,5, significando isso que o peso do concelho no volume nacional dos trabalhadores imigrantes é superior em 50% ou mais ao peso do mesmo concelho no volume total nacional de trabalhadores.

g) **Impacto das habilitações escolares e qualificações atribuídas na relação laboral**. Este é um dos domínios originais mais salientes deste livro. Proporciona-se aqui informação muito detalhada sobre estas matérias, das quais resultam duas conclusões principais: os imigrantes, através das respectivas habilitações escolares, são um factor de qualificação de muitos territórios do país; contudo, existe generalizadamente um "fosso" muito significativo entre aquelas habilitações e os desempenhos profissionais correspondentes, o que conduz a um desaproveitamento das capacidades da mão-de-obra imigrante. Por isso, mais de metade dos trabalhadores estrangeiros são inseridos profissionalmente como não-qualificados ou operários e o Índice de Qualificações que construímos é, para eles, 3,3, sendo 4,4 para os portugueses. Mas os correspondentes Índices de Escolaridade são 8,0 e 8,4.

h) **A imigração como factor de qualificação de territórios periféricos**. A conclusão anterior tem um corolário específico: em 22 das 30 NUTS III do país os imigrantes são mais habilitados escolarmente do que os portugueses, o que constitui um factor de qualificação desses territórios. Mesmo que aí se localize menos de 1/5 da imigração, a verdade é que se trata de espaços da economia nacional onde os outros factores de qualificação territorial são escassos.

i) **Inserção laboral por sectores de actividade económica**. A natureza e o peso dos trabalhadores estrangeiros na economia portuguesa tornam simplista qualquer associação desta mão-de-obra a um único sector de actividade. De facto, a "plasticidade" territorial da imigração tem igualmente paralelo numa "plasticidade" sectorial: o comércio, alojamento e restauração, as actividades que prestam serviço à economia[5] e a construção são sectores principais de inserção dos imigrantes no mercado de trabalho. Aliás, a terciarização da economia está claramente relacionada com o forte recurso à mão-de-obra imigrante, apesar de a própria indústria ter um significado não irrelevante. Por sua vez, a relação entre sectores e territórios mostra a conjugação destes dois tipos de "plasticidade", como acontece com o maior acolhimento através da indústria no Norte e no Centro ou através da agricultura no Alentejo.

j) **Trabalhadores científicos**. Verificou-se que os imigrantes científicos têm relevo nas dinâmicas de recursos humanos em C&T em Portugal,

---

[5] Na designação estatística "actividades imobiliárias e de serviços às empresas".

colocando assim o sistema de investigação nacional nas dinâmicas de mobilidade científica internacional. Apesar de a quantificação exacta da emigração científica não ser fácil, os valores existentes permitem estimar que a ordem de grandeza da imigração científica é semelhante à da emigração, pelo que do ponto de vista puramente quantitativo se deverá falar em 'circulação' em vez de 'fuga de cérebros'. Adicionalmente, cabe referir que a migração científica também contribui para a qualificação do sistema no seu todo, apresentando padrões de habilitação, nomeadamente ao nível do doutoramento, superiores à média global do sistema.

k) **Semiperiferia científica**. A análise de trajectórias e das experiências de inserção dos investigadores estrangeiros permite também concluir que o sistema de investigação nacional se insere nas dinâmicas de mobilidade internacionais. Atrai em especial investigadores da União Europeia, diferenciando-se neste aspecto dos padrões de origem dos restantes trabalhadores. Mas faz também uma importante ligação com os países da África Lusófona e com o Brasil, ou mesmo com os países emergentes, como a Índia. A procura de Portugal é comparável com a de outros sistemas de investigação. Com excepção de alguma hierarquia ainda existente, o sistema de investigação nacional revela assim capacidade de inserção em dinâmicas de circulação globais, mostrando que, não sendo o centro, faz também dele parte.

A natureza da investigação desenvolvida neste trabalho e a delimitação que foi feita de certos problemas específicos justificam que se façam as seguintes **recomendações**, tendo em vista uma melhor inserção dos imigrantes e o desenvolvimento do país.

a) **Imigrantes e territórios de acolhimento.** Os imigrantes inserem-se no país através de um quadro legislativo geral e políticas nacionais de imigração, é certo. Mas é em territórios de acolhimento concretos, de nível regional e local, que a essa inserção se define e concretiza. Aconselha-se vivamente a que as dimensões locais do acolhimento sejam elementos centrais da lógica e da atitude de inclusão dos imigrantes, com especial atenção aos factores de sociabilidade, de contextualização familiar e de envolvimento nas sociedades locais.

b) **Imigrantes e desenvolvimento regional periférico**. Ficou demonstrado que, mesmo perante pequenos contingentes de imigrantes, há um papel incontornável da imigração recente em meios mais periféricos, deficitários do ponto de vista demográfico e das qualificações. A imigração é, pois, uma variável importante do desenvolvimento regional descentralizado e deve ser vista como tal, incluindo-a em estratégias de coesão territorial e de fortalecimento de novas parcerias para a qualificação regional e local.

c) **Imigrantes, trabalho e empresas**. A ênfase dada neste livro à participação dos imigrantes no mercado formal de trabalho (e o significado elevado desta dimensão) faz das empresas e da relação laboral concreta um factor decisivo da sua inclusão na sociedade portuguesa e da valorização das capacidades que os qualificam. Os sindicatos, as associações empresariais, as empresas em concreto são, pois, participantes dos mais relevantes em estratégias específicas de desenvolvimento do mercado formal de trabalho.

d) **Imigrantes e certificação de qualificações**. Um questão crítica, cuja importância não pode ser obscurecida, é a da impossibilidade de continuar a desbaratar as qualificações que os imigrantes possuem e a gerar formas de exploração insustentáveis. A necessidade de confrontar as empresas com um uso indevido de mão-de-obra qualificada parece imperiosa, dada a grandeza do problema. Assim como é um bom objectivo desenvolver acções tendo em vista demonstrar que muitas delas estão, implicitamente, a tomar decisões irracionais de "desaproveitamento" de condições para a melhoria da produtividade que possuem "dentro de portas".

e) **Imigrantes e mobilidade científica**. A circulação científica não é um episódio pontual em trajectórias estáveis. Frequentemente, intercalam-se estadias em períodos curtos com períodos mais longos. Assim sendo, para os trabalhadores científicos a celeridade do processo administrativo e o reconhecimento desta condição específica, adquire uma importância adicional, dado o tempo de mobilidade e a facilidade com que se permita a curta circulação. A nova Lei da Imigração já representa um importante avanço nesse sentido, garantindo processos específicos e diferenciados relativamente aos estudantes estrangeiros (com quem eram normalmente agrupados). Mas maior atenção deverá ser dada a estes processos, em particular ao nível das instituições. Cabe ainda assinalar a necessidade de reconhecimento, pelas instituições e pelas políticas gerais de apoio à inserção local, da importância de factores pessoais, e não apenas científicos, na opção pela imigração.

A síntese acabada de fazer – tanto quando se apontaram conclusões como quando se formularam recomendações – mostra bem a natureza que se quis atribuir a este trabalho: ele é, essencialmente, um repositório de informação devidamente interpretada. Realmente, pretende-se que ele seja uma análise detalhada de indicadores importantes para compreender a sociedade e a economia portuguesas e, nesse contexto, a imigração. Optou-se, por isso, por não abreviar a informação recolhida nem os dados, que assim ficam disponíveis. Muitos deles são originais e parece claro que servem para ilustrar adequadamente as ideias centrais do trabalho, assim como podem servir para desenvolvimentos futuros, incluindo análises de outros investigadores.

CAPÍTULO I

O MODELO ECONÓMICO PORTUGUÊS E OS FACTORES DE COMPETITIVIDADE

1. O crescimento económico recente em Portugal: um modelo extensivo e os seus ciclos

A economia portuguesa do início do milénio é intensamente utilizadora de mão-de-obra, mais do que de outros factores produtivos. Por isso, o seu modelo de crescimento é o que se convencionou chamar um modelo extensivo. Nas décadas recentes, cerca de 3/4 da criação de riqueza na economia corresponde a actividades terciárias, a agricultura reduz-se a cerca de 4% e a indústria a 20%. Neste último sector, a mão-de-obra é o principal dos chamados "factores-chave de competitividade", em cerca de 1/3 do VAB industrial[6].

Esta característica extensiva tem estado por detrás dos *três ciclos de crescimento económico*, claramente definidos, que se "desenharam" ao longo dos últimos trinta anos. Podemos designar cada um destes ciclos pelo fenómeno sociopolítico que melhor o caracteriza: a *democracia*, que se segue à revolução democrática do 25 de Abril de 1974 (ciclo de 1976-1984), a *integração europeia* (ciclo de 1985-1993) e a preparação, criação e vigência da *moeda única*, no quadro da União Económica e Monetária (ciclo de 1994-2003). Estes ciclos, a que se segue a fase "indistinta" que ainda atravessamos, são relativamente semelhantes na sua duração (9 ou 10 anos), na sua intensidade de crescimento (as taxas médias de variação anual do PIB são, respectivamente, 3,4%, 4,2% e 2,6%) e até no perfil das suas fases ascendentes e descendentes.

É notório e conhecido que a economia conheceu fases de dinamismo apreciáveis, quer no ciclo económico "da democracia", quer no "da integração europeia", quer mesmo no "da preparação da moeda única". Vale a pena, contudo, chamar a atenção para o facto de não ser uma conclusão corrente verificar que o ciclo da crise de transição para uma sociedade e uma economia democráticas foi tão intenso, prolongado e dinâmico como foi o da nossa europeização (que, convencionalmente, ocupa o lugar simbólico de fase "dourada" do crescimento recente). Mas já é uma ideia largamente partilhada

---

[6] A diferenciação do produto (28%) e os recursos naturais (22%) são os factores-chave que se seguem à mão-de-obra, em ordem de importância. As economias de escala e a I&D representam, respectivamente, 15% e 4% do Valor Acrescentado Bruto industrial.

IMIGRANTES EM PORTUGAL

a que aponta para o "esgotamento" do modelo português de crescimento do último quartel do século. De facto, é visível que o dinamismo tendeu a "desacelerar", como fica bem ilustrado na análise do perfil do último ciclo, aquele que finaliza o Século XX e culmina na recessão de 2003. É igualmente claro que a recuperação não tem o mesmo perfil das que se sucederam aos dois ciclos anteriores.

GRÁFICO 1. Percentagem de variação anual do PIB (1975-2007)

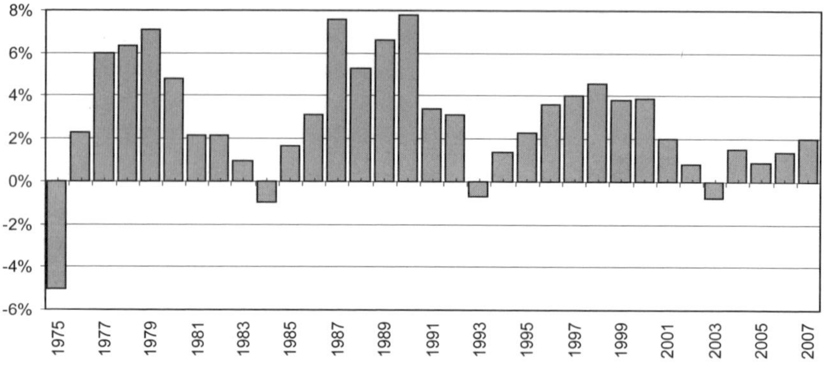

Fonte: Banco de Portugal, Eurostat (http://www.europa.eu.int/comm/eurostat)

É, aliás, neste contexto, que emerge a interrupção do processo de convergência real com a União Europeia, de que o gráfico seguinte dá uma imagem. Quer isto dizer que as características da ausência de dinamismo da economia portuguesa têm vindo a acentuar-se, "desconectando-a" do próprio quadro de crescimento europeu.

Com efeito, após um período em que a taxa de crescimento anual do PIB português tende a acompanhar a tendência de crescimento na zona Euro, superando os valores percentuais de variação positiva registados a esta escala, a queda verificada a partir de 2001 é pronunciada, prosseguindo uma dinâmica de redução do PIB português, que atinge em 2003 valores negativos, apesar da ligeira recuperação observada a partir deste ano e que é inferior, contudo, à variação do PIB na zona Euro a partir de 2004.

As análises das componentes do crescimento podem orientar-se em várias direcções (avaliação dos contributos do consumo, do investimento ou das exportações). Não é aqui necessário seguir esses caminhos. Interessa-nos,

GRÁFICO 2. Evolução em volume do crescimento anual do PIB (1996-2007)
(variação percentual)

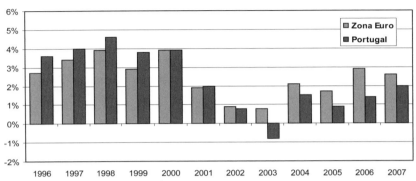

Fonte: Banco de Portugal, Eurostat (http://www.europa.eu.int/comm/eurostat)

isso sim, discutir a relação entre o crescimento e o uso do factor trabalho, observando de que modo a economia usa o volume de recursos humanos disponível. Para isso, considere-se que o PIB *per capita* do país (Y/D) depende da disponibilidade de força de trabalho (proporção da população activa na população total), do volume real de emprego face à população activa e da produtividade desse emprego. A fórmula seguinte sintetiza esta ideia.

$$(1)\ Y/D = L/D \times E/L \times Y/E$$

Nela, Y = PIB, D = População total, L = População em idade activa, E = Número de pessoas empregadas.

Ora, vistas as coisas deste modo, compreende-se que o grande papel da imigração está num aumento de L e de E que é independente de um aumento prévio de D. Isto significa que não há lugar a um período de tempo em que um aumento de D não contribui para o crescimento do PIB, como acontece no processo normal de evolução pessoal dos naturais de um país.

Pode ainda, adicionalmente, admitir-se que uma propensão maior para o trabalho (medida pelo número de horas) e uma menor inclusão no desemprego se traduz num maior contributo para o crescimento. E sabe-se que estas são características justificadamente associáveis ao trabalho imigrante, especialmente na fase de chegada a uma economia onde se procura realizar rendimentos.

De facto, o que a imigração veio significar na economia portuguesa foi uma alteração das *ratios* que medem a *disponibilidade de mão-de-obra activa* face à população residente. À imigração está associada a busca de emprego e, portanto, a mobilidade entre países de pessoas em idade activa que procuram inserção no mercado do trabalho. O país receptor é, portanto, aquele que faz variar positivamente as relações quantitativas referidas. É nisto, obviamente, que consiste uma primeira aproximação aos impactos da entrada de imigrantes numa economia e, muito especialmente, na economia portuguesa que percorria o terceiro ciclo de crescimento que os gráficos anteriores simbolizam.

2. O crescimento económico e o factor trabalho

Curiosamente, quando o crescimento se apresenta mais modesto, como sucede durante o último ciclo, a economia torna-se altamente "faminta" de mão-de-obra. O que significa, por um lado, que o crescimento do produto assentou num mercado de trabalho capaz de incorporar crescentes volumes de mão-de-obra, e por outro que as reacções ao crescimento económico (às fases expansivas e àquelas em que a economia se contrai) tiveram tendência a revelar-se de natureza pró-cíclica. Quer dizer, o crescimento faz-se através do uso de mais força de trabalho (e não, por exemplo, do aumento da produtividade), a qual é sub-utilizada quando o ritmo da economia abranda.

De facto, entre 1995 e 2005, o volume de população activa aumentou 15%, passando de cerca de 4,8 milhões para quase 5,5 milhões de adultos activos (Quadro 1). Trata-se de um aumento superior ao da população residente no país (cujo crescimento, no mesmo período, apenas atingiu cerca de 5%). Consequentemente, a taxa de actividade elevou-se ao patamar dos 52% em 2005, enquanto a taxa de desemprego desceu para níveis relativamente baixos entre 1998 e 2002, para depois retomar valores elevados (Quadro 2). Esta *natureza expansiva do mercado de trabalho* reflecte-se tanto no acréscimo do trabalho por conta de outrem entre 1995 e 2005 (que acompanha assim o aumento da população activa), como no trabalho familiar e por conta própria (que corresponde a cerca de 1,3 milhões de empregados e que aumentou igualmente 15% no período que estamos a considerar).

O mercado de trabalho que se expande deste modo vê contudo crescer apenas ligeiramente a qualificação da força de trabalho utilizada, que permanece baixa. Com efeito, em 2007 só 29% dos activos detinham uma escolarização secundária ou superior. Este é o valor que resulta de uma tendência de crescimento, pois em 1998 ele era 20%. É certo que a oscilação verificada nas necessidades de mão-de-obra, em função dos ciclos económicos, cor-

O MODELO ECONÓMICO PORTUGUÊS E OS FACTORES DE COMPETITIVIDADE   27

QUADRO 1. Indicadores do sistema de emprego: população e trabalho (1990-2005)
(volume, em milhares, e variação percentual)

	1990	1995	2000	2005	Variação 1990-2005
População Total	9 877,5	10 043,2	10 256,7	10 563,1	6,9%
População Activa	4 991,0	4 839,6	5 226,4	5 544,9	11,1%
População Empregada	4 717,5	4 415,9	5 020,9	5 122,6	8,6%
População Desempregada	231,1	325,4	205,5	422,3	82,7%
Trabalhador por conta de outrem	3 311,6	3 156,0	3 651,8	3 813,8	15,2%
Trabalhador por conta própria como isolado	996,5	855,0	883,2	903,8	-9,3%
Trabalhador por conta de própria como empregador	217,6	283,0	301,0	300,2	38,0%
Trabalhador Familiar não remunerado	168,9	90,2	192,9	104,8	-38,0%

Fonte: INE, Estatísticas do Emprego.

QUADRO 2. Taxas de actividade e desemprego,
e níveis de qualificação escolar (1990-2007)
(valores percentuais)

	1990	1995	1996	1997	1998	1999	2000	2001	2002	2003	2004	2005	2006	2007
Taxa de Actividade	50,5	48,6	48,9	49,5	50,3	50,5	51,1	51,7	52,2	52,3	52,2	52,5	52,8	53,0
Taxa de Desemprego	4,9	7,2	7,3	6,7	4,9	4,4	3,9	4,0	5,0	6,3	6,7	7,6	7,7	8,0
Ens. Sec. e Superior														
– Pop. Activa	..	..	..	..	20,4	21,4	21,4	22,4	22,4	26,0	27,1	28,3	29,4	29,3
– Pop. Empregada	..	..	..	..	20,2	21,4	21,3	22,4	22,4	25,8	27,3	28,3	29,4	29,2
– Pop. Desempregada	..	..	..	..	24,0	22,0	23,0	22,9	23,1	28,2	25,0	29,1	28,6	30,2

Fonte: INE, Estatísticas do Emprego; Inquérito ao Emprego (1998-2007)

responde a um processo de natureza distinta da qualificação de recursos humanos, sobretudo em termos temporais. Isto é, a qualificação escolar da população, e considerando o atraso estrutural verificado no nosso país neste domínio, regista uma evolução por natureza mais rápida do que a variação da absorção de recursos humanos pela economia, por natureza mais lenta.

Todavia, não deixa de ser relevante constatar que nos períodos de maior cooptação de mão-de-obra, a economia parece não pretender beneficiar significativamente dos aumentos de qualificação entretanto registados, sobretudo ao nível do ensino secundário e superior. Ao contrário, e sobretudo em certos sectores de actividade, é a necessidade quantitativa – mais do que a necessidade qualitativa – que tende a fundamentar os níveis de absorção de mão-de-obra pela economia (Quadro 2).

Estas características portuguesas de grande uso da mão-de-obra têm uma clara especificidade em termos europeus. Comparativamente, Portugal apresenta-se, de facto, como um *país de alta utilização do trabalho na economia*. Em 1998, a taxa de emprego[7] portuguesa situava-se em 66,8% (Quadro 3) e não

QUADRO 3. Taxa de emprego: comparações internacionais (1998-2007)

	Taxa de Emprego – Total (%)					Taxa de Emprego – Mulheres (%)				
	1998	2001	2004	2007	Média 1998/07	1998	2001	2004	2007	Média 1998/07
Itália	51,9	54,8	57,6	58,7	55,7	37,3	41,1	45,2	46,6	42,4
Grécia	56,0	56,3	59,4	61,4	58,3	40,5	41,5	45,2	47,9	43,9
Espanha	51,3	57,8	61,1	65,6	59,2	35,8	43,1	48,3	54,7	45,7
Irlanda	60,6	65,8	66,3	69,1	65,8	49,0	54,9	56,5	60,6	55,6
Portugal	66,8	69,0	67,8	67,8	68,0	58,2	61,3	61,7	61,9	61,0
Suécia	70,3	74,0	72,1	74,2	72,7	67,9	72,3	70,5	71,8	70,8
Holanda	70,2	74,1	73,1	76,0	73,4	60,1	65,2	65,8	69,6	65,3
Dinamarca	75,1	76,2	75,7	77,1	76,1	70,2	72,0	71,6	73,2	71,7
UE 25	61,2	62,8	63,4	65,8	63,2	51,8	54,3	55,8	58,6	55,1
UE 15	61,4	64,1	64,8	67,0	64,4	51,6	55,0	57,0	59,7	55,9

Fonte: Eurostat (http://www.europa.eu.int/comm/eurostat)

---

[7] A Taxa de Emprego estabelece o significado percentual da população empregada no total da população em idade activa (população com 15 e mais anos de idade). Considerando apenas os empregados do sexo masculino, feminino, ou o grupo etário dos jovens, por exemplo, obtém-se valores específicos da Taxa de Emprego. Por seu turno, a Taxa de Actividade permite definir o peso percentual da população activa (indivíduos com 15 ou mais anos de idade) no total da população residente.

nos revelava, por conseguinte, como um país do Sul da Europa ou da "coesão" (da Itália à Grécia e à Espanha ou mesmo à Irlanda, este indicador oscila, neste ano, entre 51% e 61%), antes parecendo situar-nos na proximidade dos capitalismos escandinavos, onde se atingem os valores mais elevados (uma situação idêntica verifica-se em 2007, ou seja, dez anos mais tarde).

Neste sentido, é particularmente significativo, enquanto manifestação da natureza extensiva do modelo de crescimento português, o que se passa com a taxa de emprego feminina (quase 20% mais elevada que a da Itália, a da Grécia ou a da Espanha, na média dos valores obtidos de 1998 a 2007). Sabe-se, ao mesmo tempo, que uma participação feminina elevada no mercado do trabalho não tem, obviamente, o mesmo significado da que se verifica na Europa do Norte, pois aí não se observa o mesmo fenómeno de uso intensivo do trabalho feminino, nem os níveis salariais são sequer aproximados, prevalecendo as formas de trabalho a tempo parcial.

Esta imagem de dependência face a grandes volumes de trabalho tem um reverso conhecido. Portugal não foge à sua condição de economia do sul na percentagem de despesas em I&D (embora se destaque no crescimento que elas registam), nem no peso percentual que o emprego neste domínio assume relativamente à população activa ou, principalmente, nos gastos das empresas em inovação.

Taxas de actividade, de emprego e de feminização comparativamente elevadas revelam a dimensão do volume de trabalho mobilizado pela economia. A evolução destas taxas e o comportamento da taxa de desemprego e, especialmente, de taxas parciais de desemprego (como a das mulheres ou a dos jovens), indiciam, por sua vez, que o trabalho é uma variável de ajustamento face ao ciclo económico.

Poderia não ser assim, ou não ser assim de modo tão significativo, caso o trabalho fosse um recurso mais positivamente articulado com outras dimensões das estratégias produtivas, como a renovação do sistema empresarial e da especialização, o aumento do patamar das qualificações, ou o conhecimento e a I&D. Nesse caso, a relação entre crescimento económico e uso do trabalho seria mediada por variáveis "endógenas" às empresas e ao processo tecnológico e aquela relação simplista de ajustamento através do volume de trabalho alterar-se-ia.

Num quadro temporal substancialmente distinto (e incomparável a vários títulos) vale a pena referir que o ciclo de crescimento anterior à democracia (anos sessenta e inícios de setenta) foi dramaticamente marcado pela emigração, isto é, por "exportação" de força de trabalho. A mão-de-obra foi, nesse contexto, um recurso menor do modelo de crescimento. Inversamente, foi o capital que foi intensivamente usado, sendo o próprio crescimento do PIB quase inteiramente determinado pela "contribuição do capital" e pelos enormes impactos que resultavam de uma modernização súbita da economia.

3. Conclusão

Este capítulo tem uma finalidade clara: mostrar-nos em que quadro de crescimento surgiu a vaga recente de imigração e apontar uma característica da economia portuguesa relacionada com o uso do factor trabalho.

Assim sendo, são três as conclusões que importa sublinhar. A primeira é a que torna notório que é no contexto de um *ciclo de crescimento muito específico*, o do período 1996-2003, que Portugal se torna num país de imigração. O crescimento foi, então, especialmente utilizador de trabalho e a evolução da economia encaminhou-a para uma situação em que esta característica prevaleceu sobre quaisquer outras, reduzindo-lhe a capacidade para inovar e para se articular positivamente com o contexto económico europeu. O resultado foi uma "divergência" prolongada e um período originalmente longo de incapacidade de retoma do crescimento, não sendo ainda claro quando tal situação se inverterá.

A segunda conclusão, já implícita na anterior, é que a economia portuguesa se tornou "faminta" de mão-de-obra, rodeando-se de contingentes volumosos de trabalho disponível. Isto tornou-se verdade com a democracia, quando, finalmente, a economia portuguesa se tornou criadora de emprego. Daí resultou capacidade para acolher o retorno das ex-colónias, para incorporar volumes crescentes de mulheres no mercado de trabalho e para aumentar significativamente a taxa geral de actividade, ao mesmo tempo que a especialização industrial e a inserção internacional, através das exportações, renovou o lugar central ocupado pelas indústrias tradicionais intensivas em mão-de-obra. Pode, pois, dizer-se que a imigração, ao atingir volumes que nunca antes se tinham registado, representou uma *nova fronteira da procura de trabalho*.

Finalmente, podemos tomar consciência do que estas características da economia portuguesa a distinguem de outras com que habitualmente a comparamos, anotando que esta nem é uma condição da periferia geográfica da Europa nem das economias do Sul.

Quer isto dizer que podemos prosseguir a nossa análise aprofundando outras variáveis relevantes. Dedicar-nos-emos de seguida a apreciar as estruturas produtivas territoriais que vão servir de meios de acolhimento aos imigrantes.

CAPÍTULO II

A ESTRUTURA REGIONAL DA ECONOMIA: SISTEMAS PRODUTIVOS E ESPECIALIZAÇÕES TERRITORIAIS

Um dos objectivos deste livro é mostrar como a mão-de-obra imigrante se difundiu no território, articulando-se com a diversidade de estruturas produtivas que, nos planos regional e local, constituem o país. Procura-se saber se o processo imigratório recente, que – ao contrário do que era característico das fases anteriores – não regista uma concentração espacial vincada na Grande Lisboa, comporta um padrão uniforme de inserção dos estrangeiros no mercado do trabalho ou se, em alternativa, a imigração se "compatibiliza" diferenciadamente com a oferta de emprego existente regionalmente.

Quer dizer, a marca global que nos é dada pelo uso do factor trabalho na economia portuguesa (e de que nos ocupámos no capítulo anterior) dá-nos um primeiro sentido para a compreensão do fenómeno imigratório recente. Mas importa aprofundá-la através de uma visão desagregada da "recepção" dos trabalhadores estrangeiros pelos territórios regionais. Para evidenciar devidamente estas características da inserção dos imigrantes nos sistemas regionais de emprego julgou-se adequado desenvolver um estudo da estrutura regional da economia, considerando os diversos sistemas produtivos e especializações regionais.

Os Quadros de Pessoal do Ministério do Trabalho e da Solidariedade Social abrem a possibilidade de proceder a uma análise e caracterização da estrutura regional da economia portuguesa, para além de nos oferecerem informação mais relevante relativa à caracterização do trabalho imigrante por conta de outrem e sua comparação com a mão-de-obra nacional.

Assim, procura-se neste capítulo desenvolver uma comparação dos vários espaços regionais, destacando por um lado o peso diferencial que neles assumem os diferentes sectores de actividade económica em termos de emprego, e – por outro lado – a prevalência relativa de determinados sectores relativamente ao seu grau de inovação, ou o potencial de empregabilidade que se associa a cada estrutura económica regional. Trata-se, essencialmente, de desenhar *uma geografia do emprego industrial e terciário* através da qual se mostre quais as economias regionais e locais cujas características internas são marcadas por uma matriz mais industrial ou mais terciária, quer porque o emprego nacional nestes sectores se localiza preferencialmente em tais economias, quer porque tais sectores têm um peso na estrutura de emprego dessas regiões superior ao que a sua base demográfica indiciaria. O que está em causa é, evidentemente, averiguar se a mão-de-obra imigrante tem uma lógica de emprego específica ou se, pelo contrário, tende a adaptar-se às realidades espaciais do país. Ao mesmo tempo, ensaia-se uma aproximação à qualidade do emprego existente.

São utilizados, para este efeito, alguns indicadores, que se explicam no final do ponto seguinte. Antes, porém, mostrar-se-á como a economia portuguesa se terciarizou e como as diferenciações territoriais dependem sobretudo da especialização industrial.

1. A terciarização da economia e o reordenamento subsectorial da indústria em Portugal

A economia portuguesa é hoje fortemente terciarizada e esta condição tem vindo a reforçar-se. Também é claro que, dentro do sector industrial, há dinâmicas subsectoriais relativamente intensas e diferenciadas, que reordenam a especialização e a própria matriz empresarial. Estes dados são visíveis no conjunto da economia e vamos procurar evidenciá-los aqui porque nos parece que eles não podem deixar de ser levados em conta para perceber o factor de novidade que a imigração vem trazer ao funcionamento e à organização dos mercados do trabalho nacionais, globalmente considerados. De facto, uma economia que acolhe imigrantes não soma apenas mais unidades ao lado da procura de emprego. Ela há-de estar, certamente, a reestruturar-se e a alterar alguns dos equilíbrios em que assentava. Como vamos ver de seguida, é forte na economia portuguesa esse movimento de reorganização, tanto na indústria como nos serviços.

Por isso, procede-se a uma análise dos grandes números do emprego por NUTS II, quer em termos totais, quer desagregados por sectores e subsectores, evidenciando os valores absolutos e relativos com que se está a trabalhar. Adicionalmente, apresentam-se quadros de síntese, para as NUTS II, com cada um dos indicadores usados neste capítulo. Depois, mostraremos também que isso ocorre com especial significado em algumas das regiões do país.

O Quadro 4 evidencia, ao permitir avaliar as alterações verificadas nos diferentes sectores de emprego, que as actividades do terciário, maioritárias em qualquer das regiões, têm vindo a assumir um peso crescente na sociedade portuguesa. Esta asserção é válida para qualquer uma das NUTS II do Continente consideradas, sendo particularmente significativos os aumentos observados na Região Centro (10,2%), e no Algarve (9,5%), entre 2002 e 2005.

No caso do Algarve este crescimento é concomitante com um significativo decréscimo do emprego nas actividades do sector primário (mantendo-se o volume do emprego na indústria praticamente inalterado), e no caso da Região Centro, o crescimento das actividades terciárias decorre com reduções significativas de volume de emprego nas actividades primárias e nas actividades ligadas à indústria.

QUADRO 4. Evolução da população residente e do emprego,
nas regiões do Continente (2002-2005)

(em milhares)

| | Regiões (NUTS II) | | | | | | | | | | TOTAL (Continente) | |
| | Norte | | Centro | | Lisboa | | Alentejo | | Algarve | | | |
	Nº	%	Nº	%	Nº	%	Nº	%	Nº	%	Nº	%
2002												
População Residente	3 692	37,2	2 355	23,7	2 715	27,3	768	7,7	398	4,0	9 927	100
Emprego (Total)	1 793	36,7	1 287	26,4	1 276	26,1	337	6,9	189	3,9	4 881	100
Sector Primário	209	34,6	312	51,7	17	2,8	48	7,9	18	3,0	603	100
Sector Secundário	767	46,3	420	25,3	341	20,5	90	5,4	41	2,5	1 659	100
Sector Terciário	817	31,2	556	21,2	918	35,0	199	7,6	130	4,9	2 620	100
2005												
População Residente	3 738	37,1	2 382	23,6	2 779	27,6	766	7,6	417	4,1	10 082	100
Emprego (Total)	1 816	37,0	1 270	25,9	1 283	26,1	344	7,0	196	4,0	4 909	100
Sector Primário	234	40,3	277	47,7	10	1,8	47	8,0	12	2,1	580	100
Sector Secundário	706	46,8	381	25,3	298	19,7	82	5,4	41	2,7	1 508	100
Sector Terciário	876	31,1	613	21,7	975	34,6	216	7,7	142	5,0	2 822	100
Variação 2002/05												
População Residente	46	1,2	28	1,2	64	2,4	- 2	-0,3	18	4,6	155	1,6
Emprego (Total)	23	1,3	-17	-1,3	7	0,6	7	2,2	7	3,4	28	0,6
Sector Primário	25	12,0	-35	-11,1	-7	-39,3	-1	-2,1	-6	-31,9	-23	-3,8
Sector Secundário	-61	-8,0	-39	-9,3	-43	-12,7	- 8	-9,0	0	0,0	- 151	-9,1
Sector Terciário	59	7,2	57	10,2	57	6,2	17	8,3	12	9,5	202	7,7

Fonte: INE, Inquérito ao Emprego (4º Trimestre); INE, Estimativas Demográficas.

A Região Norte, que assinala igualmente um crescimento significativo das actividades terciárias (7,2%) e uma quebra do peso da indústria (em 8,0%), regista todavia um acréscimo assinalável (de 12,0%) nas actividades ligadas ao sector primário, que contraria a evolução observada nas restantes NUTS II. O Alentejo regista um ligeiro decréscimo (2,1%) de emprego no sector primário, situando-se a quebra do emprego em actividades industriais em torno dos 9,0%. Globalmente, as actividades dos sectores primário e terciário sofrem quebras de cerca de 4 e 9%, situando-se o acréscimo do emprego nas actividades terciárias em cerca de 8%.

Considerando a evolução do emprego nas actividades subsectoriais da indústria (Quadro 5), e tomando igualmente como referência o período entre 2002 e 2005, as quebras mais significativas – em termos globais – verificam-se nos sectores têxtil, vestuário e couro (-8,6%) e das máquinas, equipamentos e materiais de transporte (-5,4%). Quer isto dizer que é nos subsectores mais importantes da indústria transformadora (o "têxtil" e as "máquinas e equipamentos" significavam, em 2002, 48,2% do emprego industrial) que se têm registado as maiores reduções do emprego. Por seu turno, é nos subsectores das indústrias alimentares, bebidas e tabaco, e nas actividades industriais não especificadas que se observam os maiores aumentos percentuais de emprego, respectivamente com 9,7 e 7,5%. Estes subsectores juntos representavam, em 2002, 17,2% do emprego industrial. Parece, pois, que estamos perante um significativo reordenamento subsectorial da indústria, o que quer dizer que a mão-de-obra imigrante chega em momentos de transformação em matéria de especialização e de emprego. Não custa, assim, admitir que ela tenha sido um recurso dos processos de alteração e um factor interveniente nas novas lógicas adaptativas.

Por regiões, a redução observada no sector do têxtil, vestuário e couro é particularmente pronunciada nos casos da Região de Lisboa, da Região Centro e da Região do Alentejo (com quebras superiores a 10%, que no caso de Lisboa quase atingem os 34%), sendo igualmente relevante a perda de emprego verificado em Lisboa no sector da Madeira e Cortiça (-27,3%). Por último, refira-se que os subsectores do papel e dos produtos químicos e minerais não metálicos registam, entre 2002 e 2005, perdas percentuais superiores a 10% no Algarve.

Relativamente aos sectores em que se observa crescimento do emprego no período considerado, as indústrias alimentares, das bebidas e do tabaco crescem significativamente em termos de emprego no Norte e no Centro (10,2 e 12,0%, respectivamente) e, sobretudo, no Alentejo (22,9%). No caso das indústrias químicas e de produtos não metálicos, e do subsector das máqui-

Quadro 5. A desagregação subsectorial do emprego na indústria, nas regiões do Continente (2002-2005)

	Regiões (NUTS II)										TOTAL (Continente)	
	Norte		Centro		Lisboa		Alentejo		Algarve			
	Nº	%	Nº	%	Nº	%	Nº	%	Nº	%	Nº	%
2002												
Alimentares, bebidas e tabaco	27 066	33,1	23 330	28,6	19 057	23,3	9 756	11,9	2 485	3,0	81 694	100
Têxtil, vestuário e couro	193 518	82,3	33 626	14,3	5 693	2,4	2 115	0,9	101	0,0	235 053	100
Madeira e cortiça	20 563	54,2	10 565	27,8	3 588	9,5	2 452	6,5	789	2,1	37 957	100
Papel	12 306	30,2	8 852	21,7	17 902	43,9	1 204	3,0	517	1,3	40 781	100
Prod. quím. e min. ñ metálicos	24 552	24,8	46 176	46,7	21 095	21,3	5 461	5,5	1 524	1,5	98 808	100
Metalurgia e prod. metálicos	33 825	44,1	23 839	31,1	14 506	18,9	3 465	4,5	1 005	1,3	76 640	100
Máq., equip. e mat. transporte	45 425	38,1	30 940	26,0	34 691	29,1	7 422	6,2	610	0,5	119 088	100
Não especificadas	26 845	59,8	11 682	26,0	4 481	10,0	1 638	3,6	234	0,5	44 880	100
TOTAL	384 100	52,3	189 010	25,7	121 013	16,5	33 513	4,6	7 265	1,0	734 901	100
2005												
Alimentares, bebidas e tabaco	29 816	33,3	26 133	29,2	19 427	21,7	11 991	13,4	2 255	2,5	89 622	100
Têxtil, vestuário e couro	180 486	84,0	29 033	13,5	3 778	1,8	1 519	0,7	99	0,0	214 915	100
Madeira e cortiça	20 417	54,9	11 019	29,6	2 609	7,0	2 422	6,5	722	1,9	37 189	100
Papel	13 362	32,5	8 433	20,5	17 543	42,7	1 266	3,1	463	1,1	41 067	100
Prod. quím. e min. ñ metálicos	28 599	27,9	45 161	44,1	21 512	21,0	5 808	5,7	1 291	1,3	102 371	100
Metalurgia e prod. metálicos	34 575	44,7	23 763	30,8	14 074	18,2	3 780	4,9	1 086	1,4	77 278	100
Máq., equip. e mat. transporte	43 473	38,6	31 887	28,3	29 351	26,1	7 210	6,4	684	0,6	112 605	100
Não especificadas	29 843	61,8	11 936	24,7	4 377	9,1	1 838	3,8	262	0,5	48 256	100
TOTAL	380 571	52,6	187 365	25,9	112 671	15,6	35 834	5,0	6 862	0,9	723 303	100
Variação 2002/05												
Alimentares, bebidas e tabaco	2 750	10,2	2 803	12,0	370	1,9	2 235	22,9	-230	-9,3	7 928	9,7
Têxtil, vestuário e couro	-13 032	-6,7	-4 593	-13,7	-1 915	-33,6	-596	-28,2	-2	-2,0	-20 138	-8,6
Madeira e cortiça	-146	-0,7	454	4,3	-979	-27,3	-30	-1,2	-67	-8,5	-768	-2,0
Papel	1 056	8,6	-419	-4,7	-359	-2,0	62	5,1	-54	-10,4	286	0,7
Prod. quím. e min. ñ metálicos	4 047	16,5	-1 015	-2,2	417	2,0	347	6,4	-233	-15,3	3 563	3,6
Metalurgia e prod. metálicos	750	2,2	-76	-0,3	-432	-3,0	315	9,1	81	8,1	638	0,8
Máq., equip. e mat. transporte	-1 952	-4,3	947	3,1	-5 340	-15,4	-212	-2,9	74	12,1	-6 483	-5,4
Não especificadas	2 998	11,2	254	2,2	-104	-2,3	200	12,2	28	12,0	3 376	7,5
TOTAL	-3 529	-0,9	-1 645	-0,9	-8 342	-6,9	2 321	6,9	-403	-5,5	-11 598	-1,6

Fonte: DGEEP/MTSS, Quadros de Pessoal 2002/2005.

nas, equipamentos e materiais de transporte, o aumento de emprego verificado é significativo no primeiro caso na Região Norte (16,5%) e, no segundo caso, no Algarve (12,1%).

Os quadros anteriores permitem constatar que, em Portugal, a geografia do emprego é bastante vincada, diferenciando localizações preferenciais em algumas das grandes regiões do Continente. De facto, em 2005, na análise das actividades económicas dominantes em termos de emprego por regiões, destaca-se claramente o caso do sector têxtil, do vestuário e do couro na Região Norte (com cerca de 47% do emprego total), e o significado da indústria de produtos químicos e de minerais não metálicos na Região Centro (com cerca de 24% de emprego), sendo também relevantes nesta região os subsectores das máquinas, equipamentos e transportes e do têxtil, vestuário e couro. Em relação à Região Centro, a estrutura do emprego industrial revela-se todavia mais equilibrada do que no caso da Região Norte (Gráfico 3).

GRÁFICO 3. Desagregação subsectorial do Emprego na Indústria, nas regiões do Continente (2005)

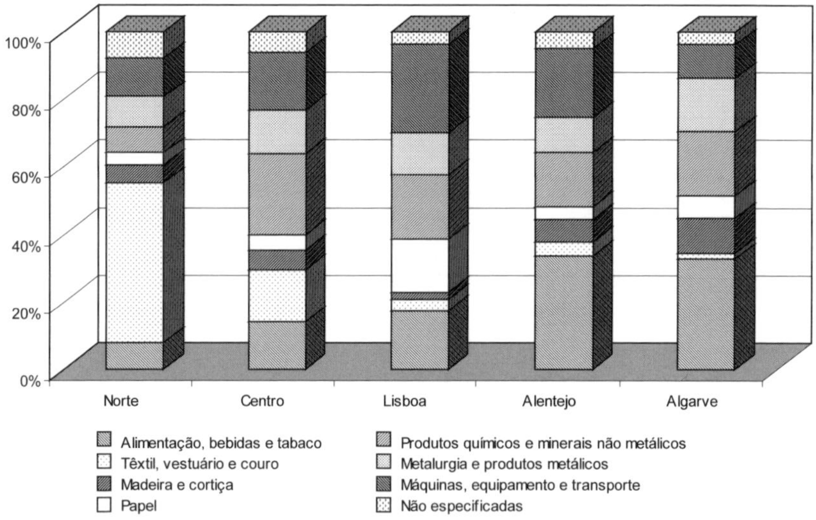

Fonte: DGEEP/MTSS, Quadros de Pessoal, 2005

Na Região de Lisboa o emprego industrial distribui-se de modo relativamente equilibrado por um conjunto diverso de subsectores, destacando-se todavia o caso das máquinas, equipamentos e materiais de transporte (com cerca de 26% do emprego no sector industrial), do subsector da alimentação, bebidas e tabaco e dos produtos químicos e minerais não metálicos.

No Alentejo e no Algarve, cujo peso conjunto no Continente não ultrapassa em 2005 os cerca de 6%, o emprego no subsector industrial da alimentação, bebidas e tabaco é relevante, com valores ligeiramente superiores a 30%, sendo igualmente de assinalar o peso percentual da indústria de máquinas, equipamentos e materiais de transporte no Alentejo (em cerca de 20%), e dos subsectores dos produtos químicos e de minerais não metálicos, a par da metalurgia e produtos metálicos, no Algarve (que representam cerca de 18 e 16%, respectivamente, do total do emprego no sector secundário).

A análise da distribuição do emprego nos subsectores do terciário (Quadro 6), ao longo do período considerado, permite por seu turno identificar dois grandes domínios onde o crescimento foi assinalável. Trata-se por um lado do subsector das finanças, serviços imobiliários e dos serviços às empresas (onde globalmente, isto é, à escala do Continente, o crescimento entre 2002 e 2005 se situa em cerca de 34%), e o sector dos serviços sociais (que evidencia um acréscimo de cerca de 40% entre 2002 e 2005). De todos os subsectores de actividade em que se decompõe o sector terciário, apenas os serviços relacionados com o abastecimento de electricidade, água e gás registam uma ligeira descida em termos de emprego, na ordem dos -2,2%.

Do ponto de vista nacional, observa-se que a terciarização da economia portuguesa se alargou através do aumento da importância no emprego de dois subconjuntos de actividades: o comércio e restauração, por um lado, e as actividades de serviços às empresa e os serviços sociais, por outro. Há, pois, uma lógica "de serviço" (às pessoas e aos outros sectores da economia) que constitui uma das principais formas de criar emprego e para a qual a disponibilidade de força de trabalho é importante.

Por regiões, o aumento do subsector dos serviços sociais é expressivo no caso da Região Norte (cerca de 65%) e do Algarve (cerca de 56%), sendo inferior (um acréscimo na ordem dos 19%) na Região de Lisboa. O aumento do emprego no subsector das finanças, actividades imobiliárias e serviços às empresas é significativo em qualquer das regiões do Continente, em valores em torno dos 30% e nunca inferiores a 25%. Com taxas de crescimento comparativamente mais moderadas, em qualquer das regiões, vamos encontrar os subsectores da construção e do comércio, alojamento e restauração, verificando-se uma tendência para uma redução ligeira do emprego no subsector da electricidade, água e gás em todas as regiões (sempre inferior, contudo, a 10%), com excepção para o caso do Algarve, onde o emprego aumenta cerca de 66% entre 2002 e 2005 (valor que todavia deve ser relativizado, pois representa um aumento, em termos absolutos, de apenas 276 trabalhadores).

QUADRO 6. A desagregação subsectorial do emprego no sector terciário, nas regiões do Continente (2002-2005)

	Regiões (NUTS II)										TOTAL (Continente)	
	Norte		Centro		Lisboa		Alentejo		Algarve			
	Nº	%	Nº	%	Nº	%	Nº	%	Nº	%	Nº	%
2002												
Electricidade, água e gás	4 252	35,0	2 639	21,7	3 865	31,8	979	8,1	419	3,4	12 154	100
Construção	119 475	37,7	75 909	24,0	81 649	25,8	20 430	6,5	19 046	6,0	316 509	100
Comércio, aloj. e restauração	191 256	29,9	123 737	19,3	235 822	36,8	40 097	6,3	49 387	7,7	640 299	100
Transp., armaz. comunicações	35 088	24,6	26 337	18,5	69 824	48,9	5 869	4,1	5 559	3,9	142 677	100
Finanças, imob. serv. empresas	77 123	24,8	34 335	11,0	176 965	56,9	10 767	3,5	11 777	3,8	310 967	100
Serviços Sociais	66 151	27,5	52 929	22,0	93 674	39,0	17 923	7,5	9 717	4,0	240 394	100
TOTAL	493 345	29,7	315 886	19,0	661 799	39,8	96 065	5,8	95 905	5,8	1 663 000	100
2005												
Electricidade, água e gás	3 862	32,5	2 508	21,1	3 874	32,6	942	7,9	695	5,8	11 881	100
Construção	128 232	38,9	77 887	23,6	81 349	24,7	20 586	6,2	21 401	6,5	329 455	100
Comércio, aloj. e restauração	215 516	30,8	140 243	20,1	244 126	34,9	42 526	6,1	56 584	8,1	698 995	100
Transp., armaz. comunicações	35 682	24,5	28 699	19,7	68 142	46,8	7 119	4,9	6 046	4,1	145 688	100
Finanças, imob. serv. empresas	99 279	23,8	46 899	11,2	242 595	58,1	13 933	3,3	15 072	3,6	417 778	100
Serviços Sociais	109 426	32,3	78 206	23,1	111 173	32,8	24 605	7,3	15 106	4,5	338 516	100
TOTAL	591 997	30,5	374 442	19,3	751 259	38,7	109 711	5,6	114 904	5,9	1 942 313	100
Variação 2002/05												
Electricidade, água e gás	-390	-9,2	-131	-5,0	9	0,2	-37	-3,8	276	65,9	-273	-2,2
Construção	8 757	7,3	1 978	2,6	- 300	-0,4	156	0,8	2 355	12,4	12 946	4,1
Comércio, aloj. e restauração	24 260	12,7	16 506	13,3	8 304	3,5	2 429	6,1	7 197	14,6	58 696	9,2
Transp., armaz. comunicações	594	1,7	2 362	9,0	-1 682	-2,4	1 250	21,3	487	8,8	3 011	2,1
Finanças, imob. serv. empresas	22 156	28,7	12 564	36,6	65 630	37,1	3 166	29,4	3 295	28,0	106 811	34,3
Serviços Sociais	43 275	65,4	25 277	47,8	17 499	18,7	6 682	37,3	5 389	55,5	98 122	40,8
TOTAL	98 652	20,0	58 556	18,5	89 460	13,5	13 646	14,2	18 999	19,8	279 313	16,8

Fonte: DGEEP/MTSS, Quadros de Pessoal 2002/2005.

Como é compreensível, a incidência territorial dos diferentes subsectores das actividades terciárias por região, isto é, a tendência para que um subsector seja predominante em termos de emprego numa dada região, não se afigura tão pronunciada como no caso dos subsectores das actividades industriais (Gráfico 4). De facto, ao contrário do que se passa com os subsectores industriais, não estamos perante actividades que revelem generalizadamente "comportamentos territoriais" diferenciados, consolidando localizações específicas. Inversamente, elas tendem a acompanhar de forma semelhante os vários espaços do país (nos valores que estamos a usar, as excepções são as que resultam do peso do turismo no Algarve e das actividades financeiras em Lisboa). Ainda assim, justifica-se sublinhar o peso comparativamente mais relevante do subsector das finanças, serviços imobiliários e serviços às empresas na Região de Lisboa (que representa, em 2005, cerca de 32% do emprego total no terciário), a que se segue o peso percentual significativo que é obtido pelo subsector do comércio, alojamento e restauração (também com cerca de 32%, mas que não se diferencia positivamente dos valores percentuais obtidos nas restantes regiões do Continente).

Gráfico 4. Desagregação subsectorial do emprego no sector terciário, nas regiões do Continente (2005)

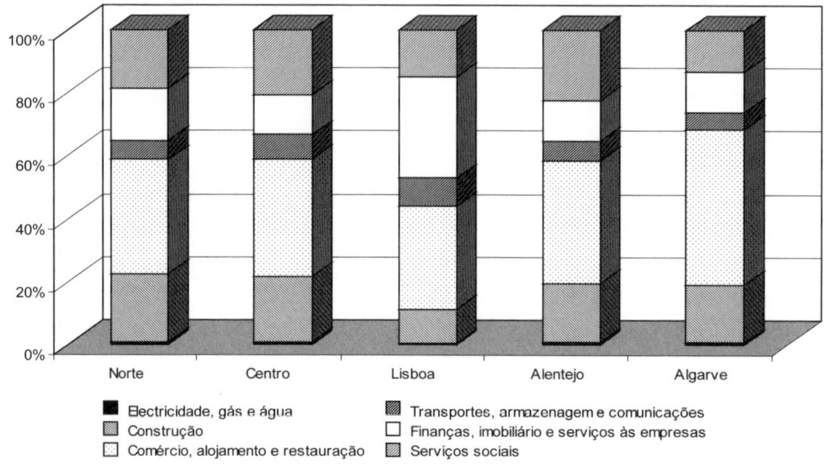

Fonte: DGEEP/MTSS, Quadros de Pessoal, 2005

No Algarve, e como aliás sucede no Norte, no Centro e no Alentejo, mas nestes casos de modo menos pronunciado, o subsector das actividades de comércio, alojamento e restauração é dominante (representando praticamente 50% do total do emprego no sector terciário algarvio). Tendencialmente, e com a excepção da Região de Lisboa, o peso do subsector da construção, por um lado, e dos serviços sociais, por outro, tende também a destacar-se em todas as regiões, atingindo valores que oscilam em torno de uma representatividade próxima dos 20%.

Tendo em vista a caracterização e comparação das estruturas económicas regionais, de modo a definir os seus sistemas produtivos e identificar padrões de especialização económica, são utilizados, no ponto seguinte, alguns indicadores.

Com o primeiro – o *Índice de Atracção Regional (IAR)* – procura-se ver quais são os sectores que têm um peso no emprego da região superior ao que ela própria tem na população do país. Ou seja, compara-se o peso da região no emprego total nacional de um sector e divide-se pelo peso demográfico da região no país, através da seguinte fórmula[8]:

$$IAR_i = \frac{E_{ij}/E_j}{P_i/P}$$

Resulta daqui que quando numa região este índice é igual à unidade ela não tem especial "atractibilidade"[9] para o sector em causa, quer dizer, é nesses termos igual ao país. A situação em que o índice é inferior ou superior à unidade revela a "distância" da região face à média.

O segundo indicador limita-se a calcular a distribuição percentual do emprego total da região por actividades, definidas em função da sua intensidade tecnológica e informacional.

O terceiro indicador – o *Quociente de Localização (QL)* – relaciona a importância relativa do emprego num sector na região com a importância relativa do emprego do mesmo sector no emprego total do país. Este indicador é calculado através da seguinte fórmula[10]:

---

[8] Em que: E_{ij} é o emprego do sector j na região i; E_j é o emprego total nacional no sector j; P_i é a população da região i; e P a população total do país.

[9] Supondo, de forma apenas abstracta, que são os sectores que gravitam no espaço e são "atraídos" por determinadas localizações. Trata-se de uma simplificação, pois é sabido que muitos sectores "nascem" em localizações precisas e a elas se "amarram".

[10] Em que E_{ij} é o emprego do sector j na região i; E_i o emprego total na região i; E_j o emprego total nacional no sector j; e E o emprego total nacional.

$$QL_{ij} = \frac{E_{ij}/E_i}{E_j/E}$$

Tendo em conta estes indicadores e os dados anteriormente referidos, relativos à composição sectorial e subsectorial do emprego por regiões, importa que nos detenhamos, de modo mais detalhado, nas características dos diferentes tecidos produtivos regionais. A análise que se segue procura assim, neste sentido, não só aprofundar os factores que estruturam os diferentes espaços económicos à escala da região, designadamente evidenciando a sua especialização sectorial, mas também aferir algumas relações de força que se estabelecem entre elas.

2. Região Norte: uma indústria concentrada em actividades de fraca intensidade tecnológica e um terciário polarizado numa área metropolitana

Uma característica muito marcante da estrutura produtiva da Região Norte é a expressiva concentração do emprego industrial. Com efeito, cerca de 52% dos trabalhadores ocupados, em Portugal Continental, na indústria transformadora, localizam-se nesta região. Considerando a importância relativa deste espaço na distribuição da população, encontramos, para esta região, um Índice de Atracção Regional da indústria situado em 1,4, superior aos índices obtidos, para este sector, em qualquer uma das outras quatro regiões do Continente.

Como ilustram os Quadros 7 e 8, a significativa concentração espacial do emprego industrial é acompanhada por uma elevada concentração em determinados subsectores. As indústrias de baixa tecnologia, por exemplo, detêm cerca de 72% do emprego industrial da região, o que, comparativamente a outros grupos subsectoriais da indústria, evidencia os seus mais elevados valores quanto ao Índice de Atracção Regional (1,7) e quanto ao Quociente de Localização, situado em 1,2. Esta relevância das indústrias de baixa tecnologia decorre da importância regional de que se revestem, sobretudo, as indústrias do têxtil, vestuário e do couro, mas também a indústria da madeira. A reduzida intensidade tecnológica da estrutura industrial regional expressa-se igualmente nos valores do Quociente de Localização encontrados para as indústrias de alta tecnologia (0,4) e, mais concretamente, para o fabrico de máquinas, equipamentos e materiais de transporte (0,8).

Por outro lado, e como consequência das conclusões anteriores, o Índice de Atracção Regional relativo ao sector terciário é, na Região Norte, inferior à unidade (0,8). O grupo das actividades relacionadas com a infra-estruturação básica (produção e distribuição de electricidade e gás, captação e distribuição de água e construção) – que concentra cerca de um quarto dos trabalhadores do sector terciário deste espaço – é, entre os três grupos do sector terciário considerados, o único que apresenta um Quociente de Localização superior à unidade e um Índice de Atracção Regional não inferior a este valor. A sobre-representação regional deste grupo está presente quer nas actividades relacionadas com a obtenção e distribuição de electricidade, gás e água, como na construção (Quadros 9 e 10).

QUADRO 7. Emprego por classes tecnológicas da indústria, na Região Norte (2002)

	Indústria			
	Baixa Tecnologia	Média-Baixa Tecnologia	Média-Alta Tecnologia	Alta Tecnologia
Índice de Atracção Regional	1,7	1,0	1,1	0,6
Distribuição Emprego Regional (%)	71,6	15,7	11,0	1,7
Quociente de Localização	1,2	0,7	0,8	0,4

Fonte: DGEEP/MTSS, Quadros de Pessoal, 2002; INE, Estatísticas Demográficas

QUADRO 8. Emprego por subsectores industriais na Região Norte (2002)

	Indicadores – Indústria		
	Distribuição do Emprego Regional (%)	Índice de Atracção Regional	Quociente de Localização
Alimentares, bebidas e tabaco	7,0	0,9	0,6
Têxtil, vestuário e couro	50,4	2,2	1,6
Madeira e cortiça	5,4	1,5	1,0
Papel	3,2	0,8	0,6
Produtos químicos e minerais não metálicos	6,4	0,7	0,5
Metalúrgia e produtos metálicos	8,8	1,2	0,8
Máquinas, equipamentos e materiais de transporte	11,8	1,0	0,7
Não especificados	7,0	1,6	1,1

Fonte: DGEEP/MTSS, Quadros de Pessoal, 2002; INE, Estatísticas Demográficas

A ESTRUTURA REGIONAL DA ECONOMIA: SISTEMAS PRODUTIVOS E ESPECIALIZAÇÕES TERRITORIAIS   43

QUADRO 9. Emprego por classes tecnológicas do sector terciário,
na Região Norte (2002)

		Serviços	
	Infra-estruturas	Baixa Intensidade Informacional	Alta Intensidade Informacional
Índice de Atracção Regional	1,0	0,8	0,7
Distribuição Emprego Regional (%)	25,1	60,7	14,3
Quociente de Localização	1,3	1,0	0,9

Fonte: DGEEP/MTSS, Quadros de Pessoal, 2002; INE, Estatísticas Demográficas

Embora os serviços de baixa intensidade informacional concentrem cerca de 60% dos trabalhadores do sector terciário, a importância relativa destes serviços na distribuição do emprego deste sector acompanha a verificada no Continente, de tal modo que o Quociente de Localização correspondente é igual à unidade, tal como acontece ao nível mais específico do comércio, alojamento e restauração. Uma sub-representação regional observa-se sobretudo nos serviços de alta intensidade informacional e, em termos mais desagregados, no domínio dos transportes, da armazenagem e das comunicações, no domínio das actividades financeiras, imobiliárias e dos serviços prestados às empresas, e ainda no domínio dos serviços sociais.

QUADRO 10. Emprego por subsectores do terciário na Região Norte (2002)

	Indicadores – Terciário		
	Distribuição do Emprego Regional (%)	Índice de Atracção Regional	Quociente de Localização
Electricidade, água e gás	0,9	0,9	1,2
Construção	24,2	1,0	1,3
Comércio, alojamento e restauração	38,8	0,8	1,0
Transportes, armazenagem e comunicações	7,1	0,7	0,8
Finanças, imobiliário e serviços a empresas	15,6	0,7	0,8
Serviços Sociais	13,4	0,7	0,9

Fonte: DGEEP/MTSS, Quadros de Pessoal, 2002; INE, Estatísticas Demográficas

Em síntese, os elementos que têm vindo a ser referidos permitem identificar duas características marcantes do sistema produtivo da Região Norte. Por um lado, uma indústria com um peso muito elevado no emprego, que, por sua vez, está muito concentrado em domínios produtivos de fraca intensidade tecnológica. Por outro, um sector terciário com menor peso no emprego e carenciado de serviços de alta intensidade informacional. A conjugação destas duas características pode conduzir a frágeis densidades intra e inter-sectoriais, limitando a circulação de fluxos produtivos ou cognitivos e gerando dependências tecnológicas e vulnerabilidades estruturais. De seguida, procuraremos ver até que ponto estas características se manifestam nas oito NUTS III da Região Norte.

Tendo por base a importância relativa de cada uma destas NUTS III na distribuição do emprego industrial desta região, e considerando o valor de 12,5% dessa importância como referência[11] para agregarmos essas NUTS, podemos definir dois espaços distintos. O primeiro é constituído pelas quatro NUT III que possuem, individualmente, mais de 12,5% do emprego industrial da região (incluindo assim o Grande Porto, o Ave, o Tâmega e o Entre Douro e Vouga); e o segundo é constituído pelas restantes quatro NUTS III, que possuem, individualmente, menos de 12,5% do emprego industrial da região, abrangendo os casos do Cávado, Alto Trás-os-Montes, Douro e do Minho-Lima (Quadros 11 e 12).

Embora as primeiras quatro NUTS III tenham entre si uma natureza muito distinta, podem contudo considerar-se dois subgrupos (ou subsistemas) principais. Um é constituído pelo Ave, pelo Tâmega e pelo Entre Douro e Vouga, e o outro corresponde ao Grande Porto.

No primeiro destes subgrupos, reencontramos as características principais identificadas para o conjunto da Região Norte, embora constatando uma fragilidade relativamente maior no sector terciário, na medida em que o emprego industrial é mais elevado e muito concentrado nas actividades de fraca intensidade tecnológica, sendo o emprego no sector terciário bastante baixo. Observa-se ainda, em qualquer destas três NUTS III, valores relativos ao Índice de Atracção Regional inferiores aos verificados na Região Norte,

---

[11] Este valor de 12,5% corresponderia a uma distribuição espacial do emprego industrial da Região Norte pelas respectivas oito NUTS III, de tal modo que todas elas teriam, neste aspecto, uma importância relativa idêntica. Por conseguinte, as NUTS III com uma importância relativa superior àquele valor têm, neste domínio, um potencial diferenciador, o mesmo não acontecendo com as que têm uma importância relativa inferior.

QUADRO 11. Emprego por sub-regiões e classes tecnológicas industriais, na Região Norte (2002)

	Distribuição do emprego na indústria NUTS III (%)	Índice de Atracção Regional				
		Indústria	Classes tecnológicas			
			Baixa Tecnologia	Média-Baixa Tecnologia	Média-Alta Tecnologia	Alta Tecnologia
Minho-Lima	4,2	0,9	0,8	1,0	0,5	1,8
Cávado	12,1	1,6	2,0	0,9	0,6	2,3
Ave	26,0	2,6	3,7	1,1	1,4	0,5
Grande Porto	25,2	1,0	1,0	1,0	1,5	0,3
Tâmega	15,8	1,5	2,2	0,5	0,4	0,3
Entre Douro e Vouga	14,9	2,8	3,2	2,2	2,6	0,1
Douro	1,0	0,2	0,3	0,2	0,2	0,0
Alto Trás-os-Montes	0,9	0,2	0,2	0,3	0,0	0,0

Fonte: DGEEP/MTSS, Quadros de Pessoal, 2002; INE, Estatísticas Demográficas

QUADRO 12. Quocientes de localização do emprego por subsectores industriais, nos espaços da Região Norte (2002)

	Aliment. bebidas e tabaco	Têxtil, vestuário e couro	Madeira e cortiça	Papel	Prod. quím. e min. não metálicos	Metalúrg. e produtos metálicos	Máq., equip. e material transporte	Não espe-cificadas
Minho-Lima	0,9	1,0	1,5	0,7	0,6	0,9	1,5	0,6
Cávado	0,4	2,0	0,5	0,3	0,5	0,7	0,7	0,4
Ave	0,4	2,3	0,2	0,3	0,3	0,6	0,5	0,3
Grande Porto	0,9	0,9	0,7	1,4	0,7	1,2	1,2	1,3
Tâmega	0,5	1,7	0,8	0,1	0,3	0,4	0,2	3,6
Entre Douro e Vouga	0,4	1,2	3,4	0,5	0,5	1,1	0,8	0,6
Douro	4,7	0,1	1,7	0,5	0,9	0,9	0,7	0,2
Alto Trás-os-Montes	3,5	0,4	1,2	0,4	1,3	1,5	0,2	0,4

Fonte: DGEEP/MTSS, Quadros de Pessoal, 2002

quer nos serviços de alta intensidade, quer nos restantes dois subsectores de actividades do sector terciário, quando considerados em termos agregados. Contudo, o significado expressivo deste último aspecto não é tão forte se passarmos a uma análise mais desagregada, onde encontramos valores do Quociente de Localização superiores aos da Região Norte, como no caso do Ave (sobretudo para os sectores da construção, comércio, alojamento e restauração, bem como no caso dos serviços sociais), Entre Douro e Vouga (para a construção e para o comércio, alojamento e restauração) e Tâmega (na construção).

As características encontradas para a Região Norte, anteriormente referidas, têm uma expressão menos significativa no Grande Porto, podendo esta área, com a sua natureza vincadamente metropolitana, desempenhar um papel nuclear no desenvolvimento da região em que se insere. Com efeito, trata-se de um espaço com uma actividade industrial significativa (ocupando um quarto dos trabalhadores industriais da Região Norte em diversos domínios produtivos, que incluem também actividades de elevada intensidade tecnológica), e trata-se de um pólo da economia terciária particularmente importante, não só por empregar quase metade dos trabalhadores afectos, na Região Norte, a este sector, mas também por ser a única NUT III desta região a apresentar valores relativos ao Índice de Atracção Regional superiores à unidade nos serviços de baixa intensidade informacional e, sobretudo, nos serviços de alta intensidade informacional.

QUADRO 13. Emprego por sub-regiões e classes tecnológicas do sector terciário, na Região Norte (2002)

	Distribuição do emprego no terciário NUTS III (%)	Índice de Atracção Regional			
		Sector Terciário	Infra- -estruturas	Serviços	
				Baixa Intensidade Informacional	Alta Intensidade Informacional
Minho-Lima	5,7	0,7	1,2	0,6	0,5
Cávado	10,6	0,8	1,4	0,7	0,5
Ave	10,5	0,6	0,9	0,6	0,4
Grande Porto	48,3	1,1	0,9	1,2	1,2
Tâmega	11,0	0,6	1,4	0,4	0,3
Entre Douro e Vouga	5,7	0,6	0,8	0,6	0,5
Douro	4,4	0,6	0,9	0,5	0,6
Alto Trás-os-Montes	3,7	0,5	0,6	0,5	0,4

Fonte: DGEEP/MTSS, Quadros de Pessoal, 2002; INE, Estatísticas Demográficas

QUADRO 14. Quocientes de localização do emprego por subsectores do terciário,
nos espaços da Região Norte (2002)

	Electricidade, gás e água	Construção	Comércio, alojamento e restauração	Transportes, armazen. e comunicações	Finanças, imobil. e serv. a empresas	Serviços Sociais
Minho-Lima	1,2	1,8	1,0	0,7	0,5	0,9
Cávado	1,9	1,7	1,0	0,5	0,6	0,9
Ave	1,0	1,5	1,1	0,6	0,6	1,0
Grande Porto	1,0	0,8	1,0	1,1	1,1	1,0
Tâmega	1,1	2,5	0,8	0,5	0,4	0,6
Entre Douro e Vouga	0,9	1,4	1,1	0,8	0,7	0,9
Douro	1,9	1,4	0,9	0,7	0,9	1,1
Alto Trás-os-Montes	1,6	1,3	1,1	0,6	0,5	1,3

Fonte: DGEEP/MTSS, Quadros de Pessoal, 2002

As quatro NUTS III que possuem, individualmente, um peso inferior à média do emprego industrial da região (12,5%) podem agrupar-se também em dois subgrupos (ou subsistemas) principais: um é formado pelo Minho--Lima, Douro e Alto Trás-os-Montes, o outro corresponde ao Cávado.

Os três espaços do primeiro subgrupo são, entre as oito NUTS III da Região Norte, os que apresentam (ao nível dos sectores industrial e terciário), uma actividade globalmente menos expressiva. Esta dupla fragilidade global transparece não só na reduzida importância relativa de qualquer uma destas três NUTS III na distribuição espacial do emprego nestes sectores, mas também nos correspondentes Índices de Atracção Regional. Uma diferente estrutura produtiva observa-se no Cávado, cujas características se aproximam das encontradas nas três NUTS III do primeiro subsistema produtivo e, de um modo mais geral, do perfil produtivo global da Região Norte. O emprego industrial é neste caso elevado e está muito concentrado em actividades de fraca intensidade tecnológica. No sector terciário, por sua vez, é ligeiramente superior à das três NUTS III daquele primeiro subsistema e igual ao da Região Norte (o que significa que o Cávado é, depois do Grande Porto, o espaço desta região com maior índice de distribuição sectorial no terciário), embora essa representatividade apresente, tal como naquelas três NUTS III, uma fraca intensidade informacional.

Os elementos que têm vindo a ser referidos permitem-nos, portanto, distribuir as oito NUTS III da Região Norte em três subsistemas produtivos principais. As zonas do Ave, do Tâmega, de Entre Douro e Vouga e do Cávado são representativas de um subsistema produtivo com características muito próximas das encontradas, a nível global, para a Região Norte. Ou seja, um elevado emprego industrial, muito concentrado em actividades de baixa tecnologia, e um emprego no sector terciário assente em serviços de baixa intensidade informacional e centrado no domínio das infra-estruturas básicas.

As zonas do Minho-Lima, do Douro e de Alto Trás-os-Montes revelam uma maior fragilidade nesses dois sectores, sendo por isso espaços onde é maior o risco de surgirem densidades precárias, intra ou inter-sectoriais, com as consequentes dificuldades na circulação de fluxos produtivos ou cognitivos, podendo-se por isso gerar ou agravar dependências tecnológicas e outras vulnerabilidades estruturais. A área metropolitana do Grande Porto é o espaço onde estas fragilidades sectoriais são menores, de tal modo que esta zona surge como um pólo nuclear essencial, a partir do qual poderão ser geradas as complementaridades produtivas e cognitivas necessárias ao fortalecimento do sistema produtivo regional.

A imigração registada na Região Norte não deixará, como veremos, de reflectir uma adaptação a estas diversas formas de diferenciação territorial.

3. Região Centro: uma indústria de média intensidade tecnológica e uma distribuição espacial difusa do terciário

Cerca de 26% dos trabalhadores da indústria portuguesa localizam-se na Região Centro, que apresenta, neste sector, um Índice de Atracção Regional situado em 1,1, sendo o segundo valor mais elevado (depois do da Região Norte), entre os índices encontrados para as cinco regiões do Continente.

Para além do diferente nível de emprego de trabalhadores, o processo de industrialização da Região Centro distingue-se do da Região Norte por apresentar uma maior diversidade sectorial e uma menor concentração nas actividades de baixa tecnologia. Com efeito, as indústrias de média-baixa e de média-alta tecnologia ocupam mais de 50% dos trabalhadores industriais e apresentam valores superiores à unidade para os correspondentes Quocientes de Localização e Índices de Atracção Regional. A representatividade destas indústrias de nível tecnológico médio decorre da expressão que têm, na Região Centro, as indústrias metalúrgicas de base e de produtos metálicos e, sobretudo, as indústrias de produtos químicos e minerais não metálicos.

A ESTRUTURA REGIONAL DA ECONOMIA: SISTEMAS PRODUTIVOS E ESPECIALIZAÇÕES TERRITORIAIS 49

QUADRO 15. Emprego por classes tecnológicas da indústria, na Região Centro (2002)

	Indústria			
	Baixa Tecnologia	Média-Baixa Tecnologia	Média-Alta Tecnologia	Alta Tecnologia
Índice de Atracção Regional	0,8	1,7	1,1	0,6
Distribuição Emprego Regional (%)	45,6	37,0	14,9	2,5
Quociente de Localização	0,8	1,6	1,1	0,6

Fonte: DGEEP/MTSS, Quadros de Pessoal 2002; INE, Estatísticas Demográficas

QUADRO 16. Emprego por subsectores industriais na Região Centro (2002)

	Indicadores – Indústria		
	Distribuição do Emprego Regional (%)	Índice de Atracção Regional	Quociente de Localização
Alimentares, bebidas e tabaco	12,3	1,2	1,1
Têxtil, vestuário e couro	17,8	0,6	0,6
Madeira e cortiça	5,6	1,1	1,1
Papel	4,7	0,9	0,8
Produtos químicos e minerais não metálicos	24,4	1,9	1,8
Metalúrgia e produtos metálicos	12,6	1,3	1,2
Máquinas, equipamentos e materiais de transporte	16,4	1,1	1,0
Não especificados	6,2	1,1	1,0

Fonte: DGEEP/MTSS, Quadros de Pessoal 2002; INE, Estatísticas Demográficas

Uma aproximação entre os indicadores globais da Região Centro e da Região Norte observa-se no sector terciário. Em ambas as regiões encontramos um Índice de Atracção Regional de 0,8, bem como a sub-representação dos serviços de alta intensidade informacional, a par de uma relevância idêntica nos sectores das infra-estruturas e dos serviços de baixa intensidade informacional.

Relativamente a estes dois últimos domínios, constatamos, em qualquer destas regiões, valores iguais para os Quocientes de Localização (1,3 para as infra-estruturas e 1,0 para os serviços de baixa intensidade informacional) e para os valores do Índice de Atracção Regional por sectores de emprego (1,0

IMIGRANTES EM PORTUGAL

para as infra-estruturas e 0,8 para os serviços de baixa intensidade informacional). Também à semelhança do observado na Região Norte, a sobre-representação das actividades relacionadas com a infra-estruturação básica está presente, quer nas actividades relacionadas com a obtenção e distribuição de electricidade, gás e água, quer na construção.

QUADRO 17. Emprego por classes tecnológicas do sector terciário, na Região Centro (2002)

	Infra-estruturas	Serviços	
		Baixa Intensidade Informacional	Alta Intensidade Informacional
Índice de Atracção Regional	1,0	0,8	0,5
Distribuição Emprego Regional (%)	24,9	63,7	11,5
Quociente de Localização	1,3	1,0	0,7

Fonte: DGEEP/MTSS, Quadros de Pessoal 2002; INE, Estatísticas Demográficas

QUADRO 18. Emprego por subsectores do terciário na Região Centro (2002)

	Indicadores – Terciário		
	Distribuição do Emprego Regional (%)	Índice de Atracção Regional	Quociente de Localização
Electricidade, água e gás	0,8	0,9	1,1
Construção	24,0	1,0	1,3
Comércio, alojamento e restauração	39,2	0,8	1,0
Transportes, armazenagem e comunicações	8,3	0,8	1,0
Finanças, imobiliário e serviços a empresas	10,9	0,5	0,6
Serviços Sociais	16,8	0,9	1,2

Fonte: DGEEP/MTSS, Quadros de Pessoal 2002; INE, Estatísticas Demográficas

As actividades relacionadas com o comércio, o alojamento e a restauração, bem como as dos transportes, armazenagem e comunicações assumem, na Região Centro, uma importância intra-sectorial terciária relativa idêntica à registada no Continente, de tal modo que o Quociente de Localização destas actividades é igual à unidade. Já no caso das actividades financeiras, imobiliárias e de serviços a empresas, e dos serviços sociais, não se verifica uma igualdade entre a importância relativa naquelas duas escalas espaciais: há uma clara sub-representação regional do primeiro destes grupos, acontecendo o contrário com o segundo.

QUADRO 19. Emprego por sub-regiões e classes tecnológicas industriais, na Região Centro (2002)

	Distribuição do emprego na indústria NUTS III (%)	Índice de Atracção Regional				
		Indústria	Classes tecnológicas			
			Baixa Tecnologia	Média-Baixa Tecnologia	Média-Alta Tecnologia	Alta Tecnologia
Baixo Vouga	27,5	1,8	0,9	3,6	2,8	1,0
Baixo Mondego	8,6	0,7	0,6	0,9	0,6	0,4
Pinhal Litoral	16,1	1,6	0,8	3,6	2,2	0,0
Pinhal Interior Norte	4,7	0,9	1,1	0,8	0,3	0,0
Dão-Lafões	9,0	0,8	0,7	1,0	1,0	0,4
Pinhal Interior Sul	1,0	0,6	0,8	0,5	0,2	0,0
Serra da Estrela	1,3	0,7	1,0	0,4	0,2	0,0
Beira Interior Norte	3,4	0,8	0,7	0,4	0,4	4,7
Beira Interior Sul	2,7	0,9	1,0	0,3	0,6	3,9
Cova da Beira	4,3	1,2	1,8	0,4	0,1	0,0
Oeste	13,0	0,8	0,6	1,7	0,7	0,1
Médio Tejo	8,4	0,9	1,0	1,2	0,6	0,1

Fonte: DGEEP/MTSS, Quadros de Pessoal 2002; INE, Estatísticas Demográficas

Os aspectos que temos vindo a analisar conduzem à caracterização do sistema produtivo da Região Centro a partir de duas dimensões principais. Por um lado, uma actividade industrial com níveis médios de emprego, intensidade tecnológica e diversidade intra-sectorial, e por outro um sector terciário que, embora relativamente diversificado, revela carências no que se refere a serviços de alta intensidade informacional e de actividades de apoio ao tecido empresarial. A conjugação destes dois aspectos leva-nos a admitir que, embora a Região Centro possua, no domínio industrial, condições favoráveis à circulação de diversos fluxos produtivos (mais especificamente, entre diversos ramos industriais), as carências ao nível cognitivo-informacional, e no que concerne aos serviços de suporte da actividade empresarial, podem limitar as potencialidades inerentes à diversidade produtiva existente. Procuraremos, de seguida, ver o modo como estas características se expressam nas doze NUTS III da Região Centro.

Tendo por base a importância relativa de cada uma destas NUTS III na distribuição do emprego industrial desta região, vemos que a indústria se localiza predominantemente no Baixo Vouga, Pinhal Litoral, Oeste, Dão-Lafões, Baixo Mondego e Médio Tejo. Quase 2/3 do emprego industrial regional está nestes territórios.

QUADRO 20. Quocientes de localização do emprego por subsectores industriais, nos espaços da Região Centro (2002)

	Aliment. bebidas e tabaco	Têxtil, vestuário e couro	Madeira e cortiça	Papel	Prod. quím. e min. não metálicos	Metalúrg. e produtos metálicos	Máq., equip. e material transporte	Não especificadas
Baixo Vouga	0,7	0,3	0,7	0,7	1,9	2,1	1,4	1,0
Baixo Mondego	1,5	0,4	1,2	2,3	1,9	0,7	0,9	0,7
Pinhal Litoral	0,6	0,3	1,1	0,7	3,3	0,8	1,1	0,9
Pinhal Interior Norte	0,9	1,4	2,2	0,5	1,0	0,6	0,3	1,0
Dão-Lafões	1,2	0,6	1,7	0,5	1,1	1,3	1,0	1,7
Pinhal Interior Sul	2,0	0,2	7,4	0,2	0,5	0,8	0,2	2,3
Serra da Estrela	2,2	1,6	0,8	0,2	0,3	0,8	0,2	0,4
Beira Interior Norte	1,5	1,0	0,6	0,3	0,5	0,5	2,0	0,3
Beira Interior Sul	1,4	1,1	0,7	1,4	0,5	0,3	1,7	0,2
Cova da Beira	0,7	2,4	0,4	0,3	0,3	0,4	0,1	0,4
Oeste	2,0	0,2	0,6	0,5	2,5	1,1	0,7	1,5
Médio Tejo	1,4	0,6	1,8	1,9	1,0	1,2	0,8	1,1

Fonte: DGEEP/MTSS, Quadros de Pessoal, 2002

Na heterogeneidade das seis unidades territoriais que constituem o primeiro destes grupos, destacam-se o Baixo Vouga e o Pinhal Litoral, por screm aquelas onde as características encontradas para a indústria e para o sector terciário na Região Centro são mais expressivas e potencialmente mais dinâmicas. Com um Índice de Atracção Industrial bastante superior ao do conjunto regional, a indústria destes dois espaços assenta em actividades de intensidade tecnológica média-baixa e média-alta. No Pinhal Litoral desta-

A ESTRUTURA REGIONAL DA ECONOMIA: SISTEMAS PRODUTIVOS E ESPECIALIZAÇÕES TERRITORIAIS   53

cam-se os produtos químicos e os minerais não metálicos e, em certa medida, o fabrico de máquinas, equipamentos e material de transporte. Estes dois sectores, bem como as indústrias metalúrgicas de base e de produtos metálicos adquirem por seu turno uma relevância muito significativa no Baixo Vouga. O sector terciário tem, nestes dois espaços, uma intensidade informacional e um grau de distribuição do emprego sectorial próximos dos encontrados para a Região Centro, registando-se no Pinhal Litoral um envolvimento mais significativo ao nível das infra-estruturas (mais concretamente, na construção), que explica o valor mais elevado do emprego terciário neste espaço.

QUADRO 21. Emprego por sub-regiões e classes tecnológicas do sector terciário, na Região Centro (2002)

	Distribuição do emprego no terciário NUTS III (%)	Índice de Atracção Regional			
		Sector Terciário	Infra-estruturas	Serviços	
				Baixa Intensidade Informacional	Alta Intensidade Informacional
Baixo Vouga	15,4	0,7	0,8	0,8	0,5
Baixo Mondego	16,4	0,9	0,8	1,0	0,8
Pinhal Litoral	13,6	1,0	1,5	0,9	0,7
Pinhal Interior Norte	4,6	0,6	1,2	0,5	0,4
Dão-Lafões	11,1	0,7	1,0	0,7	0,5
Pinhal Interior Sul	1,3	0,6	0,9	0,5	0,3
Serra da Estrela	1,5	0,6	0,9	0,5	0,4
Beira Interior Norte	4,0	0,7	0,9	0,7	0,4
Beira Interior Sul	3,0	0,7	0,9	0,7	0,5
Cova da Beira	3,1	0,6	0,8	0,6	0,4
Oeste	15,7	0,7	0,9	0,8	0,4
Médio Tejo	10,3	0,8	1,1	0,8	0,6

Fonte: DGEEP/MTSS, Quadros de Pessoal 2002; INE, Estatísticas Demográficas

Os restantes quatro espaços deste primeiro grupo (Baixo Mondego, Dão-Lafões, Oeste e Médio Tejo) apresentam processos de industrialização menos expressivos e assentes em bases produtivas relativamente diversificadas, nas quais se destaca, no Baixo Mondego a indústria do papel e de minerais não metálicos e, na NUT III de Dão-Lafões, a indústria da madeira e de produtos metálicos. No Oeste, destaca-se a indústria de minerais não metálicos e da alimentação e, no Médio Tejo, as indústrias do papel e da madeira e cortiça. No que se refere aos níveis de distribuição regional do emprego sectorial e de intensidade informacional do sector terciário, o Médio Tejo, e sobretudo o Baixo Mondego, assumem-se como espaços onde estes aspectos adquirem uma relevância ligeiramente superior à encontrada para o conjunto da Região Centro, verificando-se, para as restantes unidades territoriais, valores ligeiramente inferiores aos deste conjunto. No essencial, estes elementos referentes às seis NUT III da Região Centro com níveis de industrialização e terciarização mais elevados, revelam que as funções terciárias desta região se encontram disseminadas por diversas cidades de média dimensão. Nesta estrutura urbana difusa, a cidade de Coimbra ocupa uma posição central, sem que exista uma área metropolitana com a dimensão e a multifuncionalidade sectorial que caracterizam, na Região Norte, a zona do Grande Porto.

QUADRO 22. Quocientes de localização do emprego por subsectores do terciário, nos espaços da Região Centro (2002)

	Electricidade, gás e água	Construção	Comércio, alojamento e restauração	Transportes, armazen. e comunicações	Finanças, imobil. e serv. a empresas	Serviços Sociais
Baixo Vouga	0,6	1,1	1,1	0,9	0,6	1,1
Baixo Mondego	1,4	0,9	0,9	1,1	0,9	1,4
Pinhal Litoral	0,6	1,5	1,0	0,9	0,6	0,8
Pinhal Interior Norte	1,5	1,8	0,7	0,8	0,4	1,5
Dão-Lafões	0,6	1,4	1,0	0,9	0,5	1,2
Pinhal Interior Sul	0,9	1,6	0,7	1,1	0,4	1,6
Serra da Estrela	2,9	1,6	0,8	0,8	0,4	1,6
Beira Interior Norte	1,9	1,3	0,9	1,0	0,4	1,6
Beira Interior Sul	1,4	1,2	1,0	0,7	0,4	1,5
Cova da Beira	0,9	1,3	1,1	0,6	0,5	1,3
Oeste	1,3	1,2	1,2	1,0	0,5	0,9
Médio Tejo	2,0	1,3	1,0	1,1	0,5	1,1

Fonte: DGEEP/MTSS, Quadros de Pessoal, 2002

Níveis mais baixos de industrialização e terciarização observam-se nos dois Pinhais Interiores (Norte e Sul), nas Beiras Interiores (Norte e Sul), na Serra da Estrela e na Cova da Beira. Confrontando a importância relativa de cada uma destas unidades em termos da distribuição espacial da população e do emprego industrial, encontramos na Cova da Beira um dos mais elevados valores do Índice de Atracção Regional industrial das NUTS III da Região Centro (1,2), que se associa á elevada especialização deste espaço na indústria têxtil e do vestuário. As indústrias de baixa intensidade tecnológica são também as predominantes nas frágeis dinâmicas industriais das restantes cinco NUTS deste grupo. A precária terciarização é outro aspecto comum a todos estes espaços, a maioria dos quais regista índices regionais de distribuição do emprego neste sector inferiores aos da Região Centro, não só em termos globais, mas também nos seus três principais grupos de classes tecnológicas.

4. Região de Lisboa: uma indústria de elevada intensidade tecnológica e um terciário polarizado numa área metropolitana

Cerca de 17% dos trabalhadores da indústria e 40% dos empregos do sector terciário localizam-se na Região de Lisboa. Ao contrário das duas regiões anteriores, esta apresenta um Índice de Atracção Regional na indústria inferior à unidade (mais concretamente, um valor de apenas 0,6) e um valor no terciário que supera a unidade (1,5). Estamos, portanto, perante uma região onde a principal fonte criadora de emprego é, em termos relativos, o sector terciário, e não a indústria, como sucede nas regiões Norte e Centro.

QUADRO 23. Emprego por classes tecnológicas da indústria,
na Região de Lisboa (2002)

	Indústria			
	Baixa Tecnologia	Média-Baixa Tecnologia	Média-Alta Tecnologia	Alta Tecnologia
Índice de Atracção Regional	0,4	0,6	0,9	2,1
Distribuição Emprego Regional (%)	40,8	23,5	21,2	14,5
Quociente de Localização	0,7	1,0	1,5	3,4

Fonte: DGEEP/MTSS, Quadros de Pessoal 2002; INE, Estatísticas Demográficas

Como é evidente, o que fica dito não retira, de modo algum, a importância estratégica da indústria na Região de Lisboa e, em termos mais gerais, desta na economia nacional. Trata-se de um sector que tem aqui uma tradição relativamente longa, nomeadamente pelo facto de se localizarem, nesta região, algumas das principais bases do processo de industrialização português, dinamizado nos anos quarenta e cinquenta do século passado.

QUADRO 24. Emprego por subsectores industriais na Região de Lisboa (2002)

	Indicadores – Indústria		
	Distribuição do Emprego Regional (%)	Índice de Atracção Regional	Quociente de Localização
Alimentares, bebidas e tabaco	15,7	0,9	1,4
Têxtil, vestuário e couro	4,7	0,1	0,1
Madeira e cortiça	3,0	0,4	0,6
Papel	14,8	1,6	2,7
Produtos químicos e minerais não metálicos	17,4	0,8	1,3
Metalúrgia e produtos metálicos	12,0	0,7	1,1
Máquinas, equipamentos e materiais de transporte	28,7	1,1	1,8
Não especificados	3,7	0,4	0,6

Fonte: DGEEP/MTSS, Quadros de Pessoal 2002; INE, Estatísticas Demográficas

De facto, ao longo do tempo, o sector industrial tem-se renovado e continua muito presente nesta região. E a sua importância expressa-se, desde logo, na já referida elevada percentagem de trabalhadores afectos ao sector industrial, apesar do peso das actividades terciárias. Por outro lado, a importância estratégica da indústria em Lisboa decorre ainda do correspondente grau de diversidade intra-sectorial, que é relativamente significativo, bem como do elevado nível de intensidade tecnológica que lhe subjaz. Este último aspecto transparece na relevância que assumem não só as indústrias de média-alta intensidade tecnológica, mas sobretudo as indústrias de alta intensidade tecnológica. Note-se aliás que, este último grupo apresenta, na Região Norte e na Região Centro, Quocientes de Localização e Índices de Atracção Regional bastante inferiores à unidade, enquanto que tais indicadores atingem, na Região de Lisboa, valores que ultrapassam as duas unidades (no caso do IAR), e as três unidades (no caso do QL). A relevância desta classe tecnológica superior expressa, por conseguinte, o significado que tem a fabricação de máquinas, equipamentos e material de transporte na Região de Lisboa, onde aqueles dois indicadores se situam em valores superiores à unidade.

A ESTRUTURA REGIONAL DA ECONOMIA: SISTEMAS PRODUTIVOS E ESPECIALIZAÇÕES TERRITORIAIS

QUADRO 25. Emprego por classes tecnológicas do sector terciário,
na Região de Lisboa (2002)

	Infra-estruturas	Serviços	
		Baixa Intensidade Informacional	Alta Intensidade Informacional
Índice de Atracção Regional	1,0	1,5	2,1
Distribuição Emprego Regional (%)	12,9	64,0	23,1
Quociente de Localização	0,7	1,0	1,4

Fonte: DGEEP/MTSS, Quadros de Pessoal 2002; INE, Estatísticas Demográficas

QUADRO 26. Emprego por subsectores do terciário na Região de Lisboa (2002)

	Indicadores – Terciário		
	Distribuição do Emprego Regional (%)	Índice de Atracção Regional	Quociente de Localização
Electricidade, água e gás	0,6	1,2	0,8
Construção	12,3	1,0	0,6
Comércio, alojamento e restauração	35,6	1,4	0,9
Transportes, armazenagem e comunicações	10,6	1,8	1,2
Finanças, imobiliário e serviços a empresas	26,7	2,1	1,4
Serviços Sociais	14,2	1,5	1,0

Fonte: DGEEP/MTSS, Quadros de Pessoal 2002; INE, Estatísticas Demográficas

As características do sector industrial que têm vindo a ser identificadas estão presentes em qualquer das NUTS III desta região (Grande Lisboa e Península de Setúbal), e apesar da desigual distribuição dos trabalhadores industriais nestes dois espaços (a zona da Grande Lisboa concentra cerca de 72% dos trabalhadores industriais da região), encontramos valores do Índice de Atracção Regional iguais e uma estrutura produtiva relativamente diversificada e com um elevado nível tecnológico, associado à relevância local da fabricação de máquinas, equipamentos e material de transporte.

QUADRO 27. Emprego por sub-regiões e classes tecnológicas industriais,
na Região de Lisboa (2002)

	Distribuição do emprego na indústria NUTS III (%)	Índice de Atracção Regional				
		Indústria	Classes tecnológicas			
			Baixa Tecnologia	Média-Baixa Tecnologia	Média-Alta Tecnologia	Alta Tecnologia
Grande Lisboa	72,4	0,6	0,5	0,6	0,9	2,0
Península de Setúbal	27,6	0,6	0,3	0,8	1,1	2,3

Fonte: DGEEP/MTSS, Quadros de Pessoal 2002; INE, Estatísticas Demográficas

QUADRO 28. Quocientes de localização do emprego por subsectores industriais,
nos espaços da Região de Lisboa (2002)

	Aliment. bebidas e tabaco	Têxtil, vestuário e couro	Madeira e cortiça	Papel	Prod. quím. e min. não metálicos	Metalúrg. e produtos metálicos	Máq., equip. e material transporte	Não espe-cificadas
Grande Lisboa	1,5	0,2	0,3	3,3	1,5	1,0	1,4	0,7
Península de Setúbal	1,2	0,1	1,2	1,0	0,7	1,6	2,6	0,5

Fonte: DGEEP/MTSS, Quadros de Pessoal 2002

Ao contrário do observado no domínio industrial, as características encontradas para o sector terciário na Região de Lisboa assumem expressões diferentes nas duas unidades territoriais que a integram. Assim, apenas a zona da Grande Lisboa (onde se concentram cerca de 85% dos trabalhadores do sector terciário) apresenta um Índice de Atracção Regional não inferior à unidade, quer em termos do conjunto do sector, quer no que concerne a cada uma das suas três classes tecnológicas.

Nos serviços de alta intensidade informacional, este indicador atinge o valor de 2,6 (para o qual contribui a elevada importância relativa que assumem, nesta zona, os serviços de apoio às empresas). Para a Península de Setúbal, encontram-se valores relativos ao Índice de Atracção Regional inferiores à unidade, quer no conjunto do sector, quer em cada uma das suas três classes tecnológicas.

Dados os diferentes perfis do sector terciário na Grande Lisboa e na Península de Setúbal, podemos agora precisar que a maior capacidade relativa encontrada, sobretudo na criação de emprego neste sector, na região em que os dois espaços se inserem, está apenas presente no primeiro daqueles espaços, onde é também mais elevada a intensidade informacional associada a este domínio de actividades.

QUADRO 29. Emprego por sub-regiões e classes tecnológicas do sector terciário, na Região de Lisboa (2002)

	Distribuição do emprego no terciário NUTS III (%)	Índice de Atracção Regional			
		Sector Terciário	Infra--estruturas	Serviços	
				Baixa Intensidade Informacional	Alta Intensidade Informacional
Grande Lisboa	84,7	1,7	1,0	1,7	2,6
Península de Setúbal	15,3	0,8	0,8	0,8	0,7

Fonte: DGEEP/MTSS, Quadros de Pessoal 2002; INE, Estatísticas Demográficas

QUADRO 30. Quocientes de localização do emprego por subsectores do terciário, nos espaços da Região de Lisboa (2002)

	Electricidade, gás e água	Construção	Comércio, alojamento e restauração	Transportes, armazen. e comunicações	Finanças, imobil. e serv. a empresas	Serviços Sociais
Grande Lisboa	0,8	0,6	0,9	1,3	1,5	1,0
Península de Setúbal	1,0	1,0	1,0	0,9	0,9	1,1

Fonte: DGEEP/MTSS, Quadros de Pessoal 2002

5. Região do Alentejo: uma indústria e um terciário com uma frágil empregabilidade

Das cinco regiões do território continental, o Alentejo é a única onde se registam Índices de Atracção Regional inferiores à unidade, simultaneamente na indústria transformadora (cujo valor se situa em 0,6) e no sector terciário (com um resultado de 0,7). O valor deste indicador é também inferior à unidade em qualquer das classes tecnológicas consideradas nestes dois sectores.

No âmbito desta frágil capacidade regional de criação de emprego nestes domínios, as indústrias de baixa intensidade tecnológica concentram cerca de 51% dos trabalhadores deste sector e, numa escala mais desagregada, são as indústrias alimentares que ocupam o número mais significativo de trabalhadores, sendo também este o único dos oito subsectores industriais a apresentar um valor do Índice de Atracção Regional superior à unidade e um Quociente de Localização superior a duas unidades. Ao nível das actividades terciárias, os serviços de baixa intensidade informacional concentram 2/3 dos trabalhadores entre os seis subsectores do terciário, e as actividades relacionadas com o comércio, alojamento e restauração destacam-se por nelas se concentrarem cerca de 42% dos trabalhadores deste sector.

QUADRO 31. Emprego por classes tecnológicas da indústria,
na Região do Alentejo (2002)

	Indústria			
	Baixa Tecnologia	Média-Baixa Tecnologia	Média-Alta Tecnologia	Alta Tecnologia
Índice de Atracção Regional	0,5	0,6	0,8	0,9
Distribuição Emprego Regional (%)	50,7	22,7	20,1	6,5
Quociente de Localização	0,9	1,0	1,4	1,5

Fonte: DGEEP/MTSS, Quadros de Pessoal 2002; INE, Estatísticas Demográficas

QUADRO 32. Emprego por subsectores industriais na Região do Alentejo (2002)

	Indicadores – Indústria		
	Distribuição do Emprego Regional (%)	Índice de Atracção Regional	Quociente de Localização
Alimentares, bebidas e tabaco	29,1	1,5	2,6
Têxtil, vestuário e couro	6,3	0,1	0,2
Madeira e cortiça	7,3	0,8	1,4
Papel	3,6	0,4	0,6
Produtos químicos e minerais não metálicos	16,3	0,7	1,2
Metalúrgia e produtos metálicos	10,3	0,6	1,0
Máquinas, equipamentos e materiais de transporte	22,1	0,8	1,4
Não especificados	4,9	0,5	0,8

Fonte: DGEEP/MTSS, Quadros de Pessoal 2002; INE, Estatísticas Demográficas

QUADRO 33. Emprego por classes tecnológicas do sector terciário,
na Região do Alentejo (2002)

	Infra- -estruturas	Serviços	
		Baixa Intensidade Informacional	Alta Intensidade Informacional
Índice de Atracção Regional	0,8	0,8	0,5
Distribuição Emprego Regional (%)	22,3	67,1	10,6
Quociente de Localização	1,1	1,1	0,6

Fonte: DGEEP/MTSS, Quadros de Pessoal 2002; INE, Estatísticas Demográficas

QUADRO 34. Emprego por subsectores do terciário na Região do Alentejo (2002)

	Indicadores – Terciário		
	Distribuição do Emprego Regional (%)	Índice de Atracção Regional	Quociente de Localização
Electricidade, água e gás	1,0	1,0	1,4
Construção	21,3	0,8	1,1
Comércio, alojamento e restauração	41,7	0,8	1,1
Transportes, armazenagem e comunicações	6,1	0,5	0,7
Finanças, imobiliário e serviços a empresas	11,2	0,4	0,6
Serviços Sociais	18,7	1,0	1,3

Fonte: DGEEP/MTSS, Quadros de Pessoal 2002; INE, Estatísticas Demográficas

A frágil empregabilidade da indústria e do sector terciário observa-se assim não só ao nível regional, mas também à escala de cada uma das cinco NUTS III desta região. Com efeito, para qualquer destes espaços subregionais encontramos, na indústria e no sector terciário, Índices de Atracção Regional inferiores à unidade. Esta reduzida capacidade de criação de emprego é relativamente menor nas NUTS III onde se localizam os dois principais centros urbanos desta região, a Lezíria do Tejo e o Alentejo Central.

QUADRO 35. Emprego por sub-regiões e classes tecnológicas industriais,
na Região do Alentejo (2002)

	Distribuição do emprego na indústria NUTS III (%)	Índice de Atracção Regional				
		Indústria	Classes tecnológicas			
			Baixa Tecnologia	Média-Baixa Tecnologia	Média-Alta Tecnologia	Alta Tecnologia
Alentejo Litoral	7,1	0,3	0,2	0,4	0,7	0,0
Alto Alentejo	16,9	0,6	0,6	0,5	1,2	0,0
Alentejo Central	25,5	0,7	0,4	0,8	0,5	4,0
Baixo Alentejo	4,6	0,2	0,2	0,1	0,1	0,0
Lezíria do Tejo	45,9	0,9	0,8	0,8	1,4	0,1

Fonte: DGEEP/MTSS, Quadros de Pessoal 2002; INE, Estatísticas Demográficas

QUADRO 36. Quocientes de localização do emprego por subsectores industriais,
nos espaços da Região do Alentejo (2002)

	Aliment. bebidas e tabaco	Têxtil, vestuário e couro	Madeira e cortiça	Papel	Prod. quím. e min. não metálicos	Metalúrg. e produtos metálicos	Máq., equip. e material transporte	Não especificadas
Alentejo Litoral	2,4	0,0	1,8	0,6	2,1	2,0	0,5	0,3
Alto Alentejo	2,9	0,3	2,3	0,2	1,7	0,4	1,0	0,1
Alentejo Central	1,9	0,3	0,9	0,4	1,2	1,1	2,1	0,3
Baixo Alentejo	5,5	0,0	1,1	0,5	0,8	1,2	0,3	0,3
Lezíria do Tejo	2,7	0,2	1,3	0,9	0,9	0,9	1,3	1,5

Fonte: DGEEP/MTSS, Quadros de Pessoal 2002

Ao nível das quatro classes tecnológicas da indústria destes dois espaços (Lezíria do Tejo e Alentejo Central, a capacidade para agregar emprego é relativamente mais expressiva nos grupos de média-alta e de alta tecnologia, o que reflecte a relevância local das actividades relacionadas com a fabricação de máquinas, equipamentos e material de transporte. O facto de as NUTS relativas à Lezíria do Tejo e ao Alentejo Central apresentarem Índices de Atracção Regional no sector terciário superiores aos encontrados para o respectivo conjunto regional, deve-se essencialmente à maior capacidade relativa para criar emprego que denotam as actividades de infra-estruturação básica dessas duas NUTS III, bem como da influência dos serviços de baixa intensidade informacional (nomeadamente o comércio, alojamento e restauração) na Lezíria do Tejo.

QUADRO 37. Emprego por sub-regiões e classes tecnológicas do sector terciário, na Região do Alentejo (2002)

	Distribuição do emprego no terciário NUTS III (%)	Índice de Atracção Regional			
		Sector Terciário	Infra- -estruturas	Serviços	
				Baixa Intensidade Informacional	Alta Intensidade Informacional
Alentejo Litoral	12,8	0,7	1,0	0,7	0,5
Alto Alentejo	14,7	0,7	0,8	0,7	0,5
Alentejo Central	23,7	0,8	0,9	0,8	0,5
Baixo Alentejo	14,0	0,6	0,6	0,7	0,4
Lezíria do Tejo	34,7	0,8	0,9	0,9	0,5

Fonte: DGEEP/MTSS, Quadros de Pessoal 2002; INE, Estatísticas Demográficas

QUADRO 38. Quocientes de localização do emprego por subsectores do terciário, nos espaços da Região do Alentejo (2002)

	Electricidade, gás e água	Construção	Comércio, alojamento e restauração	Transportes, armazen. e comunicações	Finanças, imobil. e serv. a empresas	Serviços Sociais
Alentejo Litoral	3,8	1,2	1,0	0,7	0,6	1,3
Alto Alentejo	1,1	1,1	1,0	0,6	0,6	1,6
Alentejo Central	0,9	1,2	1,1	0,5	0,6	1,5
Baixo Alentejo	1,5	1,0	1,1	0,5	0,6	1,5
Lezíria do Tejo	0,9	1,1	1,2	1,0	0,6	1,0

Fonte: DGEEP/MTSS, Quadros de Pessoal 2002.

A capacidade para agregar emprego é particularmente débil no Alentejo Litoral e, sobretudo, no Baixo Alentejo. No primeiro destes espaços, a distribuição do emprego por sectores é inferior ao valor regional na indústria, quer considerada em termos agregados, quer nas suas respectivas quatro classes tecnológicas. No caso do Baixo Alentejo, por seu turno, registam-se em qualquer daqueles dois sectores, e em qualquer das correspondentes classes tecnológicas, Índices de Atracção Regional inferiores aos encontrados para a região. Por último, no Alto Alentejo observam-se índices gerais próximos dos encontrados para os sectores regionais industrial e terciário.

6. Região do Algarve: uma economia concentrada na exploração turística de potencialidades naturais sem uma base industrial significativa

Na Região do Algarve encontramos Índices de Atracção Regional superiores à unidade no terciário (1,4) e, mais concretamente, nos serviços de baixa intensidade informacional (1,6) e nas actividades de infra-estruturação básica (1,5), sendo inferior à unidade o valor encontrado, para este indicador, nos serviços de alta intensidade informacional (0,8). A significativa relevância dos dois primeiros destes três domínios do sector terciário está relacionada com a enorme importância que o turismo assume na actividade económica desta região.

Ou seja, trata-se de considerar que a elevada capacidade relativa de constituição de emprego nos serviços de baixa intensidade informacional decorre da muito significativa concentração dos trabalhadores nas actividades de comércio, alojamento e restauração. Efectivamente, este conjunto de actividades concentra mais de metade do emprego no sector terciário desta região, sendo, dos seis grupos de actividades deste sector, aquele que apresenta o Índice de Atracção Regional mais elevado (1,9), e o único com um Quociente de Localização superior à unidade (1,3).

Complementarmente, o valor encontrado para a capacidade de criação de emprego nas actividades de infra-estruturação básica tende a reflectir a forte concentração dos trabalhadores no sector da construção, onde se regista um Índice de Atracção Regional superior à unidade (1,5), ao contrário do que acontece com a produção e distribuição de electricidade, água e gás. Subli-nhe-se, como aliás é bem sabido, que muita da actividade de construção está directamente relacionada com a exploração turística das potencialidades naturais desta região, pelo que a estrutura económica regional tende a reflectir uma elevada convergência, directa ou indirecta, em relação a este sector.

QUADRO 39. Emprego por classes tecnológicas da indústria,
na Região do Algarve (2002)

	Indústria			
	Baixa Tecnologia	Média-Baixa Tecnologia	Média-Alta Tecnologia	Alta Tecnologia
Índice de Atracção Regional	0,2	0,4	0,1	0,0
Distribuição Emprego Regional (%)	56,3	35,6	8,1	0,1
Quociente de Localização	1,0	1,5	0,6	0,0

Fonte: DGEEP/MTSS, Quadros de Pessoal 2002; INE, Estatísticas Demográficas

A ESTRUTURA REGIONAL DA ECONOMIA: SISTEMAS PRODUTIVOS E ESPECIALIZAÇÕES TERRITORIAIS

QUADRO 40. Emprego por subsectores industriais na Região do Algarve (2002)

	Indicadores – Indústria		
	Distribuição do Emprego Regional (%)	Índice de Atracção Regional	Quociente de Localização
Alimentares, bebidas e tabaco	34,2	0,8	3,1
Têxtil, vestuário e couro	1,4	0,0	0,0
Madeira e cortiça	10,9	0,5	2,1
Papel	7,1	0,3	1,3
Produtos químicos e minerais não metálicos	21,0	0,4	1,6
Metalúrgia e produtos metálicos	13,8	0,3	1,3
Máquinas, equipamentos e materiais de transporte	8,4	0,1	0,5
Não especificados	3,2	0,1	0,5

Fonte: DGEEP/MTSS, Quadros de Pessoal 2002; INE, Estatísticas Demográficas

QUADRO 41. Emprego por classes tecnológicas do sector terciário,
na Região do Algarve (2002)

	Infra-estruturas	Serviços	
		Baixa Intensidade Informacional	Alta Intensidade Informacional
Índice de Atracção Regional	20,3	70,9	8,8
Distribuição Emprego Regional (%)	1,5	1,6	0,8
Quociente de Localização	1,0	1,1	0,5

Fonte: DGEEP/MTSS, Quadros de Pessoal 2002; INE, Estatísticas Demográficas

Uma diferente capacidade empregadora da das actividades relacionadas com a exploração turística observa-se no sector industrial. Com efeito, o Algarve é, das cinco regiões de Portugal Continental, a que apresenta uma menor capacidade relativa para a constituição de emprego na indústria transformadora. O valor do Índice de Atracção Regional neste sector é inferior à unidade, quer ao nível do conjunto $(0,2)$[12], como ao nível de cada uma das suas

---

[12] A maioria das NUTS III apresenta também Índices de Atracção Regional na indústria mais elevados que o do Algarve, o que só não acontece em três espaços (Douro, Alto Trás-

quatro classes tecnológicas, quer ainda ao nível de cada um dos oito ramos de actividade. Para além de débil, o emprego industrial desta região está muito concentrado nas indústrias alimentares e de bebidas, que ocupam mais de um terço dos trabalhadores deste sector.

QUADRO 42. Emprego por subsectores do terciário na Região do Algarve (2002)

	Indicadores – Terciário		
	Distribuição do Emprego Regional (%)	Índice de Atracção Regional	Quociente de Localização
Electricidade, água e gás	0,4	0,9	0,6
Construção	19,9	1,5	1,0
Comércio, alojamento e restauração	51,5	1,9	1,3
Transportes, armazenagem e comunicações	5,8	1,0	0,7
Finanças, imobiliário e serviços a empresas	12,3	0,9	0,7
Serviços Sociais	10,1	1,0	0,7

Fonte: DGEEP/MTSS, Quadros de Pessoal 2002; INE, Estatísticas Demográficas

7. Conclusão

Em qualquer das cinco regiões do território continental, o emprego no sector terciário é superior ao emprego na indústria transformadora. A terciarização do emprego aparece, assim, como uma característica muito marcante quer da economia portuguesa, considerada no seu conjunto, quer de cada um dos contextos regionais que a constituem. No entanto, é muito assimétrica a distribuição espacial do emprego, sendo também muito diferentes as intensidades informacionais e tecnológicas inerentes ao sector terciário das diversas regiões e às relações existentes, em cada uma dessas regiões, entre esse sector e a actividade industrial. Ora, no actual contexto tecnológico, o crescimento económico de um espaço depende, em grande medida, da expressão que têm, localmente, essas intensidades e relacionamentos sectoriais.

-os-Montes e Baixo Alentejo), onde o valor deste indicador é igual ao do encontrado no Algarve.

As áreas metropolitanas do Porto e de Lisboa surgem como principais núcleos da terciarização da economia portuguesa: a importância de que se reveste, nestes espaços, o sector terciário decorre, não só do elevado número e da significativa intensidade informacional do emprego neste sector, mas também, da presença, nas respectivas regiões, de uma actividade industrial relevante e, consequentemente, da existência de condições que poderão sustentar relacionamentos intersectoriais virtuosos. Porém, o baixo nível tecnológico da indústria da Região Norte e uma excessiva concentração demográfica e produtiva no Grande Porto podem condicionar o aproveitamento efectivo do potencial dinâmico desta área metropolitana. No caso do potencial dinâmico da área metropolitana de Lisboa, os principais constrangimentos poderão decorrer de uma concentração da população e dos serviços administrativos (nomeadamente, do sector público) de tal forma excessiva que dificulte o aproveitamento das externalidades inerentes à coexistência, neste espaço, de um emprego, na indústria e no terciário, com elevadas intensidades informacionais e tecnológicas.

Situação muito diferente caracteriza o Alentejo e o Algarve, onde o emprego do sector terciário está muito concentrado nas actividades relacionadas com a infra-estruturação inerente à satisfação das necessidades básicas, no caso do Alentejo, e à exploração turística de potencialidades naturais, no caso do Algarve. Por conseguinte, o relacionamento entre o sector terciário e a indústria revela um menor potencial dinâmico nestas regiões, onde a fraca densidade de tal relacionamento está também associada a baixos níveis de intensidade informacional e tecnológica desses sectores; a estes constrangimentos acrescenta-se ainda, no caso do Alentejo, uma fraca expressão quantitativa do emprego.

Na Região Centro, o emprego do sector terciário apresenta, à semelhança do que se passa com o emprego industrial desta região, um padrão de distribuição espacial difuso e uma diversidade de actividades intra-sectoriais muito expressiva, sendo médio o nível de intensidade informacional e tecnológica dessas actividades. Encontramo-nos, portanto, perante um espaço onde existe uma diversidade produtiva que pode proporcionar condições favoráveis ao desenvolvimento de relações intersectoriais virtuosas e à redução das desigualdades intra e inter-regionais. No entanto, para a efectiva concretização dessa potencialidade, é importante verificar-se uma melhoria significativa do nível de intensidade informacional e tecnológica das actividades produtivas desta região.

O generalizado aproveitamento do potencial dinâmico da terciarização do emprego das cinco regiões depara-se, assim, com condicionalismos que assumem manifestações diferentes em cada um desses espaços. Apesar das suas diferentes expressões, esses condicionalismos decorrem, em qualquer das regiões, de frágeis complementaridades entre o sector terciário e os restantes domínios da actividade produtiva. Consequentemente, a adopção de medidas favoráveis ao reforço de tais complementaridades deverá ser uma preocupação prioritária das políticas de desenvolvimento da economia nacional. Outro objectivo fundamental deste tipo de políticas deverá ser o de reduzir as assimetrias da distribuição espacial do emprego, contrariando processos de desertificação de espaços, com acontece no Alentejo ou no Norte Interior, e dinâmicas de excessiva concentração demográfica e do mercado de trabalho, como se verifica nas duas grandes áreas metropolitanas.

As economias regionais que compõem o país são, como se viu, muito diversas. Quer isto dizer que os espaços que acolhem a imigração oferecem "condições de chegada" também muito diversas. É isto que nos leva a colocar a hipótese de, na forma como se vão inserir nos mercados do trabalho, os trabalhadores estrangeiros virem a revelar uma grande "plasticidade" face às estruturas das economias, nas várias regiões do país. É isto que observaremos mais adiante, quando tratarmos dos perfis de inserção profissional.

CAPÍTULO III

PORTUGAL EM MUDANÇA:
DEMOGRAFIA, URBANIZAÇÃO E TERRITÓRIOS

1. A relevância recente da imigração na demografia portuguesa
A imigração em Portugal apresenta, a partir de meados da década de noventa, três originalidades relevantes: tornou-se massiva, dispersou-se no território e é mais qualificada. Por isso, um dos argumentos centrais deste trabalho reside em considerar que o forte movimento imigratório que Portugal tem conhecido nas últimas décadas produziu impactos na estrutura demográfica, mas igualmente nas diversas regiões e na estrutura dos mercados de trabalho, sendo de destacar neste domínio os impactos de natureza qualitativa, para além das mais imediatamente legíveis consequências quantitativas deste fenómeno.

Como é sabido, esta dinâmica demográfica acontece num país que foi tradicionalmente "emigrante" ao longo de décadas: o Século XX português mostra-nos isso com clareza (Gráfico 5). De facto, entre o início do século e os anos trinta ocorre um primeiro ciclo emigratório (que significou a saída, em média, de 35 mil habitantes por ano), sucedendo-lhe uma fase de diminuição do fluxo emigratório nas décadas de trinta e quarenta (em que o número médio anual de emigrantes passa para cerca de 9 mil). A maior vaga de emigração registar-se-ia, contudo, no período que compreende os anos entre 1950 e 1975, em que o número médio de emigrantes atinge o valor de cerca de 50 mil por ano, voltando a conhecer um ciclo de diminuição a partir desta data (entre 1976 e 1990, os valores médios anuais de emigrantes rondam os 20 mil). Já durante a década de noventa e até ao início do Século XXI, observa-se um certo recrudescimento da emigração, situado na saída de cerca de 28 mil emigrantes – em média – por ano, durante este período.

Naturalmente, a transição da condição de Portugal enquanto país de emigração para a recente condição de país de imigração prevalecente, não significa que tenham deixado de verificar-se saídas de cidadãos nacionais para o estrangeiro (pese embora a mudança de natureza de uma parte dessa emigração), mas sim uma alteração de sinal dos saldos migratórios observados no nosso país, isto é, a alteração de resultado do balanço entre a saída de cidadãos nacionais e a entrada de cidadãos estrangeiros (Gráfico 6).

GRÁFICO 5. Evolução da emigração portuguesa (1900-2003)

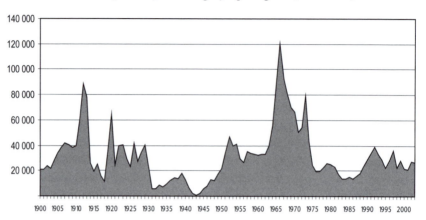

Nota: Os dados relativos aos anos de 1989 a 1991 foram estimados a partir dos valores observados em 1988 e 1992.
Fonte: INE, Estatísticas Demográficas

Com efeito, se observarmos a evolução dos saldos migratórios nas últimas décadas, fica patente a transição – sobretudo a partir de 1990 – de uma tendência para a obtenção de valores positivos, que indiciam o facto de as entradas no país começarem a superar, progressivamente, o número de saídas. Por razões a que adiante se fará referência, esta alteração é particularmente acentuada no início deste século, período em que o *superavit* migratório se eleva para valores superiores a 40 mil cidadãos por ano, registando-se contudo, mais recentemente, uma tendência de desaceleração dos saldos migratórios, que decorre do efeito combinado de uma redução no número de entradas de cidadãos estrangeiros no nosso país com um ligeiro recrudescimento da emigração.

A imigração é um fenómeno que, em Portugal, coexiste com o esbatimento das dinâmicas demográficas verificadas ao longo das últimas décadas. Neste sentido, cabe particularmente sublinhar o impacto da progressiva queda das taxas de crescimento natural, decorrentes da redução da natalidade e da diminuição progressiva do número médio de filhos por casal, que ultrapassaram o efeito do aumento progressivo da esperança de vida na evolução dos acréscimos de população. Estes factores, em associação com a inversão dos saldos migratórios, determinam em larga medida os traços da evolução demográfica recente do nosso país, que se traduz por um crescimento apesar de tudo moderado da população residente.

GRÁFICO 6. Evolução dos saldos migratórios (1981-2007)

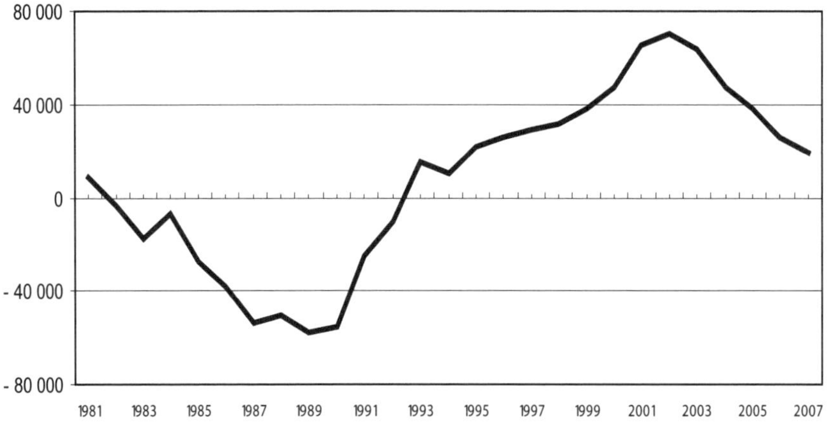

Nota: Após 1995, os dados reportam a estatísticas do Eurostat. Até essa data, a fonte utilizada é o INE.
Fonte: INE, Estatísticas Demográficas; Eurostat (http://www.europa.eu.int/comm/eurostat)

Mas importa por isso analisar, neste sentido, em que medida o crescimento natural e os saldos migratórios contribuem para os valores de crescimento demográfico verificado nas últimas décadas (Gráfico 7).

Se considerarmos a evolução da população residente, constatamos uma recente mas assinalável inversão dos factores de que depende o seu crescimento (saldo natural e saldo migratório). Com efeito, após um período (sensivelmente até ao início da década de 90), em que o impacto negativo dos saldos migratórios na variação da população residente não só impediu a plena expressão quantitativa dos elevados saldos de crescimento natural verificados (e que variaram entre o acréscimo anual de quase 60 mil habitantes verificado no início da década de 80 e os cerca de 25 mil no final dessa década), mas implicou igualmente a perda líquida de população, segue-se um período em que o contributo positivo dos saldos migratórios (decorrentes da prevalência dos fluxos de imigração sobre os fluxos de emigração) começou a compensar progressivamente a quebra paulatina dos saldos de crescimento natural.

Para se ter uma ideia da importância desta inversão dos factores de crescimento demográfico e do peso que a imigração assume enquanto mecanismo de compensação das quebras observadas no crescimento natural, refira-se que deve ser atribuído aos saldos migratórios positivos, observados entre 1990 e 2007 (ano em que se regista o único valor de saldo natural negativo na série temporal considerada), cerca de 3/4 do aumento de população residente verificado neste período. Sem este contributo, e admitindo por abstracção um estancamento total da emigração, a variação da população residente continuaria a pautar-se pelos níveis reduzidos de crescimento natural observados nos anos anteriores (o acréscimo na população residente que nesse caso se verificaria, com saldos migratórios nulos, entre 1990 e 2007, situar-se-ia apenas em cerca de 135 mil habitantes, um valor muito diferente do crescimento líquido em cerca de 592 mil habitantes, que se regista entre o início da década de 90 e a actualidade).

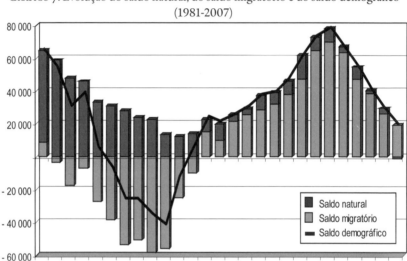

GRÁFICO 7. Evolução do saldo natural, do saldo migratório e do saldo demográfico (1981-2007)

Nota: Após 1995, os dados reportam às estatísticas do Eurostat. Até essa data, a fonte utilizada é o INE.
Fonte: INE, Estatísticas Demográficas; EUROSTAT, (http://www.europa.eu.int/comm/eurostat)

Convertendo-se deste modo num país com saldos migratórios elevados, que superam largamente o saldo de crescimento natural, Portugal colocou-se progressivamente a par de sociedades cujo acréscimo demográfico é, nos últimos anos, essencialmente impulsionado pela imigração, como é o caso da Espanha, da França ou do Reino Unido. De facto, comparando os valores médios de saldo natural e de saldo migratório, verificados em dois períodos distintos da nossa história recente (de 1981 a 1994 e de 1995 a 2007), Portugal transita de uma situação demográfica em que o aumento da população apenas decorre do crescimento natural (sendo portanto para este efeito negativo o contributo dos saldos migratórios), para uma situação em que o aumento da população resulta do contributo convergente de taxas de crescimento natural e crescimento migratório positivas (Figura 1 e Quadro 43).

FIGURA 1. Posicionamento comparativo dos países membros da União Europeia, em termos de valores médios de saldo natural e de saldo migratório (1995-2007)

(Valores médios, em milhares)

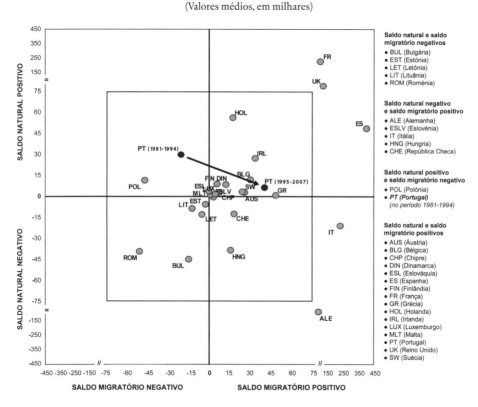

Fonte: INE, Estatísticas Demográficas; EUROSTAT (http://www.europa.eu.int/comm/eurostat)

Esta transição faz-se com uma particularidade acrescida: os saldos migratórios não só passam a ser positivos como superam, em termos de contributo para o aumento da população, os saldos de crescimento natural, que – como

74 IMIGRANTES EM PORTUGAL

vimos – têm vindo a decair gradualmente. Neste sentido, Portugal distingue-
-se também de países onde as dinâmicas de natalidade são mais significativas do que as da imigração, como é o caso da Holanda, por exemplo, mas
igualmente de países que – como a Polónia – combinam uma taxa média de
crescimento natural positivo com valores médios negativos relativamente aos
saldos migratórios, no período considerado (1995-2007).

Quadro 43. Factores de crescimento demográfico: Comparações internacionais
(1995-2007)

	Saldo Natural		Saldo Migratório		Crescimento Demográfico	
	Nº	Média anual	Nº	Média anual	Nº	Var (95/07)
Alemanha	-1 381 149	- 106 242	2 060 383	158 491	679 234	1,0%
Áustria	40 065	3 082	348 376	26 798	388 441	4,5%
Bélgica	153 698	11 823	382 594	29 430	536 292	4,5%
Bulgária	- 573 552	- 44 119	- 213 628	- 16 433	- 787 180	-8,9%
Chipre	45 323	3 486	98 536	7 580	143 859	20,7%
Dinamarca	100 747	7 750	159 326	12 256	260 073	4,4%
Eslováquia	37 258	2 866	7 533	579	44 791	0,7%
Eslovénia	- 7 126	- 548	43 515	3 347	36 389	1,0%
Espanha	634 146	48 780	5 306 013	408 155	5 940 159	13,2%
Estónia	- 64 814	- 4 986	- 42 326	- 3 256	- 107 140	-7,3%
Finlândia	120 854	9 296	80 876	6 221	201 730	3,5%
França	2 605 997	260 600	1 212 259	121 226	3 818 256	9,8%
Grécia	7 260	558	611 451	47 035	618 711	5,4%
Holanda	738 710	56 824	242 567	18 659	981 277	6,1%
Hungria	- 495 446	- 38 111	204 147	15 704	- 291 299	-2,6%
Irlanda	361 994	27 846	441 724	33 979	803 718	19,9%
Itália	- 262 683	- 20 206	3 037 565	233 659	2 774 882	4,0%
Letónia	- 168 557	- 12 966	- 61 129	- 4 702	- 229 686	-8,8%
Lituânia	- 104 676	- 8 052	- 171 958	- 13 228	- 276 634	-7,1%
Luxemburgo	21 811	1 678	56 338	4 334	78 149	17,4%
Malta	16 499	1 269	15 450	1 188	31 949	10,4%
Polónia	142 356	10 950	- 607 312	- 46 716	- 464 956	-1,2%
Portugal	76 738	5 903	523 266	40 251	600 004	5,8%
Reino Unido	1 366 599	105 123	1 875 910	144 301	3 242 509	4,0%
República Checa	- 177 573	- 13 659	225 542	17 349	47 969	-0,4%
Roménia	- 528 074	- 40 621	- 665 741	- 51 211	-1 193 815	-5,1%
Suécia	49 167	3 782	317 379	24 414	366 546	3,4%

Fonte: EUROSTAT (http://www.europa.eu.int/comm/eurostat)

No contexto europeu, a importância recente da imigração para a demografia portuguesa permite colocar-nos no conjunto de países que, entre 1995 e 2007, apresentam dinâmicas de crescimento, afastando-nos portanto do grupo de países que têm vindo a deparar-se com situações de crise demográfica (dada a coexistência de saldos de crescimento natural e migratório negativos), como a Bulgária ou a Roménia. Em termos de mobilidades migratórias à escala dos países membros da União, é de resto evidente a sangria migratória que estas nações do Leste europeu registam, explicando em parte o aumento no volume de entradas verificado em alguns países do ocidente europeu.

2. Demografia e urbanização: diferenciações regionais

A distribuição dos cerca de 10 milhões e 500 mil habitantes estimados em Portugal, no ano de 2005, evidencia um desequilíbrio na sua repartição territorial que reflecte uma concentração no Norte Litoral, no Centro Litoral, na área metropolitana de Lisboa e na Região do Algarve (Quadro 44)[13]. Nestes espaços reside quase 75% da população nacional, destacando-se os valores registados na Grande Lisboa (19%), no Grande Porto (12%) e na Península de Setúbal (7%). A desigual distribuição da população é ainda expressivamente marcada pelo facto de dez unidades territoriais (NUTS III)[14] perfazerem cerca de 67% da população residente em Portugal em 2005. Em 1981, nestas mesmas NUTS residia cerca de 63% da população.

A distribuição percentual da população pelas diferentes unidades territoriais denotava, já em 1981, traços idênticos de concentração. Neste ano, as NUTS que assumiam valores superiores à média nacional (3,3%) correspondiam aos casos da Grande Lisboa (19%), do Grande Porto (11%), da Península de Setúbal (6%), do Ave e do Tâmega (com 4 e 5%, respectivamente) e do Baixo Vouga e Baixo Mondego (3,4%), que concentravam, no seu conjunto, 53% da população total residente no país. Em 1991, o Cávado e o Oeste juntam-se a estas NUTS com valores de distribuição percentual da população acima da média nacional (também de 3,3%), ascendendo aos 64% o somatório de população residente nestas unidades territoriais.

---

[13] Em virtude de a informação utilizada, mais recente, dos Quadros de Pessoal do MTSS, se reportar a 2005, este ano foi adoptado – na generalidade das tabelas com informação sobre demografia e emprego – como ano de referência.

[14] Estas dez NUTS (Grande Lisboa, Grande Porto, Península de Setúbal, Tâmega, Ave, Algarve, Cávado, Baixo Vouga, Oeste e Baixo Mondego) são as que assumem percentagens superiores a 3% (situando-se a média nacional em 3,3%).

IMIGRANTES EM PORTUGAL

QUADRO 44. Distribuição percentual da população residente por NUTS III (1981-2004) e densidade da população (2005)

(Valores absolutos da população em milhares)

	1981		1991		2001		2005		
	Nº	%	Nº	%	Nº	%	Nº	%	Hab/Km²
Norte	**3 410,1**	**34,7**	**3 472,7**	**35,2**	**3 687,3**	**35,6**	**3 737,8**	**35,4**	**175,6**
Minho-Lima	256,8	2,6	250,1	2,5	250,3	2,4	252,3	2,4	113,7
Cávado	328,9	3,3	353,3	3,6	393,1	3,8	407,6	3,9	327,2
Ave	431,8	4,4	466,1	4,7	510,0	4,9	521,7	4,9	418,7
Grande Porto	1 117,9	11,4	1 167,8	11,8	1 260,7	12,2	1 276,6	12,1	1 567,4
Tâmega	503,7	5,1	509,2	5,2	551,3	5,3	559,4	5,3	213,5
Entre Douro e Vouga	236,9	2,4	252,4	2,6	276,8	2,7	285,5	2,7	331,1
Douro	261,6	2,7	238,7	2,4	221,9	2,1	215,5	2,0	52,5
Alto Trás-os-Montes	272,5	2,8	235,2	2,4	223,3	2,2	219,2	2,1	26,8
Centro	**2 301,5**	**23,4**	**2 258,8**	**22,9**	**2 348,4**	**22,7**	**2 382,4**	**22,5**	**84,5**
Baixo Vouga	336,6	3,4	350,4	3,6	385,7	3,7	396,7	3,8	220,1
Baixo Mondego	330,0	3,4	328,9	3,3	340,3	3,3	335,5	3,2	162,7
Pinhal Litoral	215,8	2,2	224,3	2,3	251,0	2,4	263,8	2,5	151,3
Pinhal Interior Norte	152,1	1,5	139,4	1,4	138,5	1,3	137,8	1,3	52,7
Dão-Lafões	295,1	3,0	282,5	2,9	286,3	2,8	291,0	2,8	83,4
Pinhal Interior Sul	60,5	0,6	50,8	0,5	44,8	0,4	42,1	0,4	22,1
Serra da Estrela	57,0	0,6	54,0	0,5	49,9	0,5	48,5	0,5	55,9
Beira Interior Norte	130,1	1,3	118,5	1,2	115,3	1,1	112,1	1,1	27,6
Beira Interior Sul	86,1	0,9	81,0	0,8	78,1	0,8	75,3	0,7	20,1
Cova da Beira	99,8	1,0	93,1	0,9	93,6	0,9	92,2	0,9	67,1
Oeste	310,8	3,2	314,4	3,2	338,7	3,3	356,3	3,4	160,5
Médio Tejo	227,6	2,3	221,4	2,2	226,1	2,2	231,0	2,2	100,2
Lisboa	**2 482,3**	**25,2**	**2 520,7**	**25,5**	**2 661,9**	**25,7**	**2 779,1**	**26,3**	**946,9**
Grande Lisboa	1 897,6	19,3	1 880,2	19,1	1 947,3	18,8	2 012,9	19,0	1 463,0
Península de Setúbal	584,6	5,9	640,5	6,5	714,6	6,9	766,2	7,2	491,5
Alentejo	**819,3**	**8,3**	**782,3**	**7,9**	**776,6**	**7,5**	**766,0**	**7,2**	**24,3**
Alentejo Litoral	103,1	1,0	98,5	1,0	100,0	1,0	97,2	0,9	18,5
Alto Alentejo	142,7	1,5	134,6	1,4	127,0	1,2	120,5	1,1	19,3
Alentejo Central	180,5	1,8	173,2	1,8	173,6	1,7	170,9	1,6	23,6
Baixo Alentejo	159,0	1,6	143,0	1,4	135,1	1,3	129,6	1,2	15,2
Lezíria do Tejo	234,1	2,4	233,0	2,4	240,8	2,3	247,8	2,3	58,0
Algarve	**323,5**	**3,3**	**341,4**	**3,5**	**395,2**	**3,8**	**416,8**	**3,9**	**83,4**
Algarve	323,5	3,3	341,4	3,5	395,2	3,8	416,8	3,9	83,4
Continente	**9 336,8**	**95,0**	**9 375,9**	**95,0**	**9 869,3**	**95,3**	**10 082,2**	**95,4**	**113,3**
Reg. Aut. Açores	243,4	2,5	237,8	2,4	241,8	2,3	242,2	2,3	104,3
Reg. Aut. Madeira	252,8	2,6	253,4	2,6	245,0	2,4	245,2	2,3	306,1
TOTAL	**9 833,0**	**100**	**9 867,1**	**100**	**10 356,1**	**100**	**10 569,6**	**100**	**114,8**

Fonte: INE, Recenseamentos da População, Estatísticas Demográficas

O que se regista, portanto, numa primeira observação, é um reforço gradual da concentração demográfica num conjunto relativamente pequeno e estável de unidades territoriais (de 53% em 1981 para 64% em 2005). Por regiões (NUTS II), é interessante constatar que o Norte e o Centro mantêm em 2005 o peso percentual observado em 1981 (35 e 23% respectivamente), sendo ligeira a subida de Lisboa e do Algarve (de 25 para 26%, e de 3 para 4% respectivamente), e igualmente reduzida a descida do valor percentual do Alentejo (de 8 para 7%). Nas regiões autónomas os valores de repartição percentual da população residente ao longo deste período oscilam entre os 2 e os 3%, com tendência para uma ligeira descida em ambos os casos.

Se é este o quadro da simples distribuição percentual da população residente, importa contudo dar igualmente conta das variações da população por NUTS III ao longo deste período (Quadro 45 e Figura 2). Com efeito, mesmo que não se tenham alterado substancialmente os padrões de concentração da população no território nacional, há dinâmicas regionais que importa considerar em termos de declínio ou revitalização demográfica, nos quais os factores migratórios assumem significados e importâncias diferenciadas, como veremos adiante.

Entre 1981 e 2005, a população residente em Portugal registou um aumento de cerca de 7,5%, sendo que este crescimento acelerou sobretudo a partir do início da década de 90, o que ilustra, de modo muito claro e significativo, o impacto – a que nos referimos anteriormente – dos valores positivos e relevantes que os saldos migratórios tiveram no aumento líquido de população durante este período.

Este crescimento da população residente não se inscreve contudo de modo uniforme no território nacional, acentuando de resto, em regra, as tendências para a concentração da população em determinadas áreas do país, designadamente em muitas das NUTS III anteriormente referidas pelo facto de nelas ser significativo o peso percentual de população residente face ao total nacional. É o caso da Península de Setúbal e do Algarve (a Sul); do Cávado, de Entre Douro e Vouga e do Ave (na Região Norte); bem como do Pinhal Litoral, no Centro. Qualquer uma destas unidades territoriais assume taxas de crescimento da população superiores a 20% entre 1981 e 2005, seguindo-se-lhes os casos do Grande Porto e do Tâmega, a Norte, e do Baixo Vouga e Oeste, na Região Centro, com valores de variação da população entre 10 e 20%.

Quadro 45. Evolução da população residente (1981-2005)

(Valores em milhares)

	1981	1991	2001	2005	Variação da População			
					81/91	91/01	01/05	81/05
Norte	**3 410,1**	**3 472,7**	**3 687,3**	**3 737,8**	**1,8**	**6,2**	**1,4**	**9,6**
Minho-Lima	256,8	250,1	250,3	252,3	-2,6	0,1	0,8	-1,8
Cávado	328,9	353,3	393,1	407,6	7,4	11,3	3,7	23,9
Ave	431,8	466,1	510,0	521,7	7,9	9,4	2,3	20,8
Grande Porto	1 117,9	1 167,8	1 260,7	1 276,6	4,5	8,0	1,3	14,2
Tâmega	503,7	509,2	551,3	559,4	1,1	8,3	1,5	11,1
Entre Douro e Vouga	236,9	252,4	276,8	285,5	6,5	9,7	3,1	20,5
Douro	261,6	238,7	221,9	215,5	-8,8	-7,0	-2,9	-17,6
Alto Trás-os-Montes	272,5	235,2	223,3	219,2	-13,7	-5,1	-1,8	-19,5
Centro	**2 301,5**	**2 258,8**	**2 348,4**	**2 382,4**	**-1,9**	**4,0**	**1,4**	**3,5**
Baixo Vouga	336,6	350,4	385,7	396,7	4,1	10,1	2,9	17,9
Baixo Mondego	330,0	328,9	340,3	335,5	-0,3	3,5	-1,4	1,7
Pinhal Litoral	215,8	224,3	251,0	263,8	3,9	11,9	5,1	22,3
Pinhal Interior Norte	152,1	139,4	138,5	137,8	-8,3	-0,6	-0,5	-9,4
Dão-Lafões	295,1	282,5	286,3	291,0	-4,3	1,3	1,6	-1,4
Pinhal Interior Sul	60,5	50,8	44,8	42,1	-16,0	-11,8	-6,0	-30,4
Serra da Estrela	57,0	54,0	49,9	48,5	-5,3	-7,6	-2,7	-14,8
Beira Interior Norte	130,1	118,5	115,3	112,1	-8,9	-2,7	-2,8	-13,8
Beira Interior Sul	86,1	81,0	78,1	75,3	-5,9	-3,6	-3,6	-12,6
Cova da Beira	99,8	93,1	93,6	92,2	-6,7	0,5	-1,5	-7,7
Oeste	310,8	314,4	338,7	356,3	1,2	7,7	5,2	14,6
Médio Tejo	227,6	221,4	226,1	231,0	-2,7	2,1	2,2	1,5
Lisboa	**2 482,3**	**2 520,7**	**2 661,9**	**2 779,1**	**1,5**	**5,6**	**4,4**	**12,0**
Grande Lisboa	1 897,6	1 880,2	1 947,3	2 012,9	-0,9	3,6	3,4	6,1
Península de Setúbal	584,6	640,5	714,6	766,2	9,6	11,6	7,2	31,1
Alentejo	**819,3**	**782,3**	**776,6**	**766,0**	**-4,5**	**-0,7**	**-1,4**	**-6,5**
Alentejo Litoral	103,1	98,5	100,0	97,2	-4,5	1,5	-2,8	-5,7
Alto Alentejo	142,7	134,6	127,0	120,5	-5,7	-5,6	-5,1	-15,6
Alentejo Central	180,5	173,2	173,6	170,9	-4,0	0,2	-1,6	-5,3
Baixo Alentejo	159,0	143,0	135,1	129,6	-10,1	-5,5	-4,1	-18,5
Lezíria do Tejo	234,1	233,0	240,8	247,8	-0,5	3,3	2,9	5,9
Algarve	**323,5**	**341,4**	**395,2**	**416,8**	**5,5**	**15,8**	**5,5**	**28,8**
Algarve	323,5	341,4	395,2	416,8	5,5	15,8	5,5	28,8
Continente	**9 336,8**	**9 375,9**	**9 869,3**	**10 082,2**	**0,4**	**5,3**	**2,2**	**8,0**
Reg. Aut. Açores	243,4	237,8	241,8	242,2	-2,3	1,7	0,2	-0,5
Reg. Aut. Madeira	252,8	253,4	245,0	245,2	0,2	-3,3	0,1	-3,0
TOTAL	**9 833,0**	**9 867,1**	**10 356,1**	**10 569,6**	**0,3**	**5,0**	**2,1**	**7,5**

Fonte: INE, Recenseamentos da População, Estatísticas Demográficas

As quebras demográficas mais acentuadas, por seu turno, verificam-se sobretudo em diversas unidades territoriais do interior Norte e Centro (casos de Alto Trás-os-Montes, Beira Interior Norte e Beira Interior Sul, para citar os exemplos mais relevantes pela sua extensão territorial), bem como em unidades territoriais como a do Alto Alentejo e do Baixo Alentejo. Em qualquer uma destas situações, as perdas de população residente foram superiores a 7,5%, sendo de destacar os casos do Pinhal Interior Sul (com uma quebra de cerca de 30%) e de Alto Trás-os-Montes e Douro (com perdas a rondar os 20%, à semelhança do que sucede no Baixo Alentejo).

Entre estes dois grandes grupos de NUTS III, com os valores simultaneamente mais elevados de crescimento e quebra da população residente, encontramos as restantes unidades territoriais, que assumem valores comparativamente mais moderados de ganho e perda demográfica. De um modo geral, como ilustra a Figura 2, pode ainda falar-se numa tendência para a existência de uma dicotomia entre um litoral com elevadas percentagens de população residente e de crescimento demográfico, e um interior em declínio, pela perda de expressão da população que aí reside. Todavia, este retrato não só já não é cristalino, na medida em que ambos os lados dessa dicotomia integram unidades territoriais que desobedecem ao perfil demográfico esperado, como tenderá porventura a esbater-se cada vez mais, na medida em que certas dinâmicas de desenvolvimento local se alteraram, designadamente ao nível do concelho (veja-se Lisboa, por exemplo, que já não regista os níveis de crescimento populacional de outrora).

Mas um retrato da demografia actual da população portuguesa é-nos ainda dado pela análise da densidade populacional, que confirma as tendências acabadas de assinalar em matéria de distribuição percentual da população residente (Quadro 44 e Figura 2). Deste ponto de vista, no conjunto das NUTS III, a Grande Lisboa e o Grande Porto continuam a sobressair, com densidades de população na ordem dos 1500 e 1400 habitantes por Km^2, respectivamente, seguindo-se-lhes a Península de Setúbal (com um valor próximo dos 500 habitantes por Km^2), bem como algumas das unidades territoriais do Norte Litoral como o Ave, Cávado e Entre Douro e Vouga, cujos valores de densidade populacional oscilam entre 300 e 400 habitantes por Km^2.

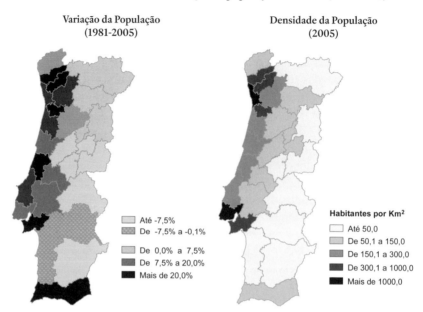

FIGURA 2. Indicadores de evolução da população residente (1981-2005)

Fonte: INE, Recenseamentos da População, Estatísticas Demográficas

Com valores comparativamente intermédios de densidade populacional (entre 150 e cerca de 300 habitantes por Km^2), encontramos as NUTS III que compõem a faixa litoral do Norte e Centro, às quais se encontra adjacente um conjunto de outras NUTS III já interiores, com densidades na ordem dos 50 a 150 habitantes por Km^2. O retrato da densidade de ocupação do território continental é todavia igualmente marcado por um numeroso conjunto de NUTS III com densidades populacionais inferiores a 50 habitantes por Km^2 e que ocupam toda a Região do Alentejo e as áreas mais periféricas, no sentido da fronteira, do interior do Norte e do Centro.

A expressão da densidade populacional, e as tendências de concentração espacial observadas são tributárias, pelo menos em parte, das dinâmicas territoriais recentes de urbanização da sociedade portuguesa. Com efeito, e mesmo considerando que o fenómeno urbano se associa crescentemente a processos de natureza económica, social e cultural, e por isso cada vez menos dependentes da aglomeração da população em lugares de elevada dimensão, é contudo pertinente considerar que a rede urbana, e as dinâmicas de desenvolvimento e afirmação das cidades em termos económicos, são ainda factores relevantes para o crescimento demográfico e para a capacidade de atracção diferencial de concelhos e de regiões.

Se considerarmos, na perspectiva da dimensão dos lugares, a percentagem de população que em 2001 residia em aglomerações com mais de 5 mil habitantes, encontramos níveis de urbanização em que se destacam os casos das áreas metropolitanas de Lisboa e do Porto, com valores de concentração da população acima de 65% (Quadro 46 e Figura 3). Segue-se-lhes um conjunto de NUTS III com valores entre 30 e 50%, situadas essencialmente no Litoral do país, incluindo o Alentejo Litoral e o Algarve, mas com alguma expressão também em zonas do interior como o Alto Alentejo e Alentejo Central, ou a Beira Interior Sul. Por último, com percentagens de aglomeração da população inferiores à média nacional (situada em 32%), vamos encontrar sobretudo unidades territoriais do Interior Norte e Centro.

Em certos casos, um elevado índice de aglomeração da população associa-se de modo significativo a lógicas territoriais de povoamento que não traduzem, necessariamente, uma forte urbanização. É por exemplo comum obter percentagens elevadas de população a residir em lugares com mais de 5 mil habitantes em regiões a sul do país, sem que tal signifique a presença de contextos marcadamente urbanos, do mesmo modo que menores índices de aglomeração a Norte também não significam uma menor expressão do fenómeno urbano, mas sim um regime de povoamento tendencialmente mais disperso.

Por conseguinte, esta análise da diferenciação territorial da urbanização deve ser complementada com uma leitura da distribuição da população activa urbana, isto é, empregada nos sectores secundário e terciário (Quadro 46), que se associa de modo mais significativo a estes espaços.

O emprego no sector primário (que integra a agricultura, produção animal, caça, silvicultura e pescas) assume hoje um significado que pode ser considerado residual no conjunto dos sectores de actividade económica (em 2001, apenas 5,0% da população empregada exercia actividade no sector primário, tendo representado 10,8% em 1991 e 19,6% em 1981).

Ainda assim, é possível estabelecer uma diferenciação territorial em função da percentagem de população empregada nos sectores secundário e terciário, enquanto expressão dos diferentes graus de urbanização por regiões. Deste ponto de vista, voltamos a encontrar as áreas metropolitanas de Lisboa e do Porto com os mais elevados valores obtidos no conjunto das NUTS III (com 99,2 e 98,3%, respectivamente), juntando-se-lhes a Península de Setúbal (97,8%) e duas unidades territoriais adjacentes à Área Metropo-

82   IMIGRANTES EM PORTUGAL

Quadro 46. Indicadores de urbanização: Dimensão dos lugares e população activa urbana (2001)

	Dimensão dos Lugares (2001)			População Activa Urbana (2001)				
	Total Pop. Residente	Lugares > 5 mil hab.		Total Pop. Empregada	Sectores Secundário e Terciário			
		Nº	%		Total	%	Secund.	Terc.
Norte	**3 687 293**	**1 587 589**	**43,1**	**1 656 103**	**1 577 377**	**95,2**	**45,2**	**50,1**
Minho-Lima	250 275	36 523	14,6	96 973	87 743	90,5	40,1	50,4
Cávado	393 063	147 094	37,4	182 190	174 856	96,0	49,2	46,8
Ave	509 968	179 756	35,2	249 447	244 368	98,0	62,9	35,1
Grande Porto	1 260 680	930 418	73,8	595 529	585 687	98,3	34,5	63,9
Tâmega	551 309	76 995	14,0	240 343	228 330	95,0	58,3	36,7
Entre Douro e Vouga	276 812	122 105	44,1	134 971	131 475	97,4	60,6	36,8
Douro	221 853	34 865	15,7	80 294	63 542	79,1	22,5	56,6
Alto Trás-os-Montes	223 333	59 833	26,8	76 356	61 376	80,4	22,4	58,0
Centro	**2 348 397**	**546 999**	**23,3**	**1 006 373**	**937 894**	**93,2**	**37,4**	**55,8**
Baixo Vouga	385 724	84 832	22,0	179 619	171 294	95,4	46,1	49,2
Baixo Mondego	340 309	123 445	36,3	149 108	142 160	95,3	27,7	67,7
Pinhal Litoral	250 990	70 942	28,3	117 166	112 773	96,3	45,5	50,7
Pinhal Interior Norte	138 535	6 941	5,0	54 707	50 748	92,8	39,9	52,9
Dão-Lafões	286 313	25 921	9,1	112 136	99 591	88,8	34,3	54,5
Pinhal Interior Sul	44 803	0	0,0	15 744	12 978	82,4	33,7	48,8
Serra da Estrela	49 895	5 561	11,1	18 354	17 070	93,0	41,2	51,8
Beira Interior Norte	115 325	23 696	20,5	44 175	38 806	87,8	31,6	56,2
Beira Interior Sul	78 123	30 449	39,0	30 440	27 644	90,8	31,1	59,8
Cova da Beira	93 579	26 518	28,3	38 852	36 175	93,1	40,2	52,9
Oeste	338 711	72 036	21,3	152 348	138 330	90,8	36,1	54,7
Médio Tejo	226 090	76 658	33,9	93 724	90 325	96,4	34,1	62,3
Lisboa	**2 661 850**	**1 969 247**	**74,0**	**1 284 673**	**1 270 009**	**98,9**	**23,2**	**75,7**
Grande Lisboa	1 947 261	1 486 283	76,3	951 067	943 896	99,2	21,7	77,6
Península de Setúbal	714 589	482 964	67,6	333 606	326 113	97,8	27,6	70,2
Alentejo	**776 585**	**285 159**	**36,7**	**323 167**	**284 467**	**88,0**	**27,2**	**60,9**
Alentejo Litoral	99 976	37 916	37,9	40 960	34 956	85,3	26,5	58,9
Alto Alentejo	127 026	45 159	35,6	49 291	43 889	89,0	24,6	64,4
Alentejo Central	173 646	77 878	44,8	75 723	66 619	88,0	27,4	60,6
Baixo Alentejo	135 105	35 318	26,1	50 818	43 247	85,1	22,0	63,1
Lezíria do Tejo	240 832	88 888	36,9	106 375	95 756	90,0	30,9	59,1
Algarve	**395 218**	**154 743**	**39,2**	**180 395**	**169 361**	**93,9**	**21,7**	**72,1**
Algarve	395 218	154 743	39,2	180 395	169 361	93,9	21,7	72,1
Continente	**9 869 343**	**4 543 737**	**46,0**	**4 450 711**	**4 239 108**	**95,2**	**34,8**	**60,4**
Reg. Aut. Açores	241 763	56 750	23,5	94 728	83 573	88,2	24,4	63,8
Reg. Aut. Madeira	245 011	103 932	42,4	105 508	96 620	91,6	24,2	67,3
TOTAL	**10 356 117**	**4 704 419**	**45,4**	**4 650 947**	**4 419 301**	**95,0**	**34,4**	**60,7**

Fonte: INE, Recenseamento da População (2001)

litana do Porto: Ave e Entre Douro e Vouga, com respectivamente 98,0 e 97,4% (Figura 3).

FIGURA 3. Indicadores de urbanização (2001)

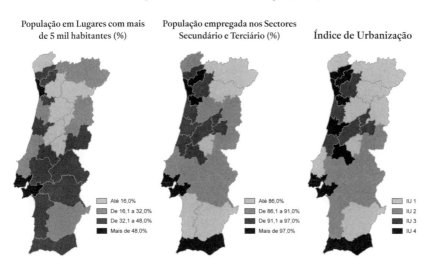

Fonte: INE, Recenseamento da População (2001)

Com valores entre 97% e a média nacional de percentagem de população activa empregada nos sectores secundário e terciário (91%), vamos encontrar essencialmente unidades territoriais do Litoral Norte e Centro (Cávado, Tâmega, Baixo Vouga, Baixo Mondego, Pinhal Litoral, Pinhal Interior Norte e Médio Tejo), o Algarve, algumas NUTS que pontuam no Interior Centro, como é o caso da Cova da Beira e da Serra da Estrela, e ainda a Região Autónoma da Madeira.

Com valores comparativamente mais reduzidos de população empregada nos sectores secundário e terciário, e por conseguinte com maior expressão de população activa empregada no sector primário, distinguem-se unidades territoriais localizadas no Interior Norte (Douro e Alto Trás-os-Montes), no Alentejo (Baixo Alentejo e Alentejo Litoral), e o Pinhal Interior Sul. Qualquer uma destas unidades territoriais assume valores inferiores à média nacional menos o desvio padrão, seguindo-se-lhes – já num patamar intermédio, mas igualmente inferior à média – unidades territoriais do Interior Centro e da Estremadura, para além da Região Autónoma dos Açores.

Se procurarmos conciliar a análise da urbanização decorrente da dimensão dos lugares (com mais de 5 mil habitantes) e da população activa urbana (população empregada nos sectores secundário e terciário), obtemos quatro graus diferenciados de urbanização por regiões (Figura 3), em que sobressaem os casos de NUTS em que ambos os indicadores superam a média (com destaque para as Áreas Metropolitanas de Lisboa e do Porto), e NUTS que assumem valores inferiores à média tanto no caso da dimensão dos lugares como da população activa urbana. Trata-se essencialmente de unidades territoriais do Interior Norte e do Alentejo, a que se juntam algumas NUTS do Litoral Centro (Oeste e Pinhal Interior Sul).

Em dois níveis intermédios encontramos as restantes NUTS III, distinguindo-se um grupo em que os valores de aglomeração da população em lugares com mais de 5 mil habitantes é superior à média nacional, mas a população activa urbana assume valores percentuais inferiores à média (como é o caso das unidades territoriais que integram a Região do Alentejo), e um segundo grupo em que – apesar de a percentagem de população activa urbana assumir valores superiores à média – os índices de aglomeração são inferiores ao valor médio encontrado para o país (como é o caso de unidades territoriais da Região Centro, como a Serra da Estrela e a Cova da Beira – no interior – e o Pinhal Litoral e o Pinhal Interior Norte, já na faixa litoral)[15].

Do ponto de vista dos contextos sociais e espaciais, Portugal continua a ser um país marcado por assimetrias, tanto a nível demográfico como ao nível das características territoriais, embora surjam situações que atenuam muitas das dicotomias que ao longo do tempo se atribuíram ao nosso país e que tiveram outrora uma expressão muito mais evidente. Se é certo que o litoral português e o Algarve continuam a exercer uma forte atracção demográfica, como é igualmente certo que no interior Norte e Centro (sobretudo na área de Trás-os-Montes, na zona da Beira Interior Norte) e no Alentejo prevalece a perda populacional, não deixa de ser igualmente verdade que um conjunto de conce-

---

[15] Considerou-se que a sequência do Índice de Urbanização deveria privilegiar, nas situações intermédias (IU2 e IU3), o factor relativo à população empregada nos sectores secundário e terciário, enquanto indicador mais significativo dos processos de urbanização quando comparado com o factor relativo à aglomeração da população. Nestes termos, o IU2 enquadra as NUTS III com valores de concentração da população inferiores à média nacional e valores de população activa urbana superiores à média do país, integrando o IU3 as NUTS III que registam uma situação inversa.

lhos e de cidades de pequena e média dimensão têm conseguido suster parte da desertificação humana e da estagnação económica que se lhes antevira.

Com efeito, a melhoria generalizada do sistema de comunicações, particularmente da rede viária, traduziu-se num maior dinamismo territorial, em que a intensificação das mobilidades assume um papel de relevo em certos processos de desenvolvimento local, evidenciando potencialidades e recursos. É assim para um território mais acessível e diversificado, para um país que inverteu as suas lógicas demográficas e migratórias, que os cidadãos imigrantes se dirigem, em busca de novas oportunidades de trabalho e de vida.

3. Conclusão

Para além do que já tínhamos observado em matéria de crescimento económico, de estruturas regionais da economia e de especialização produtiva, podemos agora verificar a mudança registada em Portugal no que diz respeito às lógicas de mobilidade internacional de pessoas, às dinâmicas demográficas e à consolidação dos processos de urbanização internos ao território continental.

Um dos dados mais salientes é o que aponta para o papel desempenhado pela imigração enquanto "revigoradora" da demografia. Trata-se de uma alteração significativa da relação entre crescimento natural da população e saldos migratórios (matéria em que as comparações internacionais são esclarecedoras). Assim como se trata de uma "intervenção" da imigração nas dinâmicas demográficas regionais.

De facto, o Portugal crescentemente urbano em que se inscrevem as tendências de terciarização da economia já comentadas é também o quadro em que se constatam evoluções das estruturas económicas locais, que tendem a ser mais abertas à recepção económica de novas pessoas, em ambientes de mudança.

CAPÍTULO IV

A IMIGRAÇÃO EM PORTUGAL: NOVOS IMIGRANTES E UMA NOVA GEOGRAFIA

Como temos vindo a assinalar nos capítulos anteriores, a imigração no Portugal contemporâneo é um fenómeno directamente relacionado com duas características estruturais da nossa economia e da nossa sociedade: a natureza extensiva do modelo de crescimento económico (isto é, a utilização pelos sectores produtivos de volumes elevados de força de trabalho) e a fraca dinâmica demográfica. Por isso, as necessidades de trabalho detectadas na economia não têm tradução numa oferta correspondente gerada localmente. Como vimos, de acordo com a informação intercensitária, de 1991 e 2001 Portugal só aumenta a sua população em 5% e são vários os espaços regionais e sub-regionais em que há uma regressão demográfica. O PNPOT – Programa Nacional da Política de Ordenamento do Território, assinala justamente que "a ocorrência de saldos migratórios externos positivos" é essencial para assegurar "a manutenção ou o crescimento da população residente em Portugal", e que uma população de 10,5 milhões de habitantes em 2020 pressupõe "um aumento gradual dos níveis de fecundidade e uma imigração da ordem dos 10 mil indivíduos por ano" (MAOTDR, 2006: 50).

É, pois, neste quadro de desenvolvimento que o fenómeno sociológico mais significativo dos anos 2000, a imigração massiva, inverte não só os factores de crescimento demográfico (com a perda de influência do crescimento natural nesse processo), mas também os termos da posição portuguesa nos fluxos internacionais de pessoas. As pessoas, os cidadãos que habitam o país, tornam-se um conjunto marcadamente mais plural, diferenciado e culturalmente complexo. As nacionalidades de origem alteram-se. Os territórios regionais, já de si diferenciados, ganham novas características. E as formas de regulação jurídica modificam-se, face à relevância que as realidades da imigração começam a assumir de forma incontornável.

1. Meio milhão de imigrantes: um "país de imigração" e uma alteração demográfica significativa

O número de imigrantes registados, residentes em Portugal[16], que em 1975 se situava em cerca de 31 mil e em 1980 em cerca de 58 mil, passa a um valor próximo dos 100 mil em 1989 e quase atinge os 450 mil em 2004. Apesar de inferior nos anos seguintes, o número de cidadãos estrangeiros a residir legalmente em Portugal tem-se mantido sempre em valores acima de 400 mil, rondando os 435 mil no ano de 2007. Estamos, portanto, perante um volume significativo, original, massivo e claramente determinante de uma nova "calibragem" da sociedade portuguesa. Trata-se de uma multiplicação por catorze em pouco mais de duas décadas.

A evolução do peso percentual dos imigrantes na população residente demonstra-o de forma clara. Representando cerca de 1% do total da população em 1989, os cidadãos estrangeiros a residir legalmente em Portugal passam a significar 2% no ano 2000, duplicando este valor em apenas dois anos e atingindo o seu máximo (4,2%) em 2004. Conforme assinala o Gráfico 8, o ano 2000 constitui, portanto, um momento de alteração radical da "visibilidade" da imigração, em resultado do surgimento de duas lógicas distintas de regulação das entradas. De facto, é a partir deste ano que o reconhecimento da população imigrante decorre não apenas das Autorizações de Residência mas igualmente das Autorizações de Permanência[17], que contribuem para quase duplicar o número de imigrantes reconhecidos enquanto tal.

As sucessivas alterações do quadro legal nesta matéria permitem de resto compreender, em larga medida, a crescente visibilidade do fenómeno imigratório e o seu progressivo reconhecimento e "oficialização". Ainda nos anos noventa, os processos de Regularização Extraordinária (1992 e 1996)[18] reflectem-se, nos anos subsequentes, em acréscimos relativamente ao número

---

[16] De acordo com o INE, a População Estrangeira com estatuto legal de Residente corresponde ao conjunto de pessoas de nacionalidade não portuguesa com autorização ou cartão de residência, em conformidade com a legislação de estrangeiros em vigor. Não inclui os estrangeiros com a situação regular ao abrigo da concessão de autorizações de permanência, de vistos de curta duração, de estudos, de trabalho ou estada temporária, bem como os estrangeiros com a situação irregular.

[17] O INE considera a População Estrangeira com autorização de Permanência, o conjunto de pessoas de nacionalidade não portuguesa, titulares de uma autorização de permanência em Portugal, em conformidade com a legislação de estrangeiros em vigor.

[18] Os processos de Regularização Extraordinária decorrem da promulgação do Decreto--Lei n.º 212/92, de 12 de Outubro, que permitiu a concessão de um título provisório pelo

de cidadãos imigrantes portadores de título de residência. Em 2001, tendo como objectivo a regularização de cidadãos estrangeiros a trabalhar por conta de outrem no nosso país, é alterada a Lei de Estrangeiros (através do Decreto--Lei n.º 4/2001, de 10 de Janeiro), sendo deste modo consagrada a figura jurídica da Autorização de Permanência que, decorridos cinco anos, faculta o acesso a Autorizações de Residência.

Mais recentemente, com a promulgação da Lei n.º 23/2007, de 4 de Julho, reforçam-se e agilizam-se os mecanismos transitórios de acesso a títulos de residência, mediante os quais os portadores de vistos e prorrogações de vistos de longa duração e de Autorizações de Permanência passam a poder aceder, no quadro da validade dos respectivos títulos, a Autorizações de Residência temporária ou permanente. São essencialmente estas disposições, à luz das quais tem início, em Janeiro de 2006, a emissão de Títulos de Residência, que explicam o aumento do número de imigrantes com o estatuto de residente verificado em 2007 e a respectiva diluição do volume de Autorizações de Permanência (Gráfico 8)[19].

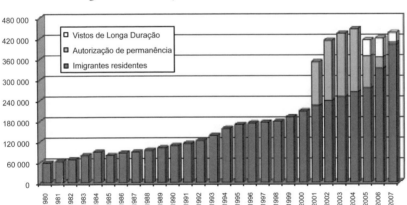

GRÁFICO 8. Imigrantes residentes em Portugal, segundo o estatuto jurídico concedido (1980-2007)

Fonte: Serviço de Estrangeiros e Fronteiras

---

período de um ano, e da Lei n.º 17/96, de 24 de Maio, que permitiu a emissão de um título provisório anual, renovável pelo período de três anos.

[19] Sobre as principais etapas e diplomas do processo legislativo relativo à imigração consultar Baganha (2005).

Mas o peso significativo do volume de imigração comporta, obviamente, elementos qualitativos que são também eles muito relevantes. Iremos de seguida observar com detalhe a importante questão da distribuição regional do conjunto dos imigrantes. Mas antes queremos apontar o dado novo representado pelo papel da imigração no rejuvenescimento da pirâmide etária e, sobretudo, na faixa etária que entra directamente no mercado de trabalho, com o significado que já apontámos no primeiro capítulo. De facto, a população imigrante apresenta uma vitalidade na sua estrutura demográfica que contrasta, de modo impressivo, com a estrutura etária da população total residente em Portugal (Gráfico 9).

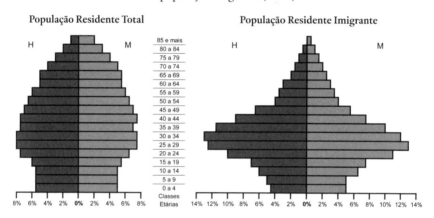

GRÁFICO 9. Comparação das pirâmides etárias da população residente e da população imigrante (2004)

Fonte: INE, Estatísticas Demográficas; SEF

A população em idade activa (ou seja entre os 15 e os 64 anos) representa cerca de 67% do total da população residente em 2004, valor que ascende a 78% no caso da população residente imigrante. Mas é sobretudo nas classes etárias que compreendem idades entre os 20 e os 50 anos – idades em que o potencial de empregabilidade efectiva é mais elevado – que se verifica um maior desfasamento entre as estruturas etárias da população residente total e da população imigrante. No primeiro caso, este segmento demográfico representa 44% e no segundo cerca de 60%, ou seja, mais de quinze valores percentuais de diferença.

Importa por isso, na perspectiva dos mercados de trabalho, analisar em que medida os perfis da mão-de-obra traduzem importantes contributos para as dinâmicas de desenvolvimento económico nacional e local, bem como avaliar os impactos associados aos seus níveis de escolaridade, qualificação e experiência profissional.

2. Os "novos" imigrantes: a "geografia das origens"

O volume total de imigrantes em Portugal pode ser melhor apreciado do ponto de vista de dois tipos de "geografias": a geografia das origens e geografia das chegadas. Vamos ver que ambas estão intimamente relacionadas. De facto, são os "novos imigrantes", aqueles que provêm de países até há alguns anos menos relevantes na imigração portuguesa (quando ela era essencialmente constituída pelos cidadãos dos PALOP), que vão marcar significativamente a alteração das relações da imigração com o território nacional. São eles, efectivamente, que vão modificar os impactos regionais dos novos residentes.

No espaço de quase uma década, verifica-se a tendência para uma reorientação das origens predominantes da imigração, com uma importância cada vez mais expressiva dos cidadãos provenientes da Europa, a que não é estranha a intensificação das mobilidades neste espaço, nomeadamente a partir de países do leste europeu (Quadro 47 e Gráfico 10).

Se em 1992 a África Lusófona e o Brasil representavam cerca de 53% do total de imigrantes com residência legalizada, em 2007 este valor passa a situar-se em 46%, ou seja em menos 7%. Já os imigrantes europeus registam, no mesmo período, um aumento de 28 para 41%, que se deve essencialmente aos imigrantes provenientes de países do Leste (sobretudo ucranianos). Com efeito, considerando que em 1992 a Europa não comunitária representava apenas 3% do total da imigração residente em Portugal (cabendo aos então países membros da UE 12 um peso percentual aproximado de 26%), é muito significativo que os países do Leste europeu[20] representem, em 2007, cerca de 20% do total de cidadãos estrangeiros residentes, ou seja, 1 em cada 5 (num ano em que, considerando apenas os países da UE 15, o peso percentual da União Europeia se situa em 20,4%).

---

[20] Em termos geopolíticos e socio-económicos, nomeadamente tendo em vista a diferenciação entre o Ocidente e o Leste europeu, consideram-se, como países integrantes da Europa de Leste: a Albânia, a Bielorússia, a Bósnia Herzegovina, a Bulgária, a Croácia, a Eslováquia, a Eslovénia, a Estónia, a Hungria, a Letónia, a Lituânia, a Macedónia, a Moldávia, o Montenegro, a Polónia, a República Checa, a Roménia, a Rússia, a Sérvia e a Ucrânia.

IMIGRANTES EM PORTUGAL

Quadro 47. População imigrante residente segundo as principais nacionalidades (1992-2007)[21]

	1992		1995		1998		2001		2004		2007	
	Nº	%	Nº	%	Nº	%	Nº	%	Nº	%	Nº	%
Europa	**34 732**	**28**	**44 867**	**27**	**52 109**	**29**	**138 215**	**39**	**184 793**	**41**	**179 040**	**41**
União Europeia	**31 415**	**26**	**41 534**	**25**	**48 223**	**27**	**61 736**	**18**	**75 953**	**17**	**115 556**	**27**
Alemanha	5 400	4	7 426	4	8 846	5	11 167	3	13 097	3	15 498	4
Bélgica	1 124	1	1 490	1	1 766	1	2 278	1	2 654	1	3 091	1
Bulgária (*)	-	-	-	-	-	-	-	-	-	-	5 028	1
Dinamarca	507	0	620	0	694	0	825	0	967	0	1 068	0
Espanha	7 779	6	8 887	5	10 191	6	13 645	4	15 874	4	18 030	4
França	3 667	3	4 743	3	5 804	3	7 817	2	9 247	2	10 556	2
Holanda	1 986	2	2 736	2	3 302	2	4 460	1	5 347	1	6 589	2
Itália	1 363	1	1 918	1	2 371	1	3 380	1	4 569	1	5 985	1
Reino Unido	9 242	8	11 486	7	12 680	7	14 953	4	17 976	4	23 608	5
Roménia (*)	-	-	-	-	-	-	-	-	-	-	19 155	4
Suécia	..	..	1 017	1	1 130	1	1 317	0	1 456	0	1 649	0
Outros	347	0	1 211	1	1 439	1	1 894	1	4 766	1	5 299	1
Outros Europa	**3 317**	**3**	**3 333**	**2**	**3 886**	**2**	**76 479**	**22**	**108 840**	**24**	**63 484**	**15**
Bielorússia	..	..	..	..	..	..	789	0	1 192	0	776	0
Bulgária (*)	..	..	..	..	..	..	2 031	1	3 616	1	-	-
Moldávia	..	..	..	..	..	..	9 015	3	13 695	3	14 053	3
Roménia (*)	..	..	..	..	..	..	8 095	2	12 163	3	-	-
Rússia	..	..	..	..	..	..	5 891	2	8 208	2	5 114	1
Suiça	..	..	..	..	..	..	1 418	0	1 628	0	1 827	0
Ucrânia	..	..	..	..	..	..	45 829	13	66 281	15	39 480	9
Outros	..	..	..	..	..	..	3 411	1	2 057	0	2 234	1
África	**52 148**	**43**	**79 231**	**47**	**82 467**	**46**	**127 033**	**36**	**151 392**	**34**	**147 959**	**34**
África Lusófona	**49 713**	**41**	**75 316**	**45**	**78 291**	**44**	**116 966**	**33**	**139 072**	**31**	**136 694**	**31**
Angola	6 691	5	15 829	9	16 487	9	27 882	8	35 079	8	32 728	8
Cabo Verde	31 217	26	38 746	23	40 093	23	55 262	16	63 362	14	63 925	15
Guiné-Bissau	5 696	5	12 291	7	12 894	7	20 898	6	24 834	6	23 733	5
Moçambique	3 588	3	4 368	3	4 429	2	5 010	1	5 414	1	5 681	1
S. Tomé e Príncipe	2 521	2	4 082	2	4 388	2	7 914	2	10 383	2	10 627	2
Outros África	**2 435**	**2**	**3 915**	**2**	**4 176**	**2**	**10 067**	**3**	**12 320**	**3**	**11 265**	**3**
África do Sul	..	..	..	..	..	..	1 967	1	2 078	0	2 083	0
Guiné Conacri	..	..	..	..	..	..	1 840	1	2 171	0	1 835	0
Marrocos	..	..	..	..	..	..	1 588	0	2 273	1	1 871	0
Outros	..	..	..	..	..	..	4 672	1	5 798	1	5 476	1

(continua)

---

[21] Na definição do conceito de principais nacionalidades consideraram-se apenas os países que atingiam, pelo menos num dos anos do período considerado, um valor igual ou superior a 1000 cidadãos residentes em território português.

(continuação)

	1992		1995		1998		2001		2004		2007	
	Nº	%	Nº	%	Nº	%	Nº	%	Nº	%	Nº	%
América	30 028	25	36 720	22	35 038	20	63 650	18	83 933	19	83 592	19
Canadá	2 160	2	2 369	1	2 083	1	1 968	1	1 887	0	1 849	0
EUA	7 558	6	8 484	5	8 065	5	8 052	2	8 049	2	8 264	2
Brasil	14 158	12	19 901	12	19 860	11	47 321	13	66 681	15	66 354	15
Venezuela	5 129	4	4 554	3	..	..	3 591	1	3 584	1	3 199	1
Outros	1 023	1	1 412	1	5 030	3	2 718	1	3 732	1	3 926	1
Ásia e Oceânia	5 205	4	7 220	4	7 887	4	21 615	6	26 628	6	24 855	6
China	..	..	..	..	2 410	1	7 321	2	9 187	2	10 448	2
Índia	..	..	..	..	1 081	1	4 123	1	5 075	1	4 104	1
Paquistão	..	..	..	..	..	..	3 667	1	4 198	1	2 371	1
Outros	..	..	..	..	4 396	2	6 504	2	8 168	2	7 932	2
Apátridas/Desc.	235	0	278	0	273	0	385	0	409	0	290	0
TOTAL	122 348	100	168 316	100	177 774	100	350 898	100	447 155	100	435 736	100

(*) Adopta-se, nesta tabela, a data de adesão à UE como critério geográfico de "arrumação" dos países. Por essa razão, a Bulgária e a Roménia são apresentadas, antes de 2007, como integrando o resto da Europa.
Fonte: INE, Estatísticas Demográficas, SEF

GRÁFICO 10. Evolução do número de imigrantes segundo o continente de origem
(1992-2007)

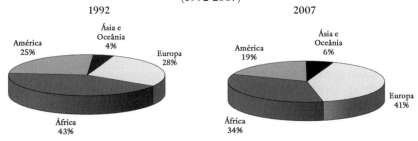

Fonte: INE, Estatísticas Demográficas, SEF

De facto, é fundamentalmente quando analisamos a distribuição, segundo a nacionalidade, dos títulos relativos a Autorizações de Permanência e a Vistos de Longa Duração, concedidos e prorrogados, que se torna clara a reconfiguração recente da geografia das origens (Quadro 48). Considerando que estas figuras jurídicas não se aplicam – naturalmente – aos cidadãos de países membros da União Europeia, constata-se que os imigrantes do Leste europeu perfazem mais de metade (55%) do total de Autorizações de Permanência e de Vistos de Longa duração emitidos entre 2001 e 2004, superando assim a soma dos valores alcançados pelo Brasil (21%) e pelos países africanos de Língua Oficial Portuguesa (13%).

QUADRO 48. Títulos de Autorização de Permanência (AP) e Vistos de Longa Duração (VLD) emitidos e prorrogados, segundo as principais nacionalidades (2001-2007) [22]

	Emissão no Ano (AP)						Prorrogação (AP+VLD)		
	2001	2002	2003	2004	Total Nº	Total %	2005	2006	2007
Europa	**71 088**	**25 877**	**4 060**	**81**	**101 106**	**55,0**	**70 395**	**35 757**	**10 916**
União Europeia (UE 15)	**0**	**0**	**0**	**0**	**0**	**0,0**	**0**	**0**	**0**
Europa de Leste	**71 050**	**25 862**	**4 057**	**81**	**101 050**	**55,0**	**70 360**	**35 716**	**10 890**
Bielorússia	750	311	39	1	1 101	0,6	634	377	129
Bulgária	1 596	1 091	158	4	2 849	1,5	2 253	1 624	326
Moldávia	8 970	3 080	582	15	12 647	6,9	12 628	6 959	2 639
Roménia	7 587	2 866	473	18	10 944	6,0	9 003	5 985	1 955
Rússia	5 295	1 534	218	6	7 053	3,8	3 604	1 959	591
Ucrânia	45 626	16 523	2 546	35	64 730	35,2	41 729	18 684	5 240
Outros	1 226	457	41	2	1 726	0,9	509	128	10
Outros Europa	**38**	**15**	**3**	**0**	**56**	**0,0**	**35**	**41**	**26**
África	**19 724**	**7 966**	**2 062**	**56**	**29 808**	**16,2**	**27 400**	**20 265**	**9 622**
África Lusófona	**15 550**	**6 948**	**1 925**	**52**	**24 475**	**13,3**	**25 018**	**17 956**	**7 840**
Angola	5 131	2 547	855	29	8 562	4,7	6 522	4 497	2 297
Cabo Verde	5 417	2 523	618	16	8 574	4,7	11 024	8 146	2 815
Guiné Bissau	3 107	998	213	5	4 323	2,4	3 431	2 646	1 559
Moçambique	285	147	29	0	461	0,3	840	703	278
São Tomé e Príncipe	1 610	733	210	2	2 555	1,4	3 201	1 964	891
Outros África	**4 174**	**1 018**	**137**	**4**	**5 333**	**2,9**	**2 382**	**2 309**	**1 782**
Guiné (Conacri)	1 102	177	24	1	1 304	0,7	738	329	283
Marrocos	1 025	323	47	0	1 395	0,8	613	568	356
Outros	2 047	518	66	3	2 634	1,4	1 031	1 412	1 143
América	**24 632**	**11 683**	**2 706**	**33**	**39 054**	**21,2**	**33 177**	**26 534**	**11 205**
Brasil	23 899	11 373	2 648	31	37 951	20,6	32 108	25 694	10 689
Outros	733	310	58	2	1 103	0,6	1 069	840	516
Ásia e Oceânia	**11 354**	**2 113**	**268**	**8**	**13 743**	**7,5**	**9 056**	**5 496**	**2 381**
China	3 368	500	41	0	3 909	2,1	3 720	2 086	759
Índia	2 763	553	69	4	3 389	1,8	1 916	1 174	566
Paquistão	2 633	186	34	1	2 854	1,6	738	426	279
Outros	2 590	874	124	3	3 591	2,0	2 682	1 810	777
Apátridas/Desc.	**103**	**18**	**1**	**0**	**122**	**0,1**	**0**	**0**	**0**
TOTAL	126 901	47 657	9 097	178	183 833	100	140 028	88 052	34 124

Fonte: INE, Estatísticas Demográficas, SEF

---

[22] Na definição do conceito de principais nacionalidades (e com a excepção para Moçambique) consideraram-se apenas os países que atingiram, entre 2001 e 2004, um total de títulos de Autorização de Permanência e de Visto de Longa Duração igual ou superior a 1000.

Tal não significa, todavia, que a importância da imigração de países da África Lusófona, e particularmente do Brasil, tenha diminuído globalmente, como registava o Quadro 47. Sendo inequívoco que o número de residentes destes países não deixou de aumentar de forma significativa, em termos absolutos (Angola passa de quase 7 para 33 mil cidadãos residentes entre 1992 e 2007; Cabo Verde de 31 para 64 mil; e a Guiné Bissau de cerca de 6 para quase 24 mil imigrantes residentes), é sobretudo assinalável o crescimento recente do afluxo de cidadãos estrangeiros residentes em Portugal e provenientes de países como a Ucrânia, a Moldávia ou a Roménia.

Considerando as Autorizações de Permanência concedidas entre 2001 e 2004, muitas das quais renovadas nos anos seguintes, a Ucrânia (35%) apresenta um valor que supera claramente o do Brasil (21%), sendo igualmente relevantes – pela sua expressão recente – o volume de títulos alcançados pela Moldávia e pela Roménia (7 e 6%, respectivamente). A importância recente adquirida por estes dois últimos países, em termos absolutos, é de resto equiparável à de países como o Reino Unido, a Espanha ou a Alemanha, cujo número de cidadãos a residir em Portugal se situa em valores compreendidos entre 15 e 25 mil (Gráfico 11).

GRÁFICO 11. Imigrantes residentes, segundo as principais nacionalidades (2007)

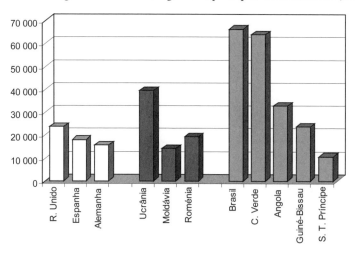

Fonte: SEF, INE

Mantendo, deste ponto de vista, uma representatividade significativa, importa ainda referir o caso de Cabo Verde, país a que cabe um peso de 15%

no total de residentes estrangeiros em Portugal em 2007 (embora a sua importância relativa tenha sido bem superior em 1992, ano em que significava 26% do total de residentes estrangeiros em Portugal), ou de Angola e Guiné Bissau, com valores, respectivamente, de 8 e 5% face ao total de cidadãos residentes, no ano de 2007.

Embora as Autorizações de Permanência e os Vistos de Longa Duração consubstanciem vínculos comparativamente mais precários entre os cidadãos imigrantes e o país de acolhimento, deve contudo sublinhar-se – como demonstra a evolução recente – que o estatuto que estes vínculos conferem constitui, na generalidade dos casos, uma etapa transitória no processo de plena integração de cidadãos estrangeiros. Ou seja, o retrato da distribuição segundo a origem geográfica que as Autorizações de Permanência e os Vistos de Longa Duração nos oferecem deve ser efectivamente considerado enquanto sinal da reconfiguração das origens na imigração portuguesa.

De acordo com esta perspectiva, o principal aspecto a reter neste olhar sobre a geografia das origens é, de facto, a emergência recente e relevante da imigração de países do Leste Europeu, que passa a ombrear, em números, com comunidades nacionais de imigrantes tradicionalmente importantes, como no caso dos países da África Lusófona e, sobretudo, do Brasil (o país que não perde peso percentual, neste conjunto de países, face à intensificação recente da imigração de Leste). Estas alterações, como veremos de seguida, repercutem-se no modo como a imigração se distribui hoje pelo território português, respondendo de forma diferenciada a necessidades demográficas e aos contextos das economias locais.

3. Imigração e território: a "geografia das chegadas"
A distribuição no território dos imigrantes residentes em Portugal ilustra uma tendência recente para uma maior dispersão geográfica, expressa num ligeiro esbatimento da importância de espaços desde há muito associados à imigração, como Lisboa. Com efeito, entre 1992 e 2007, a percentagem de cidadãos estrangeiros a residir na capital do país passa de 52% para 43%, devendo-se esta variação a ligeiros aumentos percentuais noutros distritos, próximos ou superiores à unidade, como é o caso de Coimbra (de 2 para 3%), de Leiria e Santarém (de 1 para 3 e 2%, respectivamente) ou de Setúbal (de 9 para 10%, no mesmo período). O distrito de Faro, que já em 1992 acolhia cerca de 11% dos imigrantes residentes, passa a representar em 2007 cerca de 17% do total de cidadãos estrangeiros a residir em Portugal (Quadro 49).

Quadro 49. População imigrante residente por distritos (1992-2007)[23]

	1992		1995		1998		2001		2004		2007	
	Nº	%	Nº	%	Nº	%	Nº	%	Nº	%	Nº	%
Norte	**12 882**	**11**	**15 141**	**9**	**15 870**	**9**	**39 619**	**11**	**48 227**	**11**	**43 491**	**10**
Braga	1 981	2	2 588	2	2 864	2	7 823	2	10 127	2	8 562	2
Bragança	180	0	241	0	282	0	902	0	1 302	0	1 545	0
Porto	8 931	7	10 355	6	10 821	6	27 240	8	31 996	7	28 013	6
Viana do Castelo	1 083	1	1 221	1	1 251	1	2 256	1	2 951	1	3 364	1
Vila Real	707	1	736	0	652	0	1 398	0	1 851	0	2 007	0
Centro	**13 728**	**11**	**16 863**	**10**	**17 257**	**10**	**50 494**	**14**	**70 757**	**16**	**62 673**	**14**
Aveiro	5 977	5	6 904	4	6 982	4	12 922	4	16 470	4	17 130	4
Castelo Branco	477	0	570	0	541	0	1 869	1	2 715	1	2 967	1
Coimbra	2 922	2	4 076	2	4 413	2	10 771	3	14 085	3	14 508	3
Guarda	603	0	672	0	630	0	1 975	1	2 370	1	2 360	1
Leiria	1 718	1	2 215	1	2 257	1	8 735	2	12 624	3	12 866	3
Santarém	936	1	1 158	1	1 268	1	10 438	3	17 168	4	8 558	2
Viseu	1 095	1	1 268	1	1 166	1	3 784	1	5 325	1	4 284	1
Lisboa	**75 243**	**61**	**107 972**	**64**	**114 477**	**64**	**194 053**	**55**	**242 708**	**54**	**232 337**	**53**
Lisboa	64 015	52	92 441	55	98 105	55	159 595	45	201 074	45	188 516	43
Setúbal	11 228	9	15 531	9	16 372	9	34 458	10	41 634	9	43 821	10
Alentejo	**1 507**	**1**	**1 898**	**1**	**2 174**	**1**	**9 697**	**3**	**13 248**	**3**	**10 848**	**2**
Beja	505	0	690	0	854	0	3 043	1	4 456	1	4 623	1
Évora	604	0	742	0	799	0	4 155	1	5 300	1	3 829	1
Portalegre	398	0	466	0	521	0	2 499	1	3 492	1	2 396	1
Algarve	**13 048**	**11**	**20 946**	**12**	**23 122**	**13**	**47 205**	**13**	**59 632**	**13**	**74 335**	**17**
Faro	13 048	11	20 946	12	23 122	13	47 205	13	59 632	13	74 335	17
Continente	**116 408**	**95**	**162 820**	**97**	**172 900**	**97**	**341 068**	**97**	**434 572**	**97**	**423 684**	**97**
Reg. Aut. Açores	3 062	3	2 834	2	2 581	1	4 279	1	4 986	1	4 830	1
Reg. Aut. Madeira	2 878	2	2 662	2	2 293	1	5 551	2	7 597	2	7 222	2
TOTAL	**122 348**	**100**	**168 316**	**100**	**177 774**	**100**	**350 898**	**100**	**447 155**	**100**	**435 736**	**100**

Fonte: INE, Estatísticas Demográficas, SEF

---

[23] Sendo os dados do SEF agregados territorialmente por distritos, e não por NUTS, procede-se a uma aproximação por Regiões (Norte, Centro, Grande Lisboa, Alentejo e Algarve), através da soma dos distritos que as compõem.

98 IMIGRANTES EM PORTUGAL

Em conjunto, a Grande Lisboa e o Algarve acolhem, até ao final da década de noventa, mais de 70% do total de imigrantes residentes em Portugal (atingindo-se um valor próximo dos 80% em 1998). Ou seja, no final do século XX português cerca de 3 em cada 4 imigrantes reside nos distritos de Lisboa, Setúbal e Faro. A partir de 2001, porém, o padrão de distribuição territorial da imigração portuguesa regista alterações: o peso relativo da Grande Lisboa e do Algarve passa a situar-se, em regra, em valores inferiores a 70% (atingindo, em 2004, cerca de 67%). Já a Região Norte e a Região Centro, que até ao final do século passado acolhiam aproximadamente 20% do total de imigrantes (19% em 1998), passam a representar cerca de 25% nos anos seguintes, isto é, a acolher 1 em cada 4 cidadãos estrangeiros a residir em Portugal.

Se nos detivermos contudo na distribuição territorial das Autorizações de Permanência e Vistos de Longa Duração, que expressam como vimos o incremento dos fluxos imigratórios a partir de 2001, a perda de importância relativa de espaços tradicionalmente associados à imigração é ainda mais significativa. O distrito de Lisboa, por exemplo, detém apenas 34% das Autorizações de Permanência emitidas até 2004 (Quadro 50), registando-se igualmente decréscimos comparativos – face ao universo de imigrantes residentes – nos distritos de Setúbal (7%) e, com menor expressão, Faro (13%).

Estas diferenças constituem-se essencialmente a expensas de distritos como o Porto (que detém 9% do total de Autorizações de Permanência emitidas, sendo de apenas 7% o seu peso relativo no total de imigrantes residentes em 2004), ou distritos como Leiria, Santarém, Évora e Braga (em que a diferença entre o peso relativo das Autorizações de Permanência supera, em valores próximos ou superiores a 1%, o peso relativo face ao total de imigrantes residentes nestes distritos naquele ano).

Por NUTS III, a Grande Lisboa e o Algarve rondam os 55% do volume total de Autorizações de Permanência emitidas entre 2001 e 2004 (um valor bem diferente do peso relativo, situado em cerca de 67%, que estes distritos obtêm quando se considera o total de cidadãos estrangeiros a residir em Portugal). Em contrapartida, o Norte e o Centro perfazem cerca de 35% do total de títulos de Autorização de Permanência (valor superior ao peso relativo alcançado face ao universo de imigrantes residentes que, como vimos, se situa em cerca de 27%). O retrato territorial da imigração no século XXI é assim bastante diferente daquele que se obtinha na década de noventa (em que se podiam considerar apenas os dados relativos às Autorizações de Residência) e expressa-se na circunstância de a centralidade dos distritos que se constituíram como espaços preferenciais de destino dos cidadãos estrangeiros ter diminuído.

Sabemos já, como ficou claro na análise da geografia das origens da imigração, que tem vindo aumentar recentemente a percentagem de imigrantes provenientes de países do Leste Europeu. E sabemos também que a sua representatividade percentual é sobretudo evidente no caso das Autorizações de Permanência e Vistos de Longa Duração emitidos e renovados entre 2001 e 2007. Em conjunto, estes dois dados permitem estabelecer que a maior dispersão geográfica da imigração se associa às alterações recentes deste fenómeno relativamente ao quadro actual dos países de origem dos cidadãos imigrantes. Mas deve também sublinhar-se que o controle do registo da imigração se exerceu, até 2001, de forma aparentemente menos efectiva no caso da imigração do Leste europeu, que se tornou estatisticamente mais visível a partir desta data, com o apuramento da informação relativa à emissão de Autorizações de Residência e de Vistos de Longa Duração.

Assim, não só o crescimento da imigração, mas também a sua expressão territorial resultam, em grande parte, do "reconhecimento" legal e estatístico de cidadãos extra-comunitários que – até ao início do século – estavam ilegalmente no nosso país. O acréscimo e a distribuição territorial dos quase 240 mil imigrantes registados entre 2000 e 2004 é pois fortemente influenciado pela legalização de cidadãos de países exteriores à União Europeia.

Se analisarmos a distribuição territorial dos imigrantes segundo os principais espaços geográficos de origem – e para esse efeito consideramos a União Europeia, a Europa de Leste e os Países Lusófonos (espaços que representam 87% face ao total de cidadãos estrangeiros residentes em Portugal em 2007) – percebemos que foi exactamente a nova vaga de imigrantes, onde avultam os naturais do Leste Europeu e também os brasileiros, que mais se distribuiu no território (Quadro 51 e Figura 4).

No caso dos imigrantes provenientes da União Europeia, que representam cerca de 23% do universo considerado (que ronda os 380 mil cidadãos estrangeiros residentes), regista-se uma elevada concentração em áreas como a Grande Lisboa e o Algarve, que perfazem 68% do total de imigrantes provenientes deste espaço geográfico. Pelo facto de se tratar de uma imigração mais qualificada, e porventura associada em parte a dinâmicas turísticas (sobretudo no caso do Algarve), não surpreendem os valores obtidos nestas regiões, sendo contudo de realçar que também o Norte e o Centro assumem, conjuntamente, um valor relevante, em torno dos 24%.

IMIGRANTES EM PORTUGAL

QUADRO 50. Títulos de Autorização de Permanência (AP) e Vistos de Longa Duração (VLD) emitidos e prorrogados, segundo as principais nacionalidades, por distritos (2001-2007)

	Emissão no Ano (AP)						Prorrogação (AP+VLD)		
	2001	2002	2003	2004	Total		2005	2006	2007
					Nº	%			
Norte	**20 142**	**4 573**	**532**	**9**	**25 256**	**13,7%**	**13 823**	**8 228**	**2 845**
Braga	4 213	1 259	172	8	5 652	3,1%	3 362	1 674	564
Bragança	484	221	16	1	722	0,4%	494	387	122
Porto	14 099	2 672	287	0	17 058	9,3%	8 554	5 400	1 895
Viana do Castelo	659	172	21	0	852	0,5%	769	405	146
Vila Real	687	249	36	0	972	0,5%	644	362	118
Centro	**28 351**	**12 935**	**2 024**	**52**	**43 362**	**23,6%**	**30 120**	**17 093**	**5 365**
Aveiro	4 745	2 320	165	4	7 234	3,9%	4 864	3 187	856
Castelo Branco	1 154	559	23	0	1 736	0,9%	1 165	744	212
Coimbra	4 777	1 207	100	3	6 087	3,3%	3 363	2 064	749
Guarda	1 121	147	23	0	1 291	0,7%	897	404	126
Leiria	5 744	2 879	257	3	8 883	4,8%	6 717	3 699	1 177
Santarém	8 638	4 635	1 412	42	14 727	8,0%	11 557	6 114	2 013
Viseu	2 172	1 188	44	0	3 404	1,9%	1 557	881	232
Lisboa	**49 387**	**21 428**	**5 274**	**79**	**76 168**	**41,4%**	**67 505**	**47 621**	**20 581**
Lisboa	38 154	19 973	4 789	76	62 992	34,3%	59 097	39 866	17 932
Setúbal	11 233	1 455	485	3	13 176	7,2%	8 408	7 755	2 649
Alentejo	**6 724**	**2 429**	**192**	**0**	**9 345**	**5,1%**	**5 217**	**3 161**	**1 206**
Beja	1 886	996	83	0	2 965	1,6%	1 495	1 104	605
Évora	3 099	788	70	0	3 957	2,2%	2 024	1 065	337
Portalegre	1 739	645	39	0	2 423	1,3%	1 698	992	264
Algarve	**17 901**	**4 921**	**980**	**38**	**23 840**	**13,0%**	**19 900**	**10 293**	**3 726**
Faro	17 901	4 921	980	38	23 840	13,0%	19 900	10 293	3 726
Continente	**122 505**	**46 286**	**9 002**	**178**	**177 971**	**96,8%**	**136 565**	**86 396**	**33 723**
Reg. Aut. Açores	1 683	350	16	0	2 049	1,1%	1 193	549	138
Reg. Aut. Madeira	2 713	1 021	79	0	3 813	2,1%	2 270	1 107	263
TOTAL	**126 901**	**47 657**	**9 097**	**178**	**183 833**	**100%**	**140 028**	**88 052**	**34 124**

Fonte: INE, Estatísticas Demográficas, SEF

QUADRO 51. População imigrante residente, segundo as principais origens geográficas, por distritos (2007)

	União Europeia (a)		Europa de Leste (b)		Países Lusófonos (c)		TOTAL	
	Nº	%	Nº	%	Nº	%	Nº	%
Norte	**10 136**	**11**	**9 768**	**11**	**16 716**	**8**	**36 620**	**10**
Braga	1 715	2	2 221	3	3 558	2	7 494	2
Bragança	307	0	419	0	559	0	1 285	0
Porto	6 231	7	6 005	7	10 995	5	23 231	6
Viana do Castelo	1 449	2	548	1	862	0	2 859	1
Vila Real	434	0	575	1	742	0	1 751	0
Centro	**11 994**	**13**	**21 089**	**24**	**20 225**	**10**	**53 308**	**14**
Aveiro	2 052	2	5 157	6	5 943	3	13 152	3
Castelo Branco	447	1	1 017	1	1 033	1	2 497	1
Coimbra	5 437	6	2 608	3	4 906	2	12 951	3
Guarda	478	1	689	1	685	0	1 852	0
Leiria	1 865	2	5 954	7	3 580	2	11 399	3
Santarém	1 070	1	4 196	5	2 393	1	7 659	2
Viseu	645	1	1 468	2	1 685	1	3 798	1
Lisboa	**33 522**	**38**	**26 454**	**30**	**143 061**	**70**	**203 037**	**54**
Lisboa	29 984	34	20 516	24	111 876	55	162 376	43
Setúbal	3 538	4	5 938	7	31 185	15	40 661	11
Alentejo	**2 821**	**3**	**4 401**	**5**	**2 821**	**1**	**10 043**	**3**
Beja	1 320	1	2 031	2	951	0	4 302	1
Évora	849	1	1 543	2	1 155	1	3 547	1
Portalegre	652	1	827	1	715	0	2 194	1
Algarve	**26 881**	**30**	**22 894**	**26**	**16 870**	**8**	**66 645**	**18**
Faro	26 881	30	22 894	26	16 870	8	66 645	18
Continente	**85 354**	**96**	**84 606**	**97**	**199 693**	**98**	**369 653**	**97**
Reg. Aut. Açores	960	1	620	1	1 800	1	3 380	1
Reg. Aut. Madeira	2 582	3	1 963	2	1 555	1	6 100	2
TOTAL	**88 896**	**100**	**87 189**	**100**	**203 048**	**100**	**379 133**	**100**

(a) Inclui os países membros da União Europeia em 2007, exceptuando os países considerados como pertencendo, em termos geopolíticos e socio-económicos, à Europa de Leste.

(b) Consideram-se como integrando a Europa de Leste os seguintes países: Albânia, Bielorússia, Bósnia Herzegovina, Bulgária, Croácia, Eslováquia, Eslovénia, Estónia, Hungria, Letónia, Lituânia, Macedónia, Moldávia, Montenegro, Polónia, República Checa, Roménia, Rússia, Sérvia e Ucrânia.

(c) Inclui a Angola, Cabo Verde, Guiné Bissau, Moçambique, São Tomé e Príncipe e Brasil.

Fonte: SEF

Mas um retrato territorial muito diferente é-nos dado pela análise da distribuição regional dos imigrantes provenientes do Leste Europeu (que representam também cerca de 23% do universo considerado), e que espelha – como nenhum outro dos grandes espaços geográficos de origem da imigração – níveis de distribuição regional comparativamente assinaláveis. Neste caso, a Região Centro (24%) sobressai com o valor comparativamente mais elevado face aos imigrantes da União Europeia e dos países lusófonos (13 e 10% a residir, respectivamente, nesta região), sendo na Grande Lisboa que a imigração de Leste assume menor significado proporcional (30%), face aos valores obtidos para a União Europeia (38%) e para o conjunto de países lusófonos (70%).

É também no âmbito da imigração de Leste que o Alentejo se destaca face ao conjunto de espaços geográficos de origem, alcançando o valor de 5% (no caso da imigração da União Europeia o Alentejo fica-se pela quota de 3% e perante o conjunto de imigrantes provenientes dos países lusófonos considerados, não ultrapassa um peso percentual de 1%). Na Região Norte, residem em 2007 cerca de 11% do total de imigrantes de Leste (percentagem que é idêntica ao peso dos imigrantes da União Europeia), valor que supera portanto o observado para o caso dos países lusófonos (8%). No caso do Algarve, com 26%, a imigração do Leste Europeu assume um peso percentual intermédio face à União Europeia e à imigração dos países lusófonos, que atingem cifras de 30% no primeiro caso e 8% no segundo.

Os imigrantes provenientes dos países de língua oficial portuguesa considerados evidenciam – do ponto de vista da sua distribuição territorial – os mais elevados padrões de concentração, com um claro destaque para a Grande Lisboa, onde residem quase 3 em cada 4 dos imigrantes com estas origens geográficas. Por conseguinte, é neste caso que se verificam, comparativamente com os outros grandes espaços de origem da imigração portuguesa, os mais baixos índices de peso percentual regional, como atestam os valores obtidos pelo Algarve (8%), a Região Norte (8%), a Região Centro (10%) e o Alentejo (com apenas 1%). As distribuições percentuais registadas nos Açores e na Madeira não diferem substancialmente nos três principais espaços de origem considerados, exceptuando o facto de a imigração dos países lusófonos ser comparativamente mais baixa na Madeira (1%), do que a imigração dos países da União Europeia e da Europa de Leste, que atingem nesta região uma representatividade de 3 e 2% respectivamente.

No conjunto, assinale-se portanto a diferente adaptabilidade no modo como os imigrantes residentes se distribuem regionalmente, considerando os diferentes – e mais relevantes – conjuntos geográficos de origem. Nestes termos, a imigração da Europa de Leste é nitidamente a que apresenta maior flexibilidade e capacidade de disseminação territorial, contrastando sobretudo com a imigração de países que foram no passado colónias portuguesas, claramente mais rígida e concentrada na forma como realiza a ocupação do território nacional. Circunstâncias específicas de natureza histórica, e factores de natureza social, política e cultural, permitem em larga medida explicar este contraste.

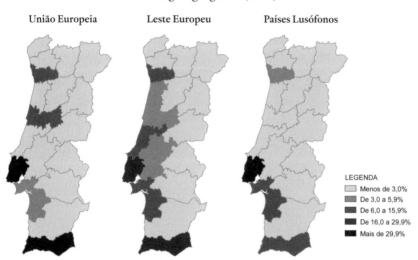

FIGURA 4. População imigrante residente, segundo os principais espaços de origem geográfica (2007)

Fonte: SEF

A plasticidade de inscrição territorial da imigração da Europa de Leste torna-se ainda mais visível quando analisamos os dados por distritos (Figura 4). Representando a nível nacional, como se viu, cerca de 23% do total de imigrantes residentes, considerados no conjunto dos três principais espaços de origem geográfica, a imigração de Leste atinge contudo valores relevantes (iguais ou superiores a 40%) em casos como Castelo Branco, Leira e Santarém (respectivamente 41, 52 e 55% do total de imigrantes considerados a residir nestes distritos), na Região Centro; e Beja e Évora (com 47 e 44%), no Alentejo. Por oposição, o significado percentual da imigração de Leste no total atinge os seus valores mais reduzidos nos distritos de Lisboa (13%) e Setúbal

(15%), justamente aqueles que – quer em termos globais, quer em termos de expressão do peso dos imigrantes da União Europeia e dos países lusófonos – assumem os valores mais elevados.

Contrastando com o padrão de distribuição territorial dos imigrantes oriundos da União Europeia e de países lusófonos, todos os distritos do litoral (mais concretamente do Porto a Setúbal), em contínuo, apresentam pesos percentuais de imigrantes de Leste superiores a 3%. Já no caso dos imigrantes da União Europeia, destacam-se na faixa litoral – para além de Lisboa – os casos do Porto e de Coimbra (distritos cuja relevância das respectivas capitais pode justificar uma maior atracção relativamente a estes imigrantes) e, no caso da imigração lusófona, apenas os distritos do Porto e de Setúbal. A dispersão da imigração por grandes conjuntos de origem é portanto, de forma comparativamente inequívoca, mais relevante no caso dos países do Leste europeu.

O significado profundo da imigração perante as estruturas demográficas do país ganha assim particular expressão quando analisado do ponto de vista regional. Uma região com baixas densidades demográficas e socioeconómicas como o Alentejo, por exemplo, passa de uma regressão populacional forte (em vários anos da década de noventa a população diminui anualmente em valores próximos de 10%) para um crescimento conseguido à custa de saldos migratórios significativos no contexto local, e apesar da manutenção de saldos naturais negativos. E territórios como a Região Centro, marcada por dinamismos reconhecidos, especialmente influenciados por sistemas produtivos locais relevantes, mas com saldos naturais igualmente negativos, retoma – sobretudo a partir de 2000 – uma trajectória de expansão demográfica igualmente graças aos saldos migratórios elevados.

Mas também regiões demograficamente "maduras" e com forte capacidade de criação de riqueza – precisamente as duas regiões portuguesas que deixaram de pertencer ao objectivo da política europeia de coesão destinado às regiões em atraso, Lisboa e o Algarve – são igualmente lugares significativos em termos de relevo da imigração. Apesar das suas diferenças (a primeira é uma grande região metropolitana, a outra é uma região assente na economia do turismo de praia), elas têm em comum o facto de registarem os mais elevados saldos migratórios, combinados, aliás, com saldos naturais distintos (Quadro 52 e Gráfico 12).

Ou seja, ainda que a imigração portuguesa apresente traços de assinalável concentração, e apesar do impacto territorial diferenciado que neste sentido assumem as novas vagas de imigração, é inegável que – em termos regionais

– os resultados do fenómeno imigratório podem ser muito relevantes, contribuindo para inverter trajectórias de declínio que de outro modo tenderiam
provavelmente a manter-se, mesmo nos casos em que – em termos absolutos
– a imigração não é apreciável do ponto de vista quantitativo global.

QUADRO 52. Evolução regional das taxas de crescimento demográfico,
natural e migratório (2000-2007)

(Percentagem)

	2000	2001	2002	2003	2004	2005	2006	2007	Média
Crescimento demográfico	**0,6**	**0,7**	**0,8**	**0,6**	**0,5**	**0,4**	**0,3**	**0,2**	**0,5**
Norte	0,6	0,7	0,7	0,5	0,4	0,3	0,2	0,0	0,4
Centro	0,6	0,6	0,6	0,5	0,4	0,3	0,1	0,0	0,4
Lisboa	0,7	0,9	1,0	0,9	0,7	0,6	0,5	0,5	0,8
Alentejo	0,1	0,1	0,2	-0,1	0,0	-0,2	-0,2	-0,4	-0,1
Algarve	2,0	2,0	1,9	1,7	1,5	1,3	1,1	1,2	1,6
Reg. Aut. Açores	-0,1	0,2	0,5	0,5	0,5	0,5	0,3	0,4	0,4
Reg. Aut. Madeira	-0,3	0,2	0,4	0,7	0,5	0,4	0,3	0,4	0,3
Saldo Natural	**0,1**	**0,1**	**0,1**	**0,0**	**0,1**	**0,0**	**0,0**	**0,0**	**0,1**
Norte	0,4	0,3	0,3	0,2	0,2	0,1	0,1	0,1	0,2
Centro	-0,1	-0,2	-0,2	-0,3	-0,2	-0,3	-0,2	-0,3	-0,2
Lisboa	0,3	0,2	0,2	0,2	0,2	0,2	0,2	0,2	0,2
Alentejo	-0,4	-0,5	-0,5	-0,6	-0,4	-0,5	-0,5	-0,5	-0,5
Algarve	-0,1	-0,1	-0,1	0,0	0,0	0,0	0,1	0,1	0,0
Reg. Aut. Açores	0,4	0,2	0,2	0,2	0,2	0,2	0,2	0,3	0,2
Reg. Aut. Madeira	0,2	0,2	0,2	0,2	0,2	0,1	0,1	0,1	0,2
Saldo Migratório	**0,5**	**0,6**	**0,7**	**0,6**	**0,5**	**0,4**	**0,3**	**0,2**	**0,5**
Norte	0,3	0,4	0,4	0,4	0,2	0,2	0,1	0,0	0,2
Centro	0,7	0,8	0,9	0,8	0,6	0,5	0,4	0,3	0,6
Lisboa	0,4	0,7	0,8	0,7	0,5	0,4	0,3	0,3	0,5
Alentejo	0,6	0,6	0,7	0,5	0,4	0,3	0,2	0,1	0,4
Algarve	2,1	2,1	1,9	1,8	1,5	1,3	1,1	1,1	1,6
Reg. Aut. Açores	-0,4	0,0	0,3	0,3	0,3	0,2	0,1	0,2	0,1
Reg. Aut. Madeira	-0,5	0,0	0,2	0,6	0,4	0,3	0,1	0,3	0,2

Fonte: INE, Estatísticas Demográficas (2000-2007)

GRÁFICO 12. Média das taxas anuais de crescimento demográfico, natural e migratório, por regiões (2000-2007)

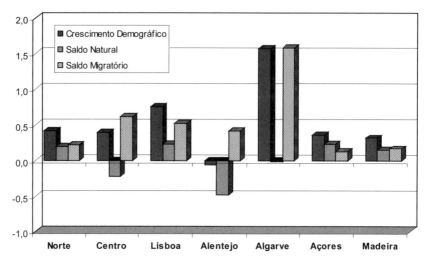

Fonte: INE, Estatísticas Demográficas (2000-2007)

O Quadro 53 e a Figura 5 procuram justamente dar conta da expressão territorial do peso percentual dos imigrantes na população residente total nas NUTS III em 2007. No conjunto, são cinco os distritos do Continente onde os imigrantes assumem – face à população total residente por distritos – um peso igual ou superior a 3% (quer dizer, a 3/4 da média nacional de 4,1%, uma média que é muito desequilibrada pelo peso de dois desses distritos, Lisboa e Faro). O distrito de Faro destaca-se particularmente, com uma percentagem de 17% de imigrantes no total da população residente, seguindo-se-lhe o distrito de Lisboa, com 8%. Os restantes três distritos, com valores iguais ou superiores a 3%, correspondem aos casos de Setúbal, Coimbra e Beja, registando a Madeira e o distrito de Leiria situações muito próximas deste valor (2,9 e 2,7%).

Nestes termos, pode dizer-se que territórios do país, cujas estruturas económicas e sociais são diferentes do espaço metropolitano de Lisboa e da economia do turismo algarvia (onde se concentravam os primeiros fluxos de imigração), aumentam os seus pesos no total nacional em resultado dos mais recentes fluxos migratórios, que os dados posteriores a 2000 testemunham. É assim quando se trata dos espaços de urbanização e industrialização difusa, com forte especialização industrial, como Aveiro, Braga, Leiria e mesmo

Viseu, que representam no seu conjunto 7% da imigração residente em 2007 (quando em 1999 o valor equivalente rondava apenas os 2%). E é assim também quando olhamos o Alentejo (que passa de 1,6% para 2,5% no mesmo

QUADRO 53. Percentagem de imigrantes Residentes e Índice Territorial de Imigração, por distritos (2007)

	População Residente Total		Imigrantes Residentes		Imigrantes / Pop. Residente (%)	Índice Territorial de Imigração
	Nº	%	Nº	%		
Norte	**3 294 006**	**31**	**43 491**	**10**	**1,3%**	**0,3**
Braga	862 191	8	8 562	2	1,0%	0,2
Bragança	142 049	1	1 545	0	1,1%	0,3
Porto	1 820 752	17	28 013	6	1,5%	0,4
Viana do Castelo	251 676	2	3 364	1	1,3%	0,3
Vila Real	217 338	2	2 007	0	0,9%	0,2
Centro	**2 879 323**	**27**	**62 673**	**14**	**2,2%**	**0,5**
Aveiro	734 195	7	17 130	4	2,3%	0,6
Castelo Branco	199 094	2	2 967	1	1,5%	0,4
Coimbra	434 311	4	14 508	3	3,3%	0,8
Guarda	172 304	2	2 360	1	1,4%	0,3
Leiria	479 499	5	12 866	3	2,7%	0,7
Santarém	466 011	4	8 558	2	1,8%	0,4
Viseu	393 909	4	4 284	1	1,1%	0,3
Lisboa	**3 086 145**	**29**	**232 337**	**53**	**7,5%**	**1,8**
Lisboa	2 232 700	21	188 516	43	8,4%	2,1
Setúbal	853 445	8	43 821	10	5,1%	1,3
Alentejo	**441 020**	**4**	**10 848**	**2**	**2,5%**	**0,6**
Beja	153 091	1	4 623	1	3,0%	0,7
Évora	169 788	2	3 829	1	2,3%	0,5
Portalegre	118 141	1	2 396	1	2,0%	0,5
Algarve	**426 386**	**4**	**74 335**	**17**	**17,4%**	**4,2**
Faro	426 386	4	74 335	17	17,4%	4,2
Continente	**10 126 880**	**95**	**423 684**	**97**	**4,2%**	**1,0**
Reg. Aut. Açores	244 006	2	4 830	1	2,0%	0,5
Reg. Aut. Madeira	246 689	2	7 222	2	2,9%	0,7
TOTAL	**10 617 575**	**100**	**435 736**	**100**	**4,1%**	**1,0**

Fonte: INE, Estatísticas Demográficas; SEF

período), onde a primeira associação a fazer é entre imigração e agricultura de maior dimensão e maior ligação ao mercado. Nesta mesma linha, Santarém (que passa de 0,3 para 1,8%) pode ser associado a uma tendência idêntica, embora a sua condição de prolongamento da área metropolitana de Lisboa também possa ser invocada. Os territórios continentais onde se conjuga menor industrialização, com menor urbanização, menos população e maior afastamento face aos centros mais dinâmicos (Viana do Castelo, Guarda ou Castelo Branco) alinham pela mesma tendência, embora com uma intensidade mais reduzida.

FIGURA 5. Indicadores do peso da distribuição territorial dos imigrantes residentes (2007)

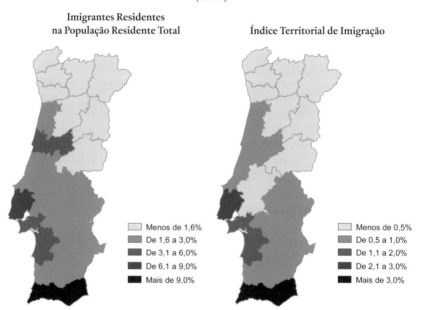

Fonte: INE, Estatísticas Demográficas; SEF

A inscrição territorial da imigração, quando equacionada simultaneamente pelo modo como ela própria se distribui, bem como pelo seu significado no total da população residente, pode ser ilustrada através de um índice, o *Índice Territorial de Imigração*, que procura aferir a relação entre o peso de um dado espaço infra-nacional no volume nacional de imigrantes e o peso demográfico desse espaço na população nacional. Ou seja, quando esta relação traduz valores abaixo da unidade, significa que o peso dos imigrantes num dado espaço é inferior ao peso que esse espaço assume em termos demográficos face ao total nacional – e estamos assim perante um território onde a relevância da imigração se situa, nestes termos, abaixo do valor de referência do país. Consequentemente, valores superiores à unidade expressam dinâmicas espaciais de imigração significativas, acima do padrão nacional.

O cálculo do Índice Territorial de Imigração para o ano de 2007 evidencia o modo como se destaca, de acordo com esta perspectiva, a Grande Lisboa (com um valor de 2,1) e o Algarve (4,2), as únicas regiões com valores acima da unidade (Quadro 53 e Figura 5). Em ambas as situações, a incidência da relevância territorial da imigração é assinalável, duplicando face ao valor de referência nacional no caso de Lisboa e, no caso de Faro, quadruplicando face a esse mesmo valor.

Aliás, é a circunstância de este índice assumir valores tão elevados nestas duas regiões que faz com que as restantes acabem por assumir valores inferiores à unidade. O Alentejo e a Região Centro alcançam, respectivamente, os valores de 0,6 e 0,5, cabendo à Região Norte o valor menos expressivo, situado em 0,3. Acima deste valor, de facto, vamos encontrar as regiões da Madeira e dos Açores com, respectivamente, índices na ordem dos 0,7 e 0,5.

Por distritos, a analise dos valores obtidos tende a reflectir o panorama observado ao nível das regiões. Lisboa, Faro e Setúbal são os únicos distritos que assumem valores superiores à unidade (respectivamente 2,1; 4,2 e 1,3), seguindo-se-lhes – com valores mais próximos, os casos de Coimbra e Leiria na Região Centro (com 0,8 e 0,7) e os distritos do Alentejo (Beja, Évora e Portalegre) que atingem Índices Territoriais de Imigração entre 0,5 e 0,7. Todos os restantes distritos assumem valores iguais ou inferiores a 0,6, cabendo a Braga e a Vila Real os mais baixos índices verificados no conjunto, situados em 0,2.

Os indicadores da distribuição territorial da imigração permitem-nos ainda assinalar, considerando um período mais recente, a tendência para uma ligeira alteração dos padrões de distribuição espacial acabados de referir. De facto, em paralelo com a ligeira quebra registada entre 2004 e 2007, situada em 2,5%, no total de cidadãos estrangeiros a residir em Portugal (que passam de cerca de 447 mil para um valor aproximado de 435 mil), constata-se a tendência para um reforço, ainda que ténue, da concentração territorial da imigração nos distritos da Grande Lisboa e do Algarve[24].

Se atendermos ao facto de esta diminuição do contingente total de cidadãos estrangeiros residentes em Portugal não ser indissociável da redução – em cerca de 20% – da imigração de Leste (que passa de cerca de 109 mil residentes, em 2004, para aproximadamente 88 mil, em 2007), compreendemos o impacto distinto que esta alteração assume para os diferentes distritos do país. De facto, tratando-se de uma imigração que apresenta maior capacidade de dispersão no território, a redução do seu volume traduz-se num ligeiro aumento do peso relativo de espaços em que a imigração menos recente, e por isso mais consolidada (nomeadamente a originária de países da União Europeia e de países lusófonos), apresenta tradicionalmente maior tendência para a concentração territorial.

4. Conclusão

Os dados e a discussão anterior mostram-nos que a imigração em Portugal se caracterizou sempre, e continua a caracterizar-se, por uma elevada tendência de aglomeração geográfica. Trata-se, em primeiro lugar, de uma aglomeração metropolitana, pois é efectivamente para a Grande Lisboa que converge mais de metade dos imigrantes. O outro pólo significativo é uma região de atracção turística, o Algarve. Mas a distribuição da imigração com o território combina, no entanto, uma certa dose de estabilidade estrutural (relacionada com as características anteriores), com alguma mudança. Trata-se, neste último caso, da difusão de imigrantes por todo o país, com uma alteração original da paisagem humana.

Esta mudança da relação da imigração com o território é, como vimos, particularmente notória se distinguirmos duas fases da imigração recente, as quais têm tradução na informação estatística disponível. Deste ponto de vista, é o ano 2000 que marca os limites. Até 2000, os imigrantes legalizavam a sua situação no país através da obtenção de uma *Autorização de Residência*. A partir de 2001, inclusive, a superação da condição ilegal de largos e sucessivos contingentes de imigrantes passou a fazer-se pela concessão de *Autorizações de Permanência*. Por isso, os cerca de 200 mil cidadãos estrangeiros

---

[24] A percentagem de imigrantes face ao total da população residente nos distritos de Lisboa, Setúbal e Faro, que se situava em cerca de 23% em 2004 passa a rondar os 25% em 2007.

legalizados (detentores de Autorizações de Residência) e referenciados pelas estatísticas oficiais em 2000, mais do que duplicaram em 2004 (para cerca de 450 mil). Nos anos subsequentes, a conversão de um elevado número de Autorizações de Permanência em Títulos de Residência consolidou o vínculo que liga estes cidadãos estrangeiros recém chegados ao nosso país.

Ou seja, e pese embora o facto de Lisboa e do Algarve se continuarem a evidenciar como pólos principais da imigração portuguesa, a grande vaga de entrada de cidadãos estrangeiros registada recentemente integrou-se em diferentes realidades socioeconómicas – das periferias frágeis às dinâmicas metropolitanas – difundindo-se no território. Esta é, aliás, uma das principais características dos fluxos mais recentes da imigração para o nosso país, juntamente com o seu carácter massivo e repentino. Antes de meados dos anos noventa, os trabalhadores estrangeiros localizavam-se dominantemente em Lisboa e a imigração africana era a mais significativa. A outra característica dos novos contingentes de estrangeiros residentes em Portugal é que eles passam a ter origens geográficas diversas.

A relevância dos traços desta nova geografia da imigração portuguesa para os mercados de trabalho nacional e locais e para as dinâmicas de desenvolvimento económico é-nos dada, antes de mais, pelo seu volume. Mas é-nos dada também, para além dos novos contornos da inscrição territorial da imigração, pela sua natureza demográfica. O facto, que sublinhámos neste capítulo, de a população imigrante, pela própria natureza do processo imigratório, se repartir por faixas etárias diferentes das do conjunto da população residente mostra como as questões demográficas e as do "fornecimento" do mercado do trabalho se conjugam de modo intenso.

Importa por isso, na perspectiva dos mercados de trabalho, analisar em que medida os perfis da mão-de-obra traduzem importantes contributos para as dinâmicas de desenvolvimento económico nacional e local, bem como avaliar os impactos associados aos seus níveis de escolaridade, qualificação e experiência profissional.

CAPÍTULO V

PERFIS DO TRABALHO NACIONAL
E DO TRABALHO IMIGRANTE

Este capítulo concentra-se numa das finalidades mais específicas da investigação realizada. Trata-se de observar a inserção dos imigrantes no mercado do trabalho e, concretamente, no mercado do trabalho formal. A análise diferencia-se da que foi feita até aqui porque se centra em informação primária, constante de bases de dados, e não em informação disponibilizada pelas autoridades estatísticas. De facto, ela resulta da aquisição de informação junto do Ministério do Trabalho e da Segurança Social, relacionada com os Quadro de Pessoal das empresas.

O objectivo substantivo é portanto apreciar as características da mão-de-obra imigrante inserida numa relação salarial e verificar o que é que a distingue da mão-de-obra portuguesa. Por outro lado, procura-se igualmente saber como é que o trabalho estrangeiro vai influenciar os contextos de acolhimento: territórios e sectores.

1. O universo de referência: 152 mil imigrantes em 2,6 milhões de trabalhadores por conta de outrem

A informação que usamos neste capítulo refere-se a um número total de cerca de 2.560 mil trabalhadores por conta de outrem registados em 2002 e de cerca de 2.850 mil contabilizados em 2005, o que traduz portanto um aumento de cerca de 11% em três anos. Este aumento reflecte um valor idêntico quando analisamos a variação percentual do número de trabalhadores com nacionalidade portuguesa por conta de outrem (11%), situando-se porém em 29% o aumento verificado no número de trabalhadores estrangeiros. Assim, face ao volume de mão-de-obra considerado em 2002, assinale-se que 118.202 trabalhadores são estrangeiros, valor que – em 2005 – passa a atingir os 152.335. Ou seja, em três anos o número de trabalhadores por conta de outrem de nacionalidade estrangeira passa de uma representatividade no total de trabalhadores por conta de outrem de 4,6% (em 2002), para 5,3% (em 2005).

114 IMIGRANTES EM PORTUGAL

A mão-de-obra estrangeira por conta de outrem é proveniente de cerca de 60 nacionalidades[25], que se agregam em conjuntos relevantes[26], nos termos a que se refere a organização estabelecida no Quadro 47. Face à informação disponível, constata-se portanto que os trabalhadores estrangeiros representam cerca de 5% da força de trabalho registada nos Quadros de Pessoal, sendo interessante observar uma similitude desta representatividade em termos demográficos, ou seja quanto ao peso dos imigrantes na população residente (igualmente em torno de 5%, como assinalado nos capítulo anteriores).

Em segundo lugar, constata-se também que os trabalhadores do Leste europeu constituem uma das fracções mais importantes no conjunto de trabalhadores imigrantes por conta de outrem, representando quase 36% do total em 2005, seguindo-se os imigrantes oriundos da Comunidade de Países de Língua Oficial Portuguesa (CPLP), designadamente os imigrantes provenientes dos países africanos de língua portuguesa, que representam, no mesmo ano, cerca de 29% do total de trabalhadores estrangeiros por conta de outrem.

Quer dizer, esta fonte de informação já reflecte bem a emergência da nova realidade do mercado de trabalho que resultou da recente vaga de imigração europeia, mesmo quando o peso da mão-de-obra imigrante proveniente dos países Lusófonos registou um aumento em 2005 face aos valores observados em 2002, no universo de trabalhadores estrangeiros (de 41 para 49%).

---

[25] De acordo com as possibilidades previstas no preenchimento do instrumento de notação em vigor no ano em questão.

[26] A agregação das nacionalidades obedeceu a critérios relacionados com as principais proveniências da imigração para Portugal, sendo neste sentido considerados como: *a) Europeus*: os trabalhadores de nacionalidade de algum país do continente Europeu, com excepção para Portugal; *b) Europeus (UE 25)*: os trabalhadores estrangeiros provenientes dos países que integravam, em 2002, a União Europeia; *c) Europeus de Leste*: os trabalhadores com nacionalidade de países do Leste Europeu, tal como anteriormente definido, sendo todavia excluídos os países da Europa de Leste membros da União Europeia; *d) Lusófonos*: trabalhadores nacionais dos Países Africanos de Língua Portuguesa, Brasil e Timor-Loro-sae; *e) Outras Nacionalidades*.

QUADRO 54. Trabalhadores por conta de outrem segundo a nacionalidade
(2002 e 2005)

	2002			2005		
	Nº	% (Total)	% (Estrangeiros)	Nº	% (Total)	% (Estrangeiros)
PORTUGUESES	2 446 246	95,4%		2 701 962	94,7%	
ESTRANGEIROS	118 202	4,6%	100,0%	152 335	5,3%	100,0%
Europeus	61 367	2,4%	51,9%	66 206	2,3%	43,5%
União Europeia (UE 25)	8 195	0,3%	6,9%	11 536	0,4%	7,6%
Leste Europeu (sem UE25)	53 002	2,1%	44,8%	54 635	1,9%	35,9%
Outros	170	0,0%	0,1%	35	0,0%	0,0%
Países Lusófonos	48 972	1,9%	41,4%	74 980	2,6%	49,2%
Brasil	19 233	0,7%	16,3%	31 248	1,1%	20,5%
Países Africanos	29 702	1,2%	25,1%	43 695	1,5%	28,7%
Outros	37	0,0%	0,0%	37	0,0%	0,0%
Outros	7 863	0,3%	6,7%	11 149	0,4%	7,3%
TOTAL	2 564 448	100%	100%	2 854 297	100%	100%

Fonte: DGEEP-MTSS, Quadros de Pessoal, 2002/05

GRÁFICO 13. Evolução do número de trabalhadores imigrantes segundo
o continente de origem (2002-2005)

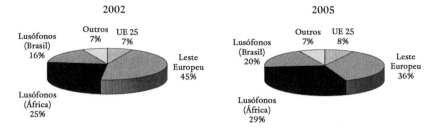

Fonte: DGEEP-MTSS, Quadros de Pessoal, 2002/05

No seu conjunto, os trabalhadores provenientes dos países do Leste Europeu[27] e os trabalhadores provenientes dos países lusófonos africanos, perfazem cerca de 70% da mão-de-obra por conta de outrem imigrante em 2002 e cerca de 65% em 2005. Os imigrantes brasileiros por conta de outrem representam aliás o terceiro segmento de mão-de-obra mais relevante, tendo aumentado o seu peso percentual em 4% entre 2002 e 2005 (ano em que representam cerca de 20% do total de trabalhadores imigrantes nesta situação perante o trabalho).

2. Perfis de habilitações, qualificações e competências

Antes de se proceder à análise dos impactos sociais e económicos que decorrem da distribuição dos trabalhadores imigrantes por conta de outrem em diferentes espaços do país, procuramos de seguida traçar os seus perfis relativamente a algumas dimensões importantes, e que traduzem, de resto, o significado que esses mesmos impactos podem assumir no que concerne à qualificação e competitividade dos tecidos económicos locais.

2.1. *Habilitações Escolares*

É um pressuposto corrente, ilustrado por muitas histórias singulares, que os imigrantes recentes chegam ao nosso país com capacidades escolares significativas. Esta é, evidentemente, uma questão central para apreciarmos o impacto do processo imigratório na economia e na sociedade. O exercício que se segue é o da de comparação entre os níveis de habilitações escolares dos trabalhadores por conta de outrem, nacionais e estrangeiros, através da informação do MTSS (Quadros 55 e 56). Trata-se de um exercício fortemente condicionado pela circunstância de ser significativo o número de trabalhadores estrangeiros cujo grau de habilitações é desconhecido (9% em 2002 e 13% em 2005, sendo que, no caso dos trabalhadores por conta de outrem portugueses, estes valores se restringem a, respectivamente, 3% em 2002 e 0,2% em 2005). Este dado merece ser sublinhado, porque ele é ilustrativo da "opacidade" das habilitações dos imigrantes, à chegada.

Feita esta importante ressalva, pode contudo constatar-se (se contabilizarmos portanto apenas os trabalhadores estrangeiros e nacionais cujo nível de

---

[27] A análise da informação constante dos Quadros de Pessoal não inclui na categoria relativa ao Leste Europeu os países desta região do globo que entretanto se tornaram membros da União Europeia. Este dado deve ser por isso tido em conta na generalidade das tabelas e gráficos deste capítulo.

PERFIS DO TRABALHO NACIONAL E DO TRABALHO IMIGRANTE · 117

QUADRO 55. Trabalhadores por conta de outrem segundo o grau de habilitações
e a nacionalidade (2002-2005)

	Ignor.	Ensino Básico					Ensino Secund.	Ensino Superior			TOTAL
		Total	1º Ciclo	2º Ciclo	3º Ciclo	Indef.		Total	Bacharelato	Licenciatura	
2002											
PORTUGUESES	75 070	1 739 121	710 307	534 377	445 694	48 743	418 707	213 348	53 501	159 847	2 446 246
ESTRANGEIROS	10 523	81 593	34 303	17 802	21 187	8 301	18 971	7 115	2 206	4 909	118 202
Europeus	6 658	39 731	15 166	9 100	11 247	4 218	10 288	4 690	1 523	3 167	61 367
União Europeia (UE 25)	547	3 071	656	822	1 452	141	2 053	2 524	891	1 633	8 195
Leste Europeu	6 101	36 580	14 483	8 257	9 770	4 070	8 197	2 124	619	1 505	53 002
Outros	10	80	27	21	25	7	38	42	13	29	170
Países Lusófonos	3 175	36 312	16 577	7 702	8 725	3 308	7 659	1 826	504	1 322	48 972
Brasil	1 482	12 359	4 134	3 480	4 140	605	4 492	900	240	660	19 233
Países Africanos	1 692	23 927	12 431	4 215	4 579	2 702	3 162	921	263	658	29 702
Outros	1	26	12	7	6	1	5	5	1	4	37
Outros	690	5 550	2 560	1 000	1 215	775	1 024	599	179	420	7 863
TOTAL	85 593	1 820 714	744 610	552 179	466 881	57 044	437 678	220 463	55 707	164 756	2 564 448
2005											
PORTUGUESES	5 218	1 874 609	670 449	592 177	569 009	42 974	516 646	305 489	68 039	237 450	2 701 962
ESTRANGEIROS	19 142	97 690	37 064	22 555	29 922	8 149	25 567	9 936	2 767	7 169	152 335
Europeus	9 401	38 357	11 572	9 785	13 637	3 363	12 163	6 215	1 915	4 300	66 136
União Europeia (UE 25)	1 044	4 120	852	1 015	2 127	126	2 683	3 689	1 184	2 505	11 536
Leste Europeu	8 333	34 146	10 703	8 744	11 469	3 230	9 425	2 461	715	1 746	54 365
Outros	24	91	17	26	41	7	55	65	16	49	235
Países Lusófonos	9 738	52 376	22 839	11 261	14 452	3 824	11 884	2 863	633	2 230	76 861
Brasil	3 617	19 247	5 504	5 518	7 579	646	7 004	1 380	326	1 054	31 248
Países Africanos	4 237	33 111	17 331	5 741	6 861	3 178	4 871	1 476	305	1 171	43 695
Outros	1 884	18	4	2	12		9	7	2	5	1 918
Outros	3	6 957	2 653	1 509	1 833	962	1 520	858	219	639	9 338
TOTAL	24 360	1 972 299	707 513	614 732	598 931	51 123	542 213	315 425	70 806	244 619	2 854 297
VARIAÇÃO 2002/05											
Portugueses	-93,0%	7,8%	-5,6%	10,8%	27,7%	-11,8%	23,4%	43,2%	27,2%	48,5%	10,5%
Estrangeiros	81,9%	19,7%	8,0%	26,7%	41,2%	-1,8%	34,8%	39,6%	25,4%	46,0%	28,9%
TOTAL	-71,5%	8,3%	-5,0%	11,3%	28,3%	-10,4%	23,9%	43,1%	27,1%	48,5%	11,3%

Fonte: DGEEP-MTSS, Quadros de Pessoal, 2002/05

118 IMIGRANTES EM PORTUGAL

habilitações é conhecido), uma certa similitude de perfis (Quadro 56). Com efeito, cerca de 70% dos trabalhadores por conta de outrem possuem ou frequentaram o ensino básico (70% no caso da mão-de-obra nacional e 73% no caso da mão-de-obra estrangeira), situando-se em cerca de 20% o número de trabalhadores com o ensino secundário (tanto num como noutro caso) e em cerca de 11% os trabalhadores por conta de outrem com formação superior (11% no caso da mão-de-obra nacional e cerca de 8% no caso da mão-de-obra estrangeira, quando considerada globalmente).

Quadro 56. Distribuição dos graus de escolaridade segundo a nacionalidade (2005)
(Percentagem)

	Ensino Básico				Ensino Secund.	Ensino Superior			TOTAL (Sem ignorados)
	Total	1º Ciclo	2º Ciclo	3º Ciclo		Total	Bacharelato	Licenciatura	
PORTUGUESES	**69,5**	**25,4**	**22,5**	**21,6**	**19,2**	**11,3**	**2,5**	**8,8**	100
ESTRANGEIROS	**73,3**	**30,5**	**18,4**	**24,4**	**19,2**	**7,5**	**2,1**	**5,4**	100
Europeus	**67,6**	**22,4**	**18,9**	**26,3**	**21,4**	**11,0**	**3,4**	**7,6**	100
União Europeia (UE 25)	39,3	8,4	10,0	20,9	25,6	35,2	11,3	23,9	100
Leste Europeu	74,2	25,7	21,0	27,5	20,5	5,3	1,6	3,8	100
Outros	43,1	8,7	13,3	21,1	26,1	30,8	7,6	23,2	100
Países Lusófonos	**78,0**	**37,1**	**18,0**	**23,0**	**17,7**	**4,3**	**0,9**	**3,3**	100
Brasil	69,7	20,6	20,7	28,4	25,3	5,0	1,2	3,8	100
Países Africanos	83,9	48,6	16,1	19,2	12,3	3,7	0,8	3,0	100
Outros	52,9	11,8	5,9	35,3	26,5	20,6	5,9	14,7	100
Outros	**74,5**	**33,0**	**18,8**	**22,8**	**16,3**	**9,2**	**2,3**	**6,8**	100
TOTAL	**69,7**	**25,7**	**22,3**	**21,7**	**19,2**	**11,1**	**2,5**	**8,6**	100

Fonte: DGEEP-MTSS, Quadros de Pessoal, 2005

De acordo com os dados disponíveis, entre 2002 e 2005 verificou-se portanto uma qualificação generalizada do trabalho por conta de outrem. O contingente de mão-de-obra com formação superior aumenta cerca de 43% (40% no caso dos trabalhadores estrangeiros e 43% no caso da mão-de-obra nacional), e a proporção de trabalhadores por conta de outrem com o ensino secundário aumenta cerca de 24% (sendo neste caso relevante o acréscimo verificado no número de trabalhadores estrangeiros com o ensino secundário, em 35%, enquanto que no caso dos trabalhadores por conta de outrem nacionais esse aumento se situa em 23%). No caso do ensino básico, o contingente de mão-de-obra aumenta apenas 8% (inferior portanto ao aumento global de trabalhadores por conta de outrem neste período, em 11%), sendo mais relevante no caso da mão-de-obra estrangeira (cerca de 20%), do que no caso da mão-de-obra nacional (8%).

O primeiro dado a reter é assim o da semelhança relativa entre os perfis de habilitações escolares dos trabalhadores nacionais e estrangeiros, quando consideramos estes últimos na sua globalidade. No 1º e 3º ciclos do ensino básico a percentagem de trabalhadores estrangeiros tende a ser ligeiramente superior à verificada no caso da mão-de-obra nacional. No ensino secundário a proporção apresenta-se idêntica e, no tocante à formação superior (Bacharelato e Licenciatura), o peso dos trabalhadores por conta de outrem portugueses é ligeiramente superior, sobretudo no caso da Licenciatura (Gráfico 14).[28]

GRÁFICO 14. Trabalhadores por conta de outrem nacionais e estrangeiros, segundo o grau de ensino (2005)

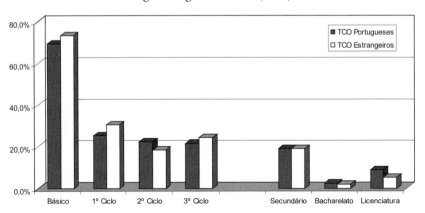

Fonte: DGEEP-MTSS, Quadros de Pessoal, 2005

---

[28] Relativamente aos trabalhadores por conta de outrem em que não é possível identificar o ciclo de ensino básico concluído ou frequentado (coluna "Indefinido" no Quadro 55), optou-se pela sua distribuição de acordo com a proporção encontrada para os três ciclos de ensino, em cada nacionalidade.

Todavia, ao considerarmos os trabalhadores por conta de outrem estrangeiros segundo a sua proveniência geográfica (excluindo novamente os casos de habilitação escolar ignorada e distribuindo proporcionalmente os casos indefinidos do ensino básico), começamos a constatar algumas diferenciações. Como mostra o Gráfico 15, os trabalhadores europeus (União Europeia a 25) destacam-se pelo peso comparativo de mão-de-obra com o 3º ciclo do ensino básico e com o ensino secundário (21 e 26% respectivamente), níveis em que os trabalhadores nacionais representam, respectivamente, 22 e 19% do total.

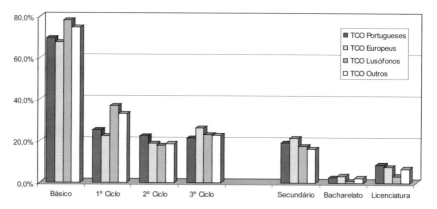

GRÁFICO 15. Trabalhadores por conta de outrem segundo a nacionalidade (portugueses, europeus, lusófonos e outros) e o grau de ensino (2005)

Fonte: DGEEP-MTSS, Quadros de Pessoal, 2005

Com menores graus de qualificação, pelo peso que assumem ao nível do 1º ciclo do ensino básico e ao nível da formação superior, surgem os trabalhadores por conta de outrem de países lusófonos, com uma forte expressão no primeiro caso: 37% da mão-de-obra proveniente destes países tem apenas o 1º ciclo do ensino básico (enquanto que no caso da mão-de-obra nacional este valor é de 25%); e com valores comparativamente baixos ao nível da formação superior (cerca de 4%, valor que para os trabalhadores por conta de outrem portugueses ascende a 11%).

Considerando os dois subconjuntos geográficos mais relevantes da imigração portuguesa, ou seja, os países da Europa de Leste e o Brasil, verificamos que em 2005 (tanto num como noutro caso), o peso percentual de trabalhadores com o 3º ciclo de ensino básico e com o ensino secundário é superior ao que se observa em relação aos trabalhadores portugueses (cerca de 48% no caso da Europa de Leste e 54% no caso do Brasil, contra os 41% registados pelos trabalhadores nacionais). Em compensação, no que se refere à formação superior os trabalhadores portugueses apresentam uma vantagem comparativa, expressa no peso percentual de 11%, superior aos valores registados pelos trabalhadores por conta de outrem da Europa de Leste e do Brasil, que rondam os 5% (Gráfico 16).

Gráfico 16. Trabalhadores por conta de outrem portugueses e da Europa de Leste e do Brasil, segundo o grau de ensino (2005)

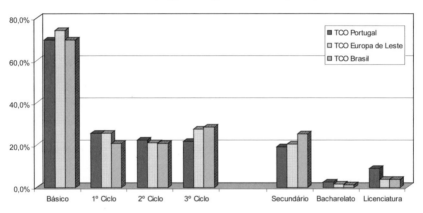

Fonte: DGEEP-MTSS, Quadros de Pessoal, 2005

Uma análise global e ponderada da distribuição dos trabalhadores por conta de outrem segundo os diferentes graus de ensino é-nos dada pelo *Índice de Escolaridade*[29]. Este índice, medido em anos, permite-nos considerar – desde logo – que em 2005 a média global de escolaridade ronda os 8,4 anos (valor

---

[29] No cálculo deste índice não foram considerados os trabalhadores por conta de outrem incluídos na categoria "Ignorados". Por níveis de ensino, os valores de ponderação foram os seguintes: 1º Ciclo Ensino Básico – 4 anos; 2º Ciclo Ensino Básico – 6 anos; 3º Ciclo Ensino Básico – 9 anos; Ensino Secundário – 12 anos; Bacharelato – 15 anos, e; Licenciatura – 16,5 anos.

122 IMIGRANTES EM PORTUGAL

idêntico ao registado no caso dos trabalhadores nacionais, e que se situa em 8,0 no caso dos trabalhadores estrangeiros).

No caso dos imigrantes europeus, o Índice de Escolaridade assume um valor superior à média (e portanto superior também ao índice obtido pelos trabalhadores por conta de outrem portugueses), de 8,7, e que se eleva a quase 12 anos no caso dos imigrantes da União Europeia (UE 25), a 8,1 anos no caso dos imigrantes do Leste Europeu e a cerca de 11 anos no caso de outros países europeus (Quadro 57 e Gráfico 17).

QUADRO 57. Índice de Escolaridade dos trabalhadores por conta de outrem, segundo a nacionalidade (2005)

	TRABALHADORES POR CONTA DE OUTREM											
			Estrangeiros									
				Países Europeus				Países Lusófonos				
	TOTAL	Portugueses	Total	Total	UE 25	Leste Europeu	Outros	Total	Brasil	Países Africanos	Outros	Outros
Total	2 804 423	2 696 744	107 679	54 709	7 648	46 901	160	45 797	17 751	28 010	36	7 173
Índice Escolaridade	8,4	8,4	8,0	8,7	11,5	8,1	11,1	7,5	8,5	6,7	10,5	7,9

Fonte: DGEEP-MTSS, Quadros de Pessoal, 2005

Os imigrantes dos países lusófonos, no seu conjunto, apresentam um Índice de Escolaridade de 7,5 anos (ou seja, cerca de menos um ano de escolaridade, em média, relativamente ao valor global e nacional observado), sendo que o valor dos trabalhadores por conta de outrem de nacionalidade brasileira (8,5 anos) se equipara ao que é obtido pelos trabalhadores portugueses. Já no caso dos países africanos da CPLP, o Índice de Escolaridade queda-se em 6,7, revelando assim uma escolaridade média que é inferior em dois anos à que se observa globalmente, tal como em relação à que se regista quando consideramos os trabalhadores por conta de outrem portugueses.

Verificando-se uma tendência para que os trabalhadores por conta de outrem nacionais expressem um perfil de distribuição segundo as habilitações escolares mais favorável que os perfis observados quando consideramos os trabalhadores por conta de outrem estrangeiros, ao estabelecermos os Índices de Escolaridade para o ano de 2005 verificamos contudo que apenas os imigrantes dos países lusófonos africanos se encontram numa situação claramente mais desfavorável, ao mesmo tempo que os imigrantes europeus (sobretudo da UE 25 e de países da Europa que não do Leste Europeu) superam – em termos de número médio de anos de escolaridade – o valor registado pelos efectivos da mão-de-obra nacional. Sendo este o quadro geral das habilitações escolares, analisaremos – no capítulo seguinte – os contextos territoriais em que estas diferenças adquirem maior relevância, nomeadamente no que concerne ao seu potencial contributo na qualificação dos mercados locais de emprego.

GRÁFICO 17. Índice de Escolaridade dos trabalhadores por conta de outrem, segundo a nacionalidade (2005)

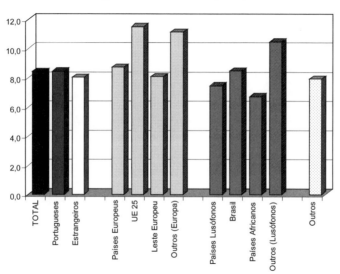

Fonte: DGEEP-MTSS, Quadros de Pessoal, 2005

2.2. *Qualificações profissionais*

A relação entre habilitações escolares e qualificações profissionais está no centro da questão do aproveitamento, ou não, das capacidades dos imigrantes pela economia. A existência de uma grande discrepância entre os dois níveis aponta para o facto conhecido de estes trabalhadores serem sujeitos a um processo de não reconhecimento e valorização das suas qualidades, originando uma óbvia situação de exploração. À semelhança dos dados relativos às

124   IMIGRANTES EM PORTUGAL

Quadro 58. Trabalhadores por conta de outrem segundo a qualificação profissional e a nacionalidade (2002-2005)

	Ignorado	Quadros Superiores	Quadros Médios	Encarre-gados	Prof. Alt. Qualific.	Prof. Qualif.	Prof. Semi-Qualif.	Prof. Não Qualif.	Pratic. e Aprendiz.	TOTAL
2002										
PORTUGUESES	71 381	125 842	91 361	93 104	160 263	1 062 914	389 868	295 459	156 054	2 446 246
ESTRANGEIROS	6 803	2 794	2 170	1 283	2 452	37 783	15 549	40 216	9 152	118 202
Europeus	2 832	1 719	1 449	648	1 207	18 443	8 298	21 396	5 375	61 367
União Europeia (UE 25)	298	1 380	1 196	377	777	2 412	709	569	477	8 195
Leste Europeu	2 528	305	238	263	416	15 986	7 572	20 810	4 884	53 002
Outros	6	34	15	8	14	45	17	17	14	170
Países Lusófonos	3 401	812	528	548	957	16 725	6 039	16 752	3 210	48 972
Brasil	1 531	389	231	216	481	7 184	2 953	4 377	1 871	19 233
Países Africanos	1 867	418	297	332	476	9 530	3 081	12 365	1 336	29 702
Outros	3	5	0	0	0	11	5	10	3	37
Outros	570	263	193	87	288	2 615	1 212	2 068	567	7 863
TOTAL	78 184	128 636	93 531	94 387	162 715	1 100 697	405 417	335 675	165 206	2 564 448
2005										
PORTUGUESES	134 545	153 955	126 645	105 572	194 639	1 083 688	428 689	341 371	132 858	2 701 962
ESTRANGEIROS	13 424	3 991	2 937	1 981	3 495	51 089	22 330	44 230	8 858	152 335
Europeus	4 300	2 532	1 905	1 020	1 554	23 037	10 048	17 705	4 035	66 136
União Europeia (UE 25)	717	2 096	1 446	509	962	3 538	961	825	482	11 536
Leste Europeu	3 561	396	437	498	575	19 425	9 074	16 858	3 541	54 365
Outros	22	40	22	13	17	74	13	22	12	235
Países Lusófonos	8 023	1 062	746	829	1 545	24 183	10 528	24 130	3 934	74 980
Brasil	2 977	547	333	375	878	11 576	5 286	6 733	2 543	31 248
Países Africanos	5 042	512	409	453	665	12 597	5 236	17 391	1 390	43 695
Outros	4	3	4	1	2	10	6	6	1	37
Outros	1 101	397	286	132	396	3 869	1 754	2 395	889	11 219
TOTAL	147 969	157 946	129 582	107 553	198 134	1 134 777	451 019	385 601	141 716	2 854 297
VARIAÇÃO 2002/05										
Portugueses	88,5%	22,3%	38,6%	13,4%	21,4%	2,0%	10,0%	15,5%	-14,9%	10,5%
Estrangeiros	97,3%	42,8%	35,3%	54,4%	42,5%	35,2%	43,6%	10,0%	-3,2%	28,9%
TOTAL	89,3%	22,8%	38,5%	13,9%	21,8%	3,1%	11,2%	14,9%	-14,2%	11,3%

Fonte: DGEEP-MTSS, Quadros de Pessoal, 2002/05

PERFIS DO TRABALHO NACIONAL E DO TRABALHO IMIGRANTE   125

habilitações escolares, também no caso da informação sobre as qualificações profissionais é de assinalar o volume de casos ignorados (cerca de 5% do total de trabalhadores por conta de outrem nacionais e cerca de 9% do total de trabalhadores estrangeiros, em 2005). Aliás, o peso percentual no total dos trabalhadores em que não é possível conhecer o nível de qualificação profissional cresceu significativamente em relação a 2002.

Considerando a evolução observada entre 2002 e 2005 constata-se a tendência para um aumento significativo dos níveis de qualificação, decorrente quer do acréscimo percentual de trabalhadores que ocupam cargos dirigentes mais relevantes (quadros superiores e quadros médios), quer do aumento de trabalhadores com os mais altos níveis de qualificação (profissionais altamente qualificados e profissionais qualificados). De facto, os quadros superiores e os quadros médios registam um aumento global de quase 30% (rondando esta variação aproximadamente os 40% no caso dos trabalhadores estrangeiros e os 30% no caso dos trabalhadores nacionais). Por seu turno, os acréscimos verificados ao nível dos profissionais qualificados e altamente qualificados é de cerca de 6% entre 2002 e 2005, sendo contudo muito mais elevado no caso dos trabalhadores por conta de outrem estrangeiros (acréscimo de quase 36% neste período) do que no caso dos trabalhadores nacionais por conta de outrem (aumento de cerca de 5%).

As categorias associadas a uma menor qualificação (profissionais não qualificados e praticantes e aprendizes), e pese embora a diminuição dos valores absolutos na última destas categorias entre 2002 e 2005, denotam todavia globalmente um aumento percentual (que é de cerca de 7,7% no caso dos trabalhadores estrangeiros e de aproximadamente 5% no caso dos portugueses).

Como evidencia o Quadro 59 e o Gráfico 18, os profissionais qualificados representam em 2005 o segmento mais relevante (cerca de 42% no total, tal como no caso dos trabalhadores nacionais, e cerca de 37% no caso dos trabalhadores estrangeiros por conta de outrem). Seguem-se-lhes os profissionais semi-qualificados no caso da mão-de-obra nacional por conta de outrem (17%) e os profissionais não qualificados no caso da mão-de-obra estrangeira (32%), comprovando-se assim uma significativa diferença entre habilitações e qualificações.

Comparativamente, por grupos de nacionalidades (Gráfico 19), os trabalhadores portugueses destacam-se essencialmente nas categorias relativas a quadros qualificados (cerca de 42%), e profissionais altamente qualificados (8%). Com um perfil de qualificação relativamente semelhante a este, vamos encontrar os trabalhadores europeus, sendo contudo muito discrepante o seu

QUADRO 59. Distribuição dos níveis de qualificação profissional
segundo a nacionalidade (2005)

(Percentagem)

	Quadros Superiores	Quadros Médios	Encarregados	Prof. Alt. Qualific.	Prof. Qualif.	Prof. Semi-Qualif.	Prof. Não Qualif.	Pratic. e Aprendiz.	TOTAL (Sem Ignorados)
PORTUGUESES	6,0	4,9	4,1	7,6	42,2	16,7	13,3	5,2	100
ESTRANGEIROS	2,9	2,1	1,4	2,5	36,8	16,1	31,8	6,4	100
Europeus	4,1	3,1	1,6	2,5	37,3	16,2	28,6	6,5	100
União Europeia (UE 25)	19,4	13,4	4,7	8,9	32,7	8,9	7,6	4,5	100
Leste Europeu	0,8	0,9	1,0	1,1	38,2	17,9	33,2	7,0	100
Outros	18,8	10,3	6,1	8,0	34,7	6,1	10,3	5,6	100
Países Lusófonos	1,6	1,1	1,2	2,3	36,1	15,7	36,0	5,9	100
Brasil	1,9	1,2	1,3	3,1	40,9	18,7	23,8	9,0	100
Países Africanos	1,3	1,1	1,2	1,7	32,6	13,5	45,0	3,6	100
Outros	9,1	12,1	3,0	6,1	30,3	18,2	18,2	3,0	100
Outros	3,9	2,8	1,3	3,9	38,2	17,3	23,7	8,8	100
TOTAL	5,8	4,8	4,0	7,3	41,9	16,7	14,2	5,2	100

Fonte: DGEEP-MTSS, Quadros de Pessoal, 2005

GRÁFICO 18. Trabalhadores por conta de outrem nacionais e estrangeiros, segundo os níveis de qualificação (2005)

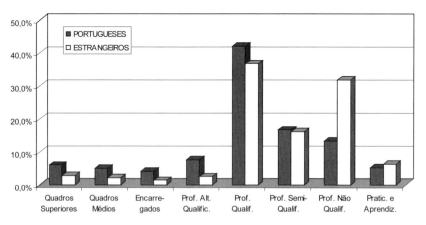

Fonte: DGEEP-MTSS, Quadros de Pessoal, 2005

peso relativo na categoria dos profissionais não qualificados (cerca de 29%), superior ao valor observado no caso da mão-de-obra nacional (13%).

No caso dos trabalhadores lusófonos, considerados globalmente, é sobretudo nas categorias relativas aos profissionais qualificados e profissionais não qualificados que vamos encontrar os segmentos principais da sua distribuição (no seu conjunto, estas duas categorias representam cerca de 72% do total de trabalhadores dos países lusófonos), sendo os valores percentuais registados ao nível dos quadros superiores, quadros médios e encarregados os mais baixos no total dos grupos de nacionalidade considerados.

No conjunto de nacionalidades que não integram a categoria europeus e a categoria relativa aos países lusófonos, tende a observar-se uma distribuição que valoriza, comparativamente, as situações extremas. Ou seja, se por um lado o peso percentual deste grupo de nacionalidades não se distingue das médias no segmento dos profissionais altamente qualificados, qualificados e semi-qualificados, encontramos todavia valores percentuais comparativamente expressivos nos quadros superiores e quadros médios (4 e 3%, respectivamente), mas também no segmento relativo aos praticantes e aprendizes, onde se situam cerca de 9% (um dos valores mais elevados por grupos de nacionalidades) dos trabalhadores estrangeiros não europeus e não lusófonos.

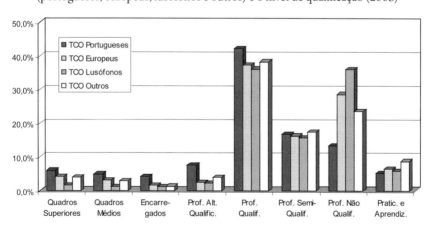

GRÁFICO 19. Trabalhadores por conta de outrem segundo a nacionalidade (portugueses, europeus, lusófonos e outros) e o nível de qualificação (2005)

Fonte: DGEEP-MTSS, Quadros de Pessoal, 2005

Por países, e procedendo a uma comparação entre a distribuição segundo o nível de qualificações dos trabalhadores nacionais e dos trabalhadores brasileiros e do Leste europeu, sublinhem-se por um lado os valores percentuais mais elevados na mão-de-obra nacional ao nível dos quadros dirigentes (Gráfico 20), e por outro a tendência para que os trabalhadores estrangeiros do Leste europeu e do Brasil prevaleçam percentualmente no nível inferior de qualificação (7 e 9%, respectivamente, situando-se o valor percentual dos trabalhadores nacionais em cerca de 5%). Os trabalhadores do Leste Europeu distinguem-se ainda no segmento dos profissionais não qualificados, com um peso percentual próximo dos 33% (enquanto que os valores relativos da mão-de-obra nacional e dos trabalhadores brasileiros ronda, respectivamente, os 13 e os 24%).

GRÁFICO 20. Trabalhadores por conta de outrem portugueses e da Europa de Leste e do Brasil, segundo o nível de qualificações (2005)

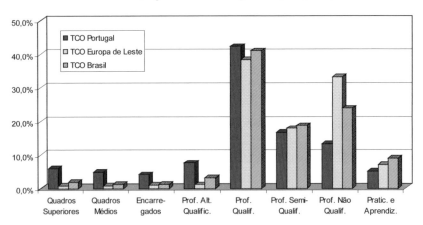

Fonte: DGEEP-MTSS, Quadros de Pessoal, 2005

À semelhança do procedimento adoptado no caso das habilitações escolares, definiu-se um *Índice de Qualificação*[30], que procura traduzir o posiciona-

---

[30] O cálculo deste índice não considera a categoria "ignorados". A ponderação que o Índice de Qualificação expressa foi calculada através da atribuição de valores crescentes, entre 1 (praticantes e aprendizes) e 8 (quadros superiores), reflectindo assim a progressão do nível de qualificação.

PERFIS DO TRABALHO NACIONAL E DO TRABALHO IMIGRANTE   129

mento comparativo dos trabalhadores por conta de outrem segundo a sua origem geográfica, através de um valor médio capaz de reflectir a sua distribuição quantitativa por cada nível de qualificação (Quadro 60 e Gráfico 21).

A primeira observação a assinalar é a de que o nível médio de qualificação dos trabalhadores portugueses (3,8, numa escala de 1 a 8) é superior à dos trabalhadores estrangeiros no seu conjunto (3,0). A segunda observação reside em constatar que os trabalhadores da União Europeia (valor médio de qualificação de 4,7) e os trabalhadores europeus de países que não se integram nem na Europa de Leste, nem na União Europeia (índice de 4,4), são as únicas situações de origem geográfica de trabalhadores por conta de outrem que assumem índices superiores aos observados no caso dos trabalhadores nacionais.

QUADRO 60. Índice de Qualificação dos trabalhadores por conta de outrem, segundo a nacionalidade (2005)

	TOTAL	Portu-gueses	Estrangeiros										Outros
			Total	Países Europeus				Países Lusófonos					
				Total	UE 25	Leste Europeu	Outros	Total	Brasil	Países Africanos	Outros		
Total	2 854 297	2 701 962	152 335	66 136	11 536	54 365	235	74 980	31 248	43 695	37		11 219
Índice Qualificações	3,7	3,8	3,0	3,2	4,7	2,8	4,4	2,8	2,9	2,6	3,8		3,1

Fonte: DGEEP-MTSS, Quadros de Pessoal, 2005

Com os mais baixos índices de qualificação em 2005, encontramos por um lado o grupo de trabalhadores por conta de outrem provenientes do Leste Europeu (2,8 na escala de 1 a 8), e dos países lusófonos do continente africano (2,6). Aliás, por grandes conjuntos de proveniência geográfica, os trabalhadores dos países lusófonos assumem o valor percentual comparativamente mais baixo, que se situa em 2,8, inferior portanto ao valor observado em relação à mão-de-obra proveniente da Europa (3,2) e das nacionalidades que integram a categoria outros (3,1).

A distribuição dos trabalhadores por conta de outrem, em 2005, segundo a nacionalidade e o nível de qualificação, sugere que o fenómeno imigratório assume uma natureza dual. De facto, se no caso da mão-de-obra proveniente da União Europeia e de países europeus que não integram a Europa de Leste, parece estar-se em presença de formas claras de inserção qualificada no mercado de trabalho em termos globais, já no caso da imigração proveniente de países lusófonos parece prevalecer – à escala nacional – uma situação de uso de mão-de-obra em actividades menos qualificadas, encontrando-se estes trabalhadores em actividades menos exigentes, do ponto de vista dos níveis de qualificação. Todavia, deve sublinhar-se, tal como fizemos no caso das habilitações escolares, que esta tendência pode encontrar situações de excepção quando se analisa o modo como se distribuem territorialmente as qualificações profissionais segundo as diferentes nacionalidades.

GRÁFICO 21. Índice de Qualificação dos trabalhadores por conta de outrem, segundo a nacionalidade (2005)

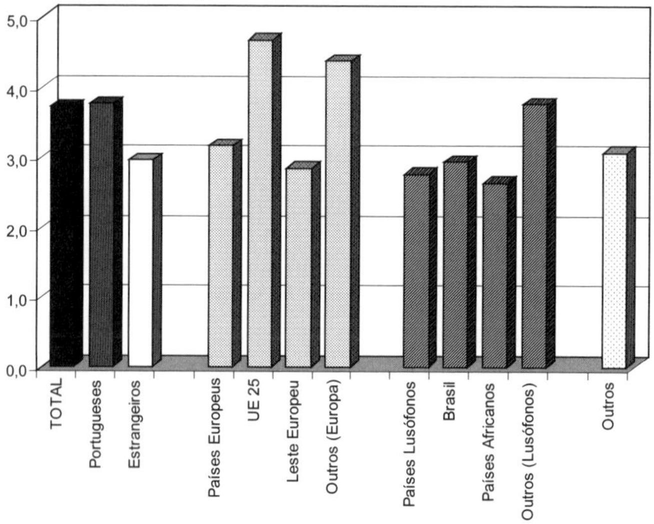

Fonte: DGEEP-MTSS, Quadros de Pessoal, 2005

2.3. Sectores de Actividade

A terciarização da economia portuguesa é um dado central, já devidamente apontado, da evolução da nossa estrutura produtiva. É relevante observar que esta tendência se associa intensamente ao próprio processo de imigração, quer dizer, os trabalhadores estrangeiros são um recurso específico do reordenamento sectorial da economia. De facto, a distribuição dos trabalhadores por conta de outrem nacionais e estrangeiros por sectores de actividade (calculados através da agregação da informação por CAE, que consta do Quadro 61),

PERFIS DO TRABALHO NACIONAL E DO TRABALHO IMIGRANTE 131

QUADRO 61. Distribuição dos trabalhadores por conta de outrem segundo a CAE
(2002-2005)

	Agric., Silv., Caça e Pesca	Indústr. Extract. e Transf.	Electr., Gás e Água	Cons-trução	Comér-cio e Repar. veícul.	Alojam. e Restau-ração	Transp., Armaz. e Comun.	Act. fin., Imobil. e Serv. às Empres.	Serv. Sociais	Outras Activ. Serviç.	TOTAL
	A e B	C e D	E	F	G	H	I	J e K	L, M e N	O, P e Q	
2002											
PORTUGUESES	47 429	742 255	14 020	300 877	492 472	158 929	147 168	297 748	172 029	73 319	2 446 246
ESTRANGEIROS	3 039	19 040	24	35 988	12 186	15 461	3 262	22 747	3 716	2 739	118 202
Europeus	2 579	14 352	11	20 576	5 537	5 641	1 966	7 571	1 908	1 226	61 367
União Europeia (UE 25)	228	1 752	6	660	1 435	1 076	392	1 075	1 142	429	8 195
Leste Europeu	2 349	12 561	5	19 903	4 055	4 530	1 571	6 483	756	789	53 002
Outros	2	39	0	13	47	35	3	13	10	8	170
Países Lusófonos	331	3 892	11	13 763	5 485	7 782	1 191	13 713	1 587	1 217	48 972
Brasil	165	1 901	1	4 373	2 973	4 487	589	3 586	505	653	19 233
Países Africanos	164	1 988	10	9 385	2 509	3 292	599	10 117	1 075	563	29 702
Outros	2	3	0	5	3	3	3	10	7	1	37
Outros	129	796	2	1 649	1 164	2 038	105	1 463	221	296	7 863
TOTAL	50 468	761 295	14 044	336 865	504 658	174 390	150 430	320 495	175 745	76 058	2 564 448
2005											
PORTUGUESES	58 877	729 540	13 502	315 555	529 736	172 276	148 356	392 774	249 815	91 531	2 701 962
ESTRANGEIROS	4 157	19 456	153	36 044	16 755	22 629	5 584	36 613	6 688	4 256	152 335
Europeus	3 194	13 674	82	17 409	6 765	7 715	3 424	8 702	3 331	1 840	66 136
União Europeia (UE 25)	280	2 202	15	905	1 755	1 616	684	1 727	1 812	540	11 536
Leste Europeu	2 913	11 425	67	16 487	4 957	6 053	2 735	6 945	1 503	1 280	54 365
Outros	1	47	0	17	53	46	5	30	16	20	235
Países Lusófonos	685	4 747	61	17 003	7 391	12 427	1 879	25 804	2 924	2 059	74 980
Brasil	484	2 593	19	6 065	4 314	7 565	1 228	6 470	1 211	1 299	31 248
Países Africanos	199	2 148	42	10 935	3 070	4 859	650	19 327	1 705	760	43 695
Outros	2	6	0	3	7	3	1	7	8	0	37
Outros	278	1 035	10	1 632	2 599	2 487	281	2 107	433	357	11 219
TOTAL	63 034	748 996	13 655	351 599	546 491	194 905	153 940	429 387	256 503	95 787	2 854 297
VARIAÇÃO 2002/05											
Portugueses	24,1%	-1,7%	-3,7%	4,9%	7,6%	8,4%	0,8%	31,9%	45,2%	24,8%	10,5%
Estrangeiros	36,8%	2,2%	537,5%	0,2%	37,5%	46,4%	71,2%	61,0%	80,0%	55,4%	28,9%
TOTAL	24,9%	-1,6%	-2,8%	4,4%	8,3%	11,8%	2,3%	34,0%	46,0%	25,9%	11,3%

(A e B) – Agricultura, Produção Animal, Caça, Silvicultura e Pesca
(C e D) – Indústrias Extractivas e Indústrias Transformadoras
(E) – Produção e Distribuição de Electricidade, Gás e Água
(F) – Construção
(G) – Pessoal dos Serviços e Vendedores
(H) – Alojamento e Restauração (Restaurantes e similares)
(I) – Transporte, Armazenagem e Comunicações
(J e K) – Actividades Financeiras, Actividades Imobiliárias e Serviços prestados às Empresas
(L, M e N) – Defesa, Segurança Social, Educação, Saúde e Acção Social
(O, P e Q) – Outras Actividades dos Serviços e Organismos Internacionais

Fonte: DGEEP-MTSS, Quadros de Pessoal, 2002/05

evidencia – tanto num como noutro caso – o predomínio do emprego no sector terciário. Um predomínio que atinge, em 2005, cerca de 59% no caso dos trabalhadores portugueses e cerca de 61% no caso dos trabalhadores estrangeiros.

Já no sector secundário, que é menos ilustrativo da lógica de mudança da economia, temos um valor percentual de emprego que ronda, em 2005, os 39% no total de mão-de-obra nacional e cerca de 37% no caso da mão-de--obra imigrante. Quanto ao sector primário, a diferença assume valores mais reduzidos, situados entre os 2,2% (mão-de-obra nacional) e os 2,7% (mão-de--obra estrangeira).

Entre 2002 e 2005 verifica-se um aumento significativo de emprego na agricultura, silvicultura e pescas (em cerca de 25%), nos serviços sociais (46%) e nas actividades financeiras, imobiliárias e de serviços às empresas (34%). O acréscimo de emprego de mão-de-obra imigrante é particular-mente expressivo nos transportes armazenagem e comunicações (71%), serviços sociais (80%) e no alojamento e restauração (cerca de 46%), sendo igualmente relevante o aumento do emprego dos estrangeiros em actividades do sector primário (37%). Já os ramos de actividade da indústria e da electri-cidade, água e gás registam globalmente ligeiros decréscimos. Estes valores podem ser interpretados como indicadores do reforço da "plasticidade" dos imigrantes perante a estrutura da economia, visto que eles indicam que os trabalhadores estrangeiros tendem a inserir-se "normalmente" no conjunto das actividades, não sendo a sua presença uma particularidade relevante de sectores específicos.

Do ponto de vista do conjunto da economia, a indústria extractiva e transformadora (26%), a construção (12%), o comércio a grosso e a retalho (19%) e as actividades financeiras, imobiliárias e de serviços às empresas (15%), constituem em 2005 os principais ramos de actividade em termos de emprego por conta de outrem, perfazendo cerca de 70% do emprego total global (Quadro 62).

QUADRO 62. Distribuição dos trabalhadores por conta de outrem segundo os ramos de actividade (CAE) e a nacionalidade (2005)

(Percentagem – Nacionalidade)

	Agric., Silv., Caça e Pesca	Indústr. Extract. e Transf.	Electr., Gás e Água	Cons-trução	Comér-cio e Repar. veícul.	Alojam. e Restau-ração	Transp., Armaz. e Comun.	Act. fin., Imobil. e Serv. às Empres.	Serv. Sociais	Outras Activ. Serviç.	TOTAL
PORTUGUESES	**2,2**	**27,0**	**0,5**	**11,7**	**19,6**	**6,4**	**5,5**	**14,5**	**9,2**	**3,4**	**100**
ESTRANGEIROS	**2,7**	**12,8**	**0,1**	**23,7**	**11,0**	**14,9**	**3,7**	**24,0**	**4,4**	**2,8**	**100**
Europeus	**4,8**	**20,7**	**0,1**	**26,3**	**10,2**	**11,7**	**5,2**	**13,2**	**5,0**	**2,8**	**100**
União Europeia (UE 25)	2,4	19,1	0,1	7,8	15,2	14,0	5,9	15,0	15,7	4,7	100
Leste Europeu	5,4	21,0	0,1	30,3	9,1	11,1	5,0	12,8	2,8	2,4	100
Outros	0,4	20,0	0,0	7,2	22,6	19,6	2,1	12,8	6,8	8,5	100
Países Lusófonos	**0,9**	**6,3**	**0,1**	**22,7**	**9,9**	**16,6**	**2,5**	**34,4**	**3,9**	**2,7**	**100**
Brasil	1,5	8,3	0,1	19,4	13,8	24,2	3,9	20,7	3,9	4,2	100
Países Africanos	0,5	4,9	0,1	25,0	7,0	11,1	1,5	44,2	3,9	1,7	100
Outros	5,4	16,2	0,0	8,1	18,9	8,1	2,7	18,9	21,6	0,0	100
Outros	**2,5**	**9,2**	**0,1**	**14,5**	**23,2**	**22,2**	**2,5**	**18,8**	**3,9**	**3,2**	**100**
TOTAL	**2,2**	**26,2**	**0,5**	**12,3**	**19,1**	**6,8**	**5,4**	**15,0**	**9,0**	**3,4**	**100**

Fonte: DGEEP-MTSS, Quadros de Pessoal, 2005

Todavia, o trabalho por conta de outrem nacional diferencia-se positivamente em relação à mão-de-obra imigrante essencialmente nos ramos da indústria extractiva e transformadora (cerca de 27% contra 13%, no total do emprego nacional e imigrante, respectivamente), do comércio por grosso e a retalho (com cerca de 20% contra o peso de 11% alcançado neste sector pela mão-de-obra imigrante), sendo ainda de assinalar uma diferença positiva relevante no caso do emprego por conta de outrem nos serviços sociais, que emprega cerca de 9% do trabalho por conta de outrem nacional, reduzindo--se para cerca de 4% o valor relativo ao trabalho imigrante (Gráfico 22).

Por sua vez, o trabalho por conta de outrem imigrante, em 2005, destaca-se em termos percentuais do trabalho nacional em três sectores: a construção (que emprega 24% da mão-de-obra por conta de outrem contra 12% no caso da mão-de-obra nacional); o alojamento e restauração (numa diferença de 15 para 6%); e as actividades financeiras, imobiliárias e de serviços às empresas, onde o peso percentual no total de mão-de-obra imigrante ronda os 24%, situando-se o respectivo valor, para a mão-de-obra nacional, em 15%.

Quer isto dizer que, apesar da tendência que acima apontámos, para o reforço da "plasticidade" da imigração perante a estrutura sectorial da economia, há sectores que são mais "portugueses" e sectores que são mais "imigrantes", quando se considera a distribuição dos dois volumes de trabalhadores pelos diferentes sectores de actividade. A construção e a restauração confirmam, neste contexto, a sua propensão para sectores apoiados na imigração.

GRÁFICO 22. Trabalhadores por conta de outrem nacionais e estrangeiros, por ramos de actividade CAE (2005)

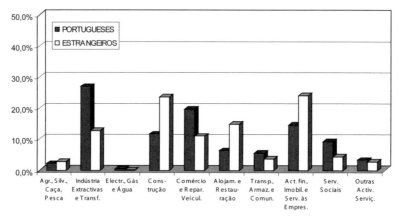

Fonte: DGEEP-MTSS, Quadros de Pessoal, 2005

Por grupos de nacionalidades, observa-se a tendência para que os trabalhadores por conta de outrem se distribuam em ramos de actividade específicos. A mão-de-obra imigrante proveniente da Europa, por exemplo, destaca-se em 2005 nos sectores da indústria (cerca de 21% do trabalho por conta de outrem europeu trabalha neste sector) e sobretudo na construção (26%). O trabalho por conta de outrem proveniente da Europa regista, aliás, a mais elevada taxa de afectação ao sector da construção (Gráfico 23).

No caso dos trabalhadores lusófonos, o emprego tende a concentrar-se também na construção (23%), no alojamento e restauração (17%) e nas actividades financeiras, imobiliárias e serviços às empresas (34%). Neste último caso, trata-se do valor mais expressivo de afectação de mão-de-obra, por grandes grupos de nacionalidades. No seu conjunto, estes sectores empregam cerca de 74% do trabalho por conta de outrem proveniente de países lusófonos.

Os imigrantes provenientes de países não europeus e de países não lusófonos concentram-se sobretudo nos sectores do comércio (23%), do alojamento e restauração (22%), das actividades financeiras, imobiliárias e de serviços às empresas (19%) e na construção (cerca de 15%). No total, estes sectores representam 78% do emprego de imigrantes deste grupo de nacionalidades.

GRÁFICO 23. Trabalhadores por conta de outrem segundo a nacionalidade (portugueses, europeus, lusófonos e outros), por ramos de actividade CAE (2005)

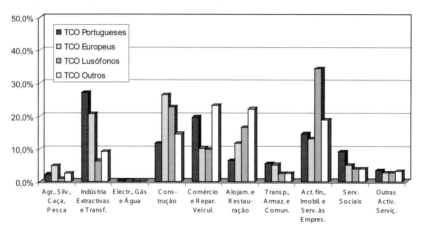

Fonte: DGEEP-MTSS, Quadros de Pessoal, 2005

Se analisarmos os perfis de distribuição da mão-de-obra por conta de outrem proveniente dos principais países de origem, ou seja, da Europa de Leste e do Brasil (Gráfico 24), constatamos que no primeiro caso emerge claramente a importância do emprego no sector da construção (30%) e da indústria (21%) e no segundo dos sectores do alojamento e restauração (24%), das actividades financeiras, imobiliárias e de serviços às empresas (21%) e construção (19%).

GRÁFICO 24. Trabalhadores por conta de outrem portugueses e da Europa de Leste e do Brasil, por ramos de actividade CAE (2005)

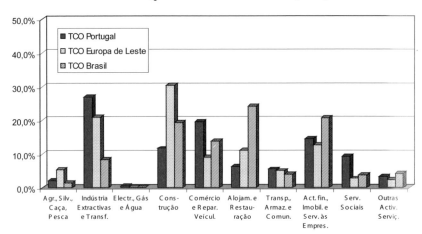

Fonte: DGEEP-MTSS, Quadros de Pessoal, 2005

Como referido anteriormente, o peso da mão-de-obra estrangeira no volume total de trabalho por conta de outrem, em 2005, situa-se em cerca de 5%. Todavia, este peso percentual de trabalho imigrante atinge em alguns ramos de actividade valores bem mais expressivos. É o caso do sector da construção, onde a mão-de-obra imigrante representa cerca de 10% do total de trabalho por conta de outrem afecto a este sector, e do alojamento e restauração, em que cerca de 12% da mão-de-obra empregada é imigrante. Acima do valor médio de 5,3%, assinalem-se ainda os casos da Agricultura, Silvicultura, Caça e Pescas (em que cerca de 7% da mão-de-obra total é imigrante) e das actividades financeiras, imobiliárias e de serviços às empresas (com um valor percentual de mão-de-obra imigrante a quase atingir os 9%).

Por seu turno, os sectores que menos empregam trabalho por conta de outrem imigrante são os da produção e distribuição de electricidade, gás e água (1,1%); da indústria (2,6%) e do comércio por grosso e a retalho, sector onde apenas 3,1% da mão-de-obra é imigrante (Quadro 63).

QUADRO 63. Trabalhadores por conta de outrem nacionais e estrangeiros, segundo o seu peso percentual por ramos de actividade CAE (2005)

(Percentagem – Sectores)

	Agric., Silv., Caça e Pesca	Indústr. Extract. e Transf.	Electr., Gás e Água	Cons-trução	Comér-cio e Repar. veícul.	Alojam. e Restau-ração	Transp., Armaz. e Comun.	Act. fin., Imobil. e Serv. às Empres.	Serv. Sociais	Outras Activ. Serviç.	TOTAL
PORTUGUESES	93,4	97,4	98,9	89,7	96,9	88,4	96,4	91,5	97,4	95,6	94,7
ESTRANGEIROS	6,6	2,6	1,1	10,3	3,1	11,6	3,6	8,5	2,6	4,4	5,3
Europeus	5,1	1,8	0,6	5,0	1,2	4,0	2,2	2,0	1,3	1,9	2,3
União Europeia (UE 25)	0,4	0,3	0,1	0,3	0,3	0,8	0,4	0,4	0,7	0,6	0,4
Leste Europeu	4,6	1,5	0,5	4,7	0,9	3,1	1,8	1,6	0,6	1,3	1,9
Outros	0,0	0,0	0,0	0,0	0,0	0,0	0,0	0,0	0,0	0,0	0,0
Países Lusófonos	1,1	0,6	0,4	4,8	1,4	6,4	1,2	6,0	1,1	2,1	2,6
Brasil	0,8	0,3	0,1	1,7	0,8	3,9	0,8	1,5	0,5	1,4	1,1
Países Africanos	0,3	0,3	0,3	3,1	0,6	2,5	0,4	4,5	0,7	0,8	1,5
Outros	0,0	0,0	0,0	0,0	0,0	0,0	0,0	0,0	0,0	0,0	0,0
Outros	0,4	0,1	0,1	0,5	0,5	1,3	0,2	0,5	0,2	0,4	0,4
TOTAL	100	100	100	100	100	100	100	100	100	100	100

Fonte: DGEEP-MTSS, Quadros de Pessoal, 2005

Considerando apenas o universo do trabalho por conta de outrem imigrante segundo os ramos de actividade CAE, nas categorias mais desagregadas de proveniência geográfica que temos vindo a utilizar (designadamente a União Europeia e a Europa de Leste, por um lado, e o Brasil e países lusófonos por outro), podemos constatar uma distribuição bastante heterogénea, que demonstra que a nacionalidade é um factor relevante em termos de distribuição do emprego por sectores.

Assim, como mostra o Gráfico 25, os trabalhadores provenientes da União Europeia (UE 25) assumem percentagens de emprego mais significativas nos serviços sociais e na categoria referente a outras actividades do sector dos serviços (respectivamente, cerca de 29 e 14% do total de emprego da mão-de--obra estrangeira considerada nestes ramos de actividade), sendo reduzido o seu peso percentual em domínios como a construção (2,6%), das actividades financeiras, imobiliárias e de serviços às empresas (5%) e da agricultura, silvicultura, caça e pesca (7,2%).

GRÁFICO 25. Trabalhadores por conta de outrem estrangeiros, segundo o seu peso percentual por ramos de actividade CAE (2005)

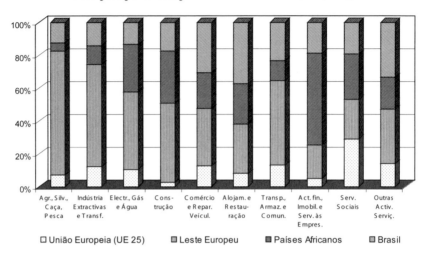

Fonte: DGEEP-MTSS, Quadros de Pessoal, 2005

Já os trabalhadores imigrantes por conta de outrem provenientes de países da Europa de Leste tendem a concentrar-se em domínios de actividade como a agricultura, silvicultura, caça e pesca (cerca de 3 em cada quatro imigrantes empregados neste sector são provenientes de países da Europa de Leste); indústria extractiva e transformadora (onde representam 62% do trabalho imigrante considerado); transportes, armazenagem e comunicações (52%); construção (48%); e electricidade, água e gás (47%). Aliás, os imigrantes da Europa de Leste constituem a mão-de-obra imigrante que indicia claramente uma maior plasticidade e capacidade de obter emprego em diferentes ramos de actividade (nunca o seu peso percentual sendo inferior, por sectores, a 20% do universo considerado).

Os trabalhadores brasileiros, por seu turno, assumem um peso particularmente significativo em domínios como o do alojamento e restauração (onde representam 37% da mão-de-obra imigrante considerada neste sector); das actividades financeiras, imobiliárias e de serviços às empresas (31%); e das actividades relativas a outros serviços (onde assumem um peso de 34% do total de mão-de-obra imigrante, tendo em conta o universo de origens considerado). Por último, os trabalhadores dos países africanos lusófonos apresentam uma representatividade significativa no ramo das actividades financeiras, imobiliárias e de serviços às empresas (56% do total de imigrantes considerado), bem como em sectores como a construção e a produção e distribuição de electricidade, água e gás (32%).

2.4. *Classes Tecnológicas*

Ainda no âmbito dos sectores de actividade, mas procedendo agora a uma análise dos perfis do trabalho por conta de outrem, nacional e estrangeiro, na perspectiva das Classes Tecnológicas (igualmente utilizadas no segundo capitulo), constatamos desde logo a inequívoca importância relativa dos sectores de Baixa Intensidade Informacional no terciário, que representam quase metade face ao total (aproximadamente 45%), tanto no caso da mão-de-obra nacional como da mão-de-obra imigrante, assumindo valores muito idênticos (Quadro 64 e Gráfico 26).

GRÁFICO 26. Trabalhadores por conta de outrem nacionais e estrangeiros, por Classes Tecnológicas industriais e dos serviços (2005)

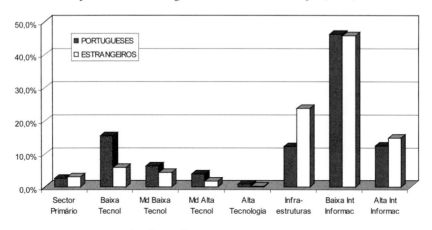

Fonte: DGEEP-MTSS, Quadros de Pessoal, 2005

140 IMIGRANTES EM PORTUGAL

QUADRO 64. Trabalhadores por conta de outrem nacionais e estrangeiros,
por Classes Tecnológicas industriais e dos serviços (2005)

	Sector Primário	Baixa Tecno-logia	Média Baixa Tecnol.	Média Alta Tecnol.	Alta Tecno-logia	Infra--estruturas	Baixa Intens. Inform.	Alta Intens. Informac.	TOTAL
Valores Absolutos									
PORTUGUESES	71 551	420 859	168 970	105 200	21 837	329 057	1 249 290	335 168	2 701 932
ESTRANGEIROS	4 739	9 054	6 701	2 776	343	36 197	69 815	22 703	152 328
Europeus	3 664	6 530	4 868	1 633	173	17 491	25 306	6 470	66 135
União Europeia (UE 25)	327	963	629	420	143	920	6 355	1 778	11 535
Leste Europeu	3 336	5 548	4 223	1 202	29	16 554	18 814	4 659	54 365
Outros	1	19	16	11	1	17	137	33	235
Países Lusófonos	773	2 087	1 518	915	139	17 064	38 213	14 270	74 979
Brasil	521	1 215	779	478	84	6 084	17 096	4 991	31 248
Países Africanos	250	869	736	437	55	10 977	21 098	9 272	43 694
Outros	2	3	3	0	0	3	19	7	37
Outros	302	437	315	228	31	1 642	6 296	1 963	11 214
TOTAL	76 290	429 913	175 671	107 976	22 180	365 254	1 319 105	357 871	2 854 260
Percentagens									
PORTUGUESES	2,6	15,6	6,3	3,9	0,8	12,2	46,2	12,4	100
ESTRANGEIROS	3,1	5,9	4,4	1,8	0,2	23,8	45,8	14,9	100
Europeus	5,5	9,9	7,4	2,5	0,3	26,4	38,3	9,8	100
União Europeia (UE 25)	2,8	8,3	5,5	3,6	1,2	8,0	55,1	15,4	100
Leste Europeu	6,1	10,2	7,8	2,2	0,1	30,4	34,6	8,6	100
Outros	0,4	8,1	6,8	4,7	0,4	7,2	58,3	14,0	100
Países Lusófonos	1,0	2,8	2,0	1,2	0,2	22,8	51,0	19,0	100
Brasil	1,7	3,9	2,5	1,5	0,3	19,5	54,7	16,0	100
Países Africanos	0,6	2,0	1,7	1,0	0,1	25,1	48,3	21,2	100
Outros	5,4	8,1	8,1	0,0	0,0	8,1	51,4	18,9	100
Outros	2,7	3,9	2,8	2,0	0,3	14,6	56,1	17,5	100
TOTAL	2,7	15,1	6,2	3,8	0,8	12,8	46,2	12,5	100

Fonte: DGEEP-MTSS, Quadros de Pessoal, 2005

Os trabalhadores estrangeiros, nesta análise segundo as classes tecnológicas da indústria e dos serviços, apenas superam os trabalhadores nacionais
– relativamente ao peso percentual comparado das diferentes categorias – no

caso das infra-estruturas (onde representam 24% do total, ou seja sensivelmente o dobro do valor registado no caso da mão-de-obra nacional), no sector primário e, curiosamente, na classe tecnológica de Alta Intensidade Informacional, no sector dos serviços.

Na comparação entre o perfil de distribuição da mão-de-obra nacional e os perfis dos grandes grupos de proveniência geográfica dos imigrantes (europeus, lusófonos e outros), constatamos também, nesta perspectiva, que os trabalhadores lusófonos revelam a tendência para uma maior concentração nas classes tecnológicas dos serviços, sendo particularmente expressivo o seu peso comparativo tanto no caso dos sectores de baixa como de alta intensidade informacional (Gráfico 27). Já no caso dos imigrantes europeus, que assumem efectivamente uma distribuição mais repartida pelas diferentes classes tecnológicas, isto é, tanto pelos sectores da indústria como dos serviços, e até nas actividades associadas à agricultura, silvicultura e pescas, revelam posições comparativas de relativa vantagem nas infra-estruturas, nas indústrias de média baixa tecnologia e no sector primário. Quanto aos trabalhadores nacionais, prevalecem em qualquer dos casos nos sectores de baixa intensidade tecnológica da indústria.

GRÁFICO 27. Trabalhadores por conta de outrem segundo a nacionalidade (portugueses, europeus, lusófonos e outros), por Classes Tecnológicas industriais e dos serviços (2005)

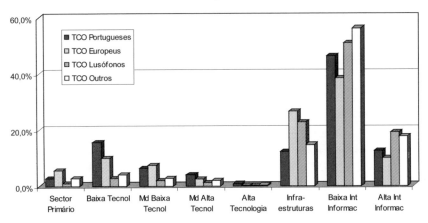

Fonte: DGEEP-MTSS, Quadros de Pessoal, 2005

No caso das duas nacionalidades de proveniência de mão-de-obra estrangeira mais significativas no conjunto de origens geográficas (brasileiros e europeus de Leste), de algum modo reproduz-se a tendência de perfis comparativos anteriores. A concentração dos trabalhadores por conta de outrem brasileiros nos sectores do terciário (baixa e alta intensidade informacional), o destaque dos imigrantes do Leste Europeu no sector das infra-estruturas e o maior peso relativo da mão-de-obra nacional na classe tecnológica da indústria que reúne as actividades com menor intensidade tecnológica (Gráfico 28).

GRÁFICO 28. Trabalhadores por conta de outrem portugueses e da Europa de Leste e do Brasil, por Classes Tecnológicas industriais e dos serviços (2005)

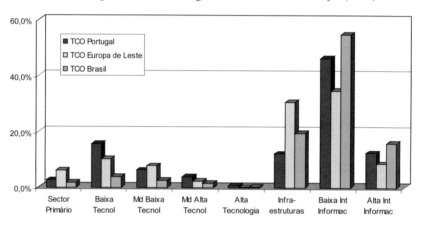

Fonte: DGEEP-MTSS, Quadros de Pessoal, 2005

2.5. *Profissões*

Em termos de perfis profissionais, observam-se por um lado diferenças assinaláveis entre os trabalhadores por conta de outrem nacionais e os trabalhadores imigrantes, sendo igualmente de sublinhar as diferenças que resultam de considerar, no universo destes últimos, as diversas origens geográficas.

PERFIS DO TRABALHO NACIONAL E DO TRABALHO IMIGRANTE   143

QUADRO 65. Trabalhadores por conta de outrem segundo as profissões
e a nacionalidade (2002-2005)

	QS AP/E (1)	E PIC (2)	TP NI (3)	PAS (4)	PSV (5)	A TQAP (6)	OATS (7)	OIM TM (8)	TNQ (9)	TOTAL
2002										
PORTUGUESES	70 445	117 027	249 820	372 516	366 468	41 237	596 069	276 929	355 735	2 446 246
ESTRANGEIROS	1 973	3 113	4 254	6 116	16 757	3 023	30 399	8 701	43 866	118 202
Europeus	1 307	1 952	2 360	2 796	4 519	2 559	17 327	5 396	23 151	61 367
União Europeia (UE 25)	950	1 353	1 348	1 037	1 180	156	930	443	798	8 195
Leste Europeu	330	589	987	1 746	3 307	2 402	16 366	4 945	22 330	53 002
Outros	27	10	25	13	32	1	31	8	23	170
Países Lusófonos	470	894	1 494	2 727	9 953	354	11 765	2 991	18 324	48 972
Brasil	262	421	751	1 357	5 630	187	4 027	1 515	5 083	19 233
Países Africanos	207	470	742	1 365	4 313	165	7 734	1 475	13 231	29 702
Outros	1	3	1	5	10	2	4	1	10	37
Outros	196	267	400	593	2 285	110	1 307	314	2 391	7 863
TOTAL	72 418	120 140	254 074	378 632	383 225	44 260	626 468	285 630	399 601	2 564 448
2005										
PORTUGUESES	108 117	154 570	280 231	406 952	449 499	47 029	605 363	287 885	362 316	2 701 962
ESTRANGEIROS	3 118	4 127	5 726	9 711	30 515	3 884	36 965	11 967	46 322	152 335
Europeus	2 082	2 501	2 892	3 709	7 536	2 969	19 346	7 353	17 748	66 136
União Europeia (UE 25)	1 619	1 914	1 780	1 442	1 801	168	1 288	668	856	11 536
Leste Europeu	421	560	1 084	2 243	5 691	2 801	18 022	6 672	16 871	54 365
Outros	42	27	28	24	44	0	36	13	21	235
Países Lusófonos	676	1 238	2 307	4 831	19 347	645	15 863	4 051	26 022	74 980
Brasil	365	604	1 320	2 515	10 009	434	6 198	2 451	7 352	31 248
Países Africanos	309	630	983	2 310	9 330	209	9 660	1 599	18 665	43 695
Outros	2	4	4	6	8	2	5	1	5	37
Outros	360	388	527	1 171	3 632	270	1 756	563	2 552	11 219
TOTAL	111 235	158 697	285 957	416 663	480 014	50 913	642 328	299 852	408 638	2 854 297
VARIAÇÃO 2002/05										
Portugueses	53,5%	32,1%	12,2%	9,2%	22,7%	14,0%	1,6%	4,0%	1,8%	10,5%
Estrangeiros	58,0%	32,6%	34,6%	58,8%	82,1%	28,5%	21,6%	37,5%	5,6%	28,9%
TOTAL	53,6%	32,1%	12,5%	10,0%	25,3%	15,0%	2,5%	5,0%	2,3%	11,3%

(1) – Quadros Superiores da Administração Pública, Dirigentes e Quadros Superiores de Empresa
(2) – Especialistas das Profissões Intelectuais e Científicas
(3) – Técnicos e Profissionais de Nível Intermédio
(4) – Pessoal Administrativo e Similares
(5) – Pessoal dos Serviços e Vendedores
(6) – Agricultores e Trabalhadores Qualificados da Agricultura e Pescas
(7) – Operários, Artífices e Trabalhadores Similares
(8) – Operadores de Instalações e Máquinas e Trabalhadores da Montagem
(9) – Trabalhadores Não Qualificados

Fonte: DGEEP-MTSS, Quadros de Pessoal, 2005

144 IMIGRANTES EM PORTUGAL

Tomando como referência dados de 2005 (Quadro 65 e 66 e Gráfico 29), no que se refere às categorias relativas a quadros dirigentes ou profissões altamente especializadas (isto é, aos quadros superiores da Administração Pública, dirigentes e quadros superiores de empresa, bem como especialistas das profissões intelectuais e científicas), o peso de trabalhadores nacionais é de quase 10% face ao total de trabalhadores nacionais, ao passo que no trabalho imigrante esse valor se reduz para cerca de metade (4,7%). A diferença assume valores mais expressivos quando consideramos as categorias referentes aos técnicos e profissionais de nível intermédio e ao pessoal administrativo e similares que, considerados globalmente, afectam cerca de 26% da mão-de-obra nacional e apenas cerca de 10% da mão-de-obra imigrante.

Porém, esta relação inverte-se quando analisamos categorias profissionais de base, sobretudo as que se referem a trabalho não qualificado, onde o peso desta categoria na mão-de-obra imigrante representa quase o triplo (30,4%) da mão-de-obra nacional (13,4% do total de trabalhadores por conta de outrem portugueses em 2005). Sendo a relação ligeiramente superior no caso da mão-de-obra nacional, nas profissões de operador de instalações e máquinas e de montagem, o trabalho imigrante tende a assumir pesos percentuais ligeiramente mais elevados no pessoal dos serviços e vendedores (20 contra cerca de 17%); na categoria dos agricultores e trabalhadores qualificados da agricultura e pescas; e no caso dos operários, artífices e trabalhadores similares (onde o peso percentual de mão-de-obra imigrante se situa em cerca de 24%, numa pouco expressiva diferença face aos cerca de 22% alcançados pela mão-de-obra nacional).

Entre 2002 e 2005 verifica-se um aumento percentual muito significativo (cerca de 54%) ao nível dos quadros superiores da Administração Pública, dirigentes e quadros superiores de empresa, sendo ligeiramente mais relevante no caso dos trabalhadores por conta de outrem imigrantes (58%) do que no caso da mão-de-obra nacional (cerca de 54%).

O aumento percentual da categoria correspondente aos especialistas das profissões intelectuais e científicas, entre 2002 e 2005, é também de assinalar em ambos os casos (rondando um aumento de cerca de 30%), sendo igualmente de registar – no âmbito dos trabalhadores nacionais – o acréscimo verificado na categoria do pessoal dos serviços e vendedores (em cerca de 23%). Já os trabalhadores por conta de outrem imigrantes, considerados na sua globalidade, denotam acréscimos muito relevantes na categoria do pessoal dos serviços e vendedores (numa variação que, situando-se em cerca de 82%, reflecte uma quase duplicação entre 2002 e 2005), bem como ao nível do pessoal administrativo e similares (aumento próximo dos 60%), e ao nível dos operadores de instalações e máquinas e trabalhadores de montagem (acréscimo de quase 40%).

QUADRO 66. Trabalhadores por conta de outrem segundo as profissões
e a nacionalidade (2005)

(Percentagem)

	QS AP/E (1)	E PIC (2)	TP NI (3)	PAS (4)	PSV (5)	A TQAP (6)	OATS (7)	OIM TM (8)	TNQ (9)	TOTAL
PORTUGUESES	4,0	5,7	10,4	15,1	16,6	1,7	22,4	10,7	13,4	100
ESTRANGEIROS	2,0	2,7	3,8	6,4	20,0	2,5	24,3	7,9	30,4	100
Europeus	3,1	3,8	4,4	5,6	11,4	4,5	29,3	11,1	26,8	100
União Europeia (UE 25)	14,0	16,6	15,4	12,5	15,6	1,5	11,2	5,8	7,4	100
Leste Europeu	0,8	1,0	2,0	4,1	10,5	5,2	33,2	12,3	31,0	100
Outros	17,9	11,5	11,9	10,2	18,7	0,0	15,3	5,5	8,9	100
Países Lusófonos	0,9	1,7	3,1	6,4	25,8	0,9	21,2	5,4	34,7	100
Brasil	1,2	1,9	4,2	8,0	32,0	1,4	19,8	7,8	23,5	100
Países Africanos	0,7	1,4	2,2	5,3	21,4	0,5	22,1	3,7	42,7	100
Outros	5,4	10,8	10,8	16,2	21,6	5,4	13,5	2,7	13,5	100
Outros	3,2	3,5	4,7	10,4	32,4	2,4	15,7	5,0	22,7	100
TOTAL	3,9	5,6	10,0	14,6	16,8	1,8	22,5	10,5	14,3	100

Fonte: DGEEP-MTSS, Quadros de Pessoal, 2005

Comparando a distribuição dos trabalhadores por conta de outrem portugueses, segundo as profissões, com os trabalhadores imigrantes provenientes dos grandes grupos de origem da imigração portuguesa (Europa, países lusófonos e outros), começamos a ter uma imagem mais clara da segmentação dos perfis profissionais segundo a nacionalidade de origem, como mostra o Gráfico 30. Assim, é nas quatro primeiras categorias[31] da classificação de pro-

---

[31] Ou seja, Quadros Superiores da Administração Pública, Dirigentes e Quadros Superiores de Empresa (1); Especialistas das Profissões Intelectuais e Científicas (2); Técnicos e Profissionais de Nível Intermédio (3); e Pessoal Administrativo e Similares (4).

fissões que os trabalhadores nacionais se destacam perante qualquer um dos restantes grupos de origem da imigração, sendo que os valores percentuais apesar de tudo mais próximos respeitam aos imigrantes europeus e aos imigrantes que se enquadram na categoria "outros".

GRÁFICO 29. Trabalhadores por conta de outrem nacionais e estrangeiros, segundo as profissões (2005)

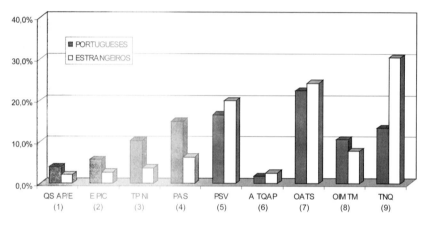

Fonte: DGEEP-MTSS, Quadros de Pessoal, 2005

Os trabalhadores europeus, por seu turno, assumem uma clara preponderância na categoria relativa aos operários, artífices e trabalhadores similares (em que se inserem cerca de 29% do total de imigrantes europeus), sendo igualmente de assinalar o valor comparativo alcançado ao nível do trabalho não qualificado (a que está afecta cerca de 27% da mão-de-obra imigrante proveniente da Europa). Ou seja, a imigração europeia tende a evidenciar uma natureza dual, na medida em que alcança valores comparativamente não despicientes ao nível das categorias profissionais mais qualificadas, mas igualmente ao nível das categorias profissionais menos qualificadas.

GRÁFICO 30. Trabalhadores por conta de outrem segundo a nacionalidade (portugueses, europeus, lusófonos e outros) e as profissões (2005)

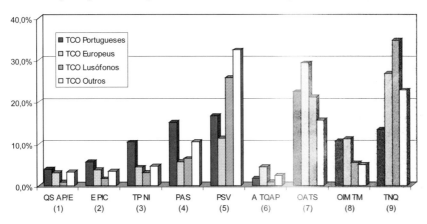

Fonte: DGEEP-MTSS, Quadros de Pessoal, 2005

Por sua vez, os imigrantes provenientes de países lusófonos atingem o maior peso percentual comparativo na categoria relativa aos trabalhadores não qualificados (cerca de 35% da mão-de-obra proveniente de países lusófonos enquadra-se nesta categoria), sendo igualmente significativos os valores comparativos atingidos na categoria relativa ao pessoal dos serviços e vendedores (26%), onde apenas são superados pela percentagem dos imigrantes enquadrados na origem geográfica relativa a "outros países". Concomitantemente, os imigrantes provenientes de países lusófonos são os que evidenciam valores percentuais mais reduzidos nas categorias profissionais de maior qualificação.

Procedendo a uma comparação entre o perfil profissional dos trabalhadores por conta de outrem portugueses e os perfis dos trabalhadores imigrantes provenientes da Europa de Leste e do Brasil, torna-se ainda mais evidente o maior peso relativo de imigrantes da Europa de Leste na categoria dos operários, artífices e trabalhadores similares (onde trabalha cerca de um em cada três imigrantes com esta origem geográfica), bem como na categoria relativa aos trabalhadores não qualificados (onde estão afectos cerca de 30% dos imigrantes do Leste Europeu), ou ainda na categoria dos agricultores e trabalhadores qualificados da agricultura e pescas (cuja taxa mais elevada de afectação de mão-de-obra é justamente a de mão-de-obra proveniente da Europa de Leste). Os reduzidos valores de emprego destes imigrantes nas categorias profissionais mais qualificadas, permitem por sua vez constatar que se deve aos imigrantes da União Europeia a aproximação percentual relativa, nestas categorias, aos valores verificados para os trabalhadores portugueses (Gráfico 31).

GRÁFICO 31. Trabalhadores por conta de outrem portugueses e da Europa de Leste e do Brasil, segundo as profissões (2005)

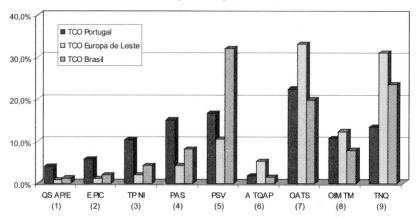

Fonte: DGEEP-MTSS, Quadros de Pessoal, 2005

Quanto aos trabalhadores por conta de outrem de nacionalidade brasileira, torna-se evidente uma elevada taxa de afectação às categorias profissionais do pessoal dos serviços e vendedores (quase um em cada três brasileiros por conta de outrem enquadra-se nesta categoria), sendo igualmente relevante – ainda que não dominante – a repartição desta nacionalidade pelos trabalhadores não qualificados (24%), e na categoria dos operários, artífices e trabalhadores similares (cerca de 20% do total de mão-de-obra proveniente do Brasil).

À semelhança de exercícios feitos em sub-capítulos anteriores, e considerando que a sequência das categorias de profissões com que estamos a trabalhar não deixa de reflectir uma transição progressiva de funções onde o estatuto hierárquico, o papel dirigente e a qualificação vão perdendo importância, procurámos estabelecer um *Índice de Qualificação Profissional*[32], que permite identificar um valor de posicionamento comparativo face à proveniência geográfica do trabalho por conta de outrem (Quadro 67 e Gráfico 32).

---

[32] O Índice de Qualificação Profissional é calculado através da atribuição de notações decrescentes (de 9 a 1) às categorias profissionais utilizadas, segundo a ordem definida.

QUADRO 67. Índice de Qualificação Profissional dos trabalhadores
por conta de outrem, segundo a nacionalidade (2005)

	TOTAL	Portugueses	Estrangeiros								
			Total	Países Europeus				Países Lusófonos				Outros
				Total	UE 25	Leste Europeu	Outros	Total	Brasil	Países Africanos	Outros	
Total	2 854 297	2 701 962	152 335	66 136	11 536	54 365	235	74 980	31 248	43 695	37	11 219
Índice Qual. Profiss.	4,3	4,4	3,3	3,3	5,8	2,8	5,6	3,2	3,7	2,9	5,0	4,0

Fonte: DGEEP-MTSS, Quadros de Pessoal, 2005

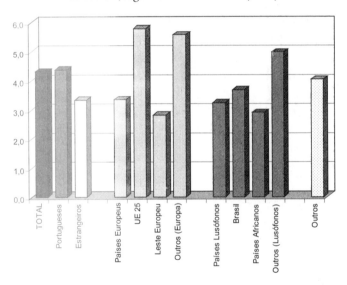

GRÁFICO 32. Índice de Qualificação Profissional dos trabalhadores por conta de outrem, segundo a nacionalidade (2005)

Fonte: DGEEP-MTSS, Quadros de Pessoal, 2005

A um valor médio mais elevado corresponde naturalmente um estatuto profissional de maior relevância funcional, ao pressupor um mais elevado grau de responsabilidade directiva e de qualificação.

IMIGRANTES EM PORTUGAL

Assim, o valor médio de qualificação profissional (deduzido através da distribuição da mão-de-obra segundo o emprego nas categorias profissionais utilizadas) é de 4,3, ou seja sensivelmente situado num valor intermédio (de 1 a 9), situando-se em 4,4 para o conjunto de trabalhadores por conta de outrem portugueses e em 3,3 para os trabalhadores imigrantes.

Porém, os trabalhadores da União Europeia atingem um valor de 5,8, sendo igualmente significativo o valor do índice referente a trabalhadores europeus não provenientes de países da União Europeia nem de países de Leste (5,6). Estes últimos detêm, de resto, o mais baixo valor encontrado (2,8), muito próximo do observado no caso dos imigrantes de países lusófonos do continente africano (2,9), sendo ambos inferiores aos índices alcançados pelos imigrantes brasileiros (3,7), e mais ainda pelos imigrantes europeus e lusófonos enquadrados nas categorias "outros" (com índices de 5,6 e 5,0, respectivamente).

Quanto aos trabalhadores por conta de outrem imigrantes cuja origem geográfica não é nem europeia nem de um país da lusofonia, o Índice de Qualificação Profissional situa-se num valor significativo, de 4,0.

3. Grau de correspondência entre qualificações e emprego

Os Quadros de Pessoal do Ministério do Trabalho e da Solidariedade Social permitem, no que se refere às bases de dados de 2002, efectuar alguns cruzamentos de informação, nomeadamente no que concerne aos Ramos de Actividade CAE, categorias profissionais e habilitações. Estes cruzamentos (que a organização das bases de dados em 2005 não torna possíveis), permitem-nos comparar os perfis do trabalho por conta de outrem nacional e imigrante em termos de grau de correspondência entre actividades exercidas e as habilitações ou profissões, de modo a identificar discrepâncias perante a variável nacionalidade.

Partimos do pressuposto que a análise do resultado destes cruzamentos pode ser expressiva quanto à capacidade de integração da mão-de-obra imigrante e do seu acesso relativo aos diferentes sectores e ramos de actividade económica, em função das suas qualificações. Por outro lado, a análise da distribuição da população activa por sectores, habilitações e profissões, poderá ser igualmente útil para elucidar em que situações o contributo da mão-de-obra migrante qualificada está a ser valorizado pelo tecido económico e em que situações, inversamente, o potencial de qualificação dos trabalhadores imigrantes por conta de outrem não tem reflexo nas actividades exercidas.

PERFIS DO TRABALHO NACIONAL E DO TRABALHO IMIGRANTE 151

Nestes termos, o Quadro 68 estabelece a distribuição dos trabalhadores por conta de outrem nacionais e imigrantes segundo as habilitações escolares e os ramos de actividade económica. A primeira constatação a registar respeita ao equilíbrio relativo, em 2002 (e à semelhança de 2005, como assinalámos anteriormente), entre o perfil global de habilitações da mão-de-obra nacional e imigrante, expresso na circunstância de cerca de 73% dos trabalhadores por conta de outrem nacionais (e aproximadamente 75% dos trabalhadores imigrantes), possuírem habilitações escolares relativas ao ensino básico. Da mesma forma, os valores relativos ao ensino superior não se diferenciam substancialmente nas duas situações, situando-se em cerca de 9% no caso dos trabalhadores portugueses e em aproximadamente 7% no caso dos trabalhadores imigrantes.

QUADRO 68. Distribuição dos trabalhadores por conta de outrem nacionais e estrangeiros, segundo os ramos de actividade CAE e as habilitações (2002)

	Agric., Silv., Caça e Pesca	Indústr. Extract. e Transf.	Electr., Gás e Água	Construção	Comércio e Repar. veícul.	Alojam. e Restauração	Transp., Armaz. e Comun.	Act. fin., Imobil. e Serv. às Empres.	Serv. Sociais	Outras Activ. Serviç.	TOTAL
Portugueses											
Valores Absolutos	45 991	723 576	14 008	288 556	476 463	154 003	145 160	285 136	166 931	71 352	371 176
Ensino Básico	42 026	611 217	8 512	249 913	329 839	131 147	95 903	129 587	96 403	44 574	1 739 121
Ensino Secundário	2 383	78 898	3 022	23 263	117 415	19 808	33 094	92 595	32 034	16 195	418 707
Ensino Superior	1 582	33 461	2 474	15 380	29 209	3 048	16 163	62 954	38 494	10 583	213 348
Percentagens	100	100	100	100	100	100	100	100	100	100	100
Ensino Básico	91,4	84,5	60,8	86,6	69,2	85,2	66,1	45,4	57,8	62,5	73,3
Ensino Secundário	5,2	10,9	21,6	8,1	24,6	12,9	22,8	32,5	19,2	22,7	17,7
Ensino Superior	3,4	4,6	17,7	5,3	6,1	2,0	11,1	22,1	23,1	14,8	9,0
Estrangeiros											
Valores Absolutos	2 730	17 332	24	31 943	11 054	14 174	2 990	21 414	3 474	2 544	107 679
Ensino Básico	2 216	12 586	6	27 624	6 839	10 505	1 894	16 880	1 424	1 619	81 593
Ensino Secundário	370	3 411	6	3 468	3 367	3 192	801	3 137	618	601	18 971
Ensino Superior	144	1 335	12	851	848	477	295	1 397	1 432	324	7 115
Percentagens	100	100	100	100	100	100	100	100	100	100	100
Ensino Básico	81,2	72,6	25,0	86,5	61,9	74,1	63,3	78,8	41,0	63,6	75,8
Ensino Secundário	13,6	19,7	25,0	10,9	30,5	22,5	26,8	14,6	17,8	23,6	17,6
Ensino Superior	5,3	7,7	50,0	2,7	7,7	3,4	9,9	6,5	41,2	12,7	6,6

Fonte: DGEEP-MTSS, Quadros de Pessoal, 2002

Ao contabilizar a percentagem de trabalhadores com o ensino secundário e ensino superior por ramos de actividade, constatamos todavia diferenciações significativas. Exceptuando o caso das actividades financeiras, imobiliárias e de serviços às empresas, bem como da categoria "outras actividades dos serviços", o peso percentual de imigrantes com o ensino secundário e o ensino superior é sempre mais elevado face ao verificado no caso dos trabalhadores nacionais (Gráfico 33). Estas diferenças atingem os 17% a favor da mão-de-obra imigrante no caso dos serviços sociais, sendo igualmente significativo assinalar o caso da agricultura, silvicultura e pescas (10%), das indústrias extractivas e transformadoras (12%), e do alojamento e restauração (11%)[33].

GRÁFICO 33. Trabalhadores por conta de outrem nacionais e estrangeiros com o ensino secundário e superior, por ramos de actividade CAE (2002)

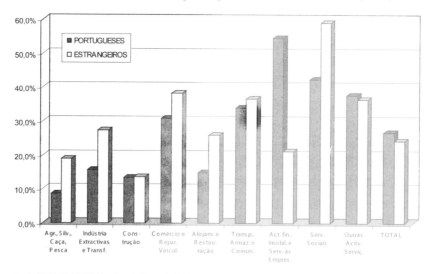

Fonte: DGEEP-MTSS, Quadros de Pessoal, 2002

Ou seja, sob a capa de uma aparentemente ligeira diferença em termos globais, a favor dos trabalhadores nacionais (27% dos quais possuem habili-

---

[33] O reduzido número de trabalhadores imigrantes (24) a exercer actividade em 2002 no sector da electricidade, gás e água não nos permite considerar como estatisticamente válidas as percentagens apuradas. É por esta razão, aliás, que se excluiu a representação deste sector nos gráficos apresentados.

tações de nível secundário e superior, sendo este valor de aproximadamente 24% no caso dos trabalhadores imigrantes), esconde-se uma realidade que aponta para a existência de uma maior proporção de mão-de-obra imigrante, comparativamente mais escolarizada, a exercer actividade nos diferentes sectores económicos. Não fora a diferença abissal observada no caso das actividades financeiras, imobiliárias e de serviços às empresas (de 55 para 21%), que é a excepção da regra, e seríamos induzidos a considerar idênticos os perfis de escolarização por sector, o que efectivamente não se verifica.

Analisando estes dados pelos principais conjuntos de nacionalidades de origem (Europa e países lusófonos), encontramos já algumas diferenciações face à realidade que acabámos de descrever. De facto, a proporção de trabalhadores por conta de outrem provenientes de países europeus com habilitações secundárias e superiores, no total de trabalhadores imigrantes europeus por sector, tende a reforçar a diferença positiva destes em relação aos trabalhadores nacionais, ao passo que no caso dos imigrantes provenientes de países lusófonos se observa a tendência para uma maior aproximação aos perfis da mão-de-obra nacional, em termos de habilitações por sectores de actividade (Quadro 69 e Gráfico 34).

Relativamente às habilitações escolares, os trabalhadores europeus destacam-se de forma clara nos sectores dos serviços sociais (onde cerca de 70% têm uma escolaridade secundária ou superior, situada portanto cerca de 30% acima dos valores obtidos pelos trabalhadores nacionais e pelos imigrantes dos países lusófonos), e em outras actividades dos serviços (em que cerca de 46% dos trabalhadores europeus têm níveis de escolaridade correspondentes ao ensino secundário e ensino superior). E refira-se igualmente, apesar das menores diferenças em termos comparativos, a vantagem dos imigrantes europeus (em termos de escolarização), nos sectores da agricultura, silvicultura e pescas, construção e alojamento e restauração.

À semelhança do que se verificou anteriormente, na comparação entre a mão-de-obra nacional e a mão-de-obra imigrante considerada globalmente, os trabalhadores portugueses apenas se destacam – pela maior proporção comparativa de escolaridades secundárias e superiores – nas actividades financeiras, imobiliárias e de serviços às empresas (em que estes trabalhadores representam cerca de 55% dos trabalhadores nacionais empregados no sector). Nas actividades industriais, e no comércio e reparação de veículos, os imigrantes lusófonos são por sua vez os que evidenciam uma maior qualificação escolar comparativa (correspondente ao peso do ensino secundário e superior), e que é equivalente aos valores registados pelos trabalhadores europeus.

154   IMIGRANTES EM PORTUGAL

QUADRO 69. Distribuição dos trabalhadores por conta de outrem portugueses,
europeus e dos países lusófonos, segundo os ramos de actividade CAE
e as habilitações (2002)

	Agric., Silv., Caça e Pesca	Indústr. Extract. e Transf.	Electr., Gás e Água	Cons- trução	Comér- cio e Repar. veícul.	Alojam. e Restau- ração	Transp., Armaz. e Comun.	Act. fin., Imobil. e Serv. às Empres.	Serv. Sociais	Outras Activ. Serviç.	TOTAL
Portugueses											
Valores Absolutos	45 991	723 576	14 008	288 556	476 463	154 003	145 160	285 136	166 931	71 352	2 371 176
Ensino Básico	42 026	611 217	8 512	249 913	329 839	131 147	95 903	129 587	96 403	44 574	1 739 121
Ensino Secundário	2 383	78 898	3 022	23 263	117 415	19 808	33 094	92 595	32 034	16 195	418 707
Ensino Superior	1 582	33 461	2 474	15 380	29 209	3 048	16 163	62 954	38 494	10 583	213 348
Percentagens	100	100	100	100	100	100	100	100	100	100	100
Ensino Básico	91,4	84,5	60,8	86,6	69,2	85,2	66,1	45,4	57,8	62,5	73,3
Ensino Secundário	5,2	10,9	21,6	8,1	24,6	12,9	22,8	32,5	19,2	22,7	17,7
Ensino Superior	3,4	4,6	17,7	5,3	6,1	2,0	11,1	22,1	23,1	14,8	9,0
Europeus											
Valores Absolutos	2 303	12 880	11	17 837	4 984	5 109	1 772	6 991	1 736	1 086	54 709
Ensino Básico	1 845	9 437	4	14 782	3 081	3 592	1 148	4 783	469	590	39 731
Ensino Secundário	327	2 451	3	2 468	1 338	1 238	477	1 438	250	298	10 288
Ensino Superior	131	992	4	587	565	279	147	770	1 017	198	4 690
Percentagens	100	100	100	100	100	100	100	100	100	100	100
Ensino Básico	80,1	73,3	36,4	82,9	61,8	70,3	64,8	68,4	27,0	54,3	72,6
Ensino Secundário	14,2	19,0	27,3	13,8	26,8	24,2	26,9	20,6	14,4	27,4	18,8
Ensino Superior	5,7	7,7	36,4	3,3	11,3	5,5	8,3	11,0	58,6	18,2	8,6
Países Lusófonos											
Valores Absolutos	308	3 698	11	12 609	5 039	7 267	1 120	13 047	1 527	1 171	45 797
Ensino Básico	272	2 683	2	11 492	3 002	5 425	707	11 006	885	838	36 312
Ensino Secundário	28	801	3	885	1 813	1 708	292	1 544	330	255	7 659
Ensino Superior	8	214	6	232	224	134	121	497	312	78	1 826
Percentagens	100	100	100	100	100	100	100	100	100	100	100
Ensino Básico	88,3	72,6	18,2	91,1	59,6	74,7	63,1	84,4	58,0	71,6	79,3
Ensino Secundário	9,1	21,7	27,3	7,0	36,0	23,5	26,1	11,8	21,6	21,8	16,7
Ensino Superior	2,6	5,8	54,5	1,8	4,4	1,8	10,8	3,8	20,4	6,7	4,0

Fonte: DGEEP-MTSS, Quadros de Pessoal, 2002

GRÁFICO 34. Trabalhadores por conta de outrem portugueses, europeus e dos países lusófonos com o ensino secundário e superior, por ramos de actividade CAE (2002)

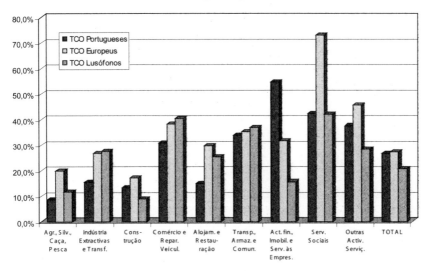

Fonte: DGEEP-MTSS, Quadros de Pessoal, 2002

Por principais nacionalidades de origem, os dados revelam que no sector primário existe uma maior proporção de trabalhadores brasileiros e da Europa de Leste com níveis de ensino secundário e superior, do que no caso dos trabalhadores portugueses (Quadro 70 e Gráfico 35). Esta situação tende a repetir-se no caso da indústria extractiva e transformadora (embora aqui os imigrantes brasileiros se destaquem, com cerca de 34% possuindo escolaridade secundária e superior), o mesmo sucedendo com as actividades associadas ao alojamento e à restauração. No comércio e reparação de veículos, bem como no caso dos serviços sociais, os imigrantes brasileiros tendem a destacar-se do ponto de vista das habilitações escolares, relativamente aos imigrantes da Europa de Leste e nacionais, cuja distribuição por habilitações se afigura, entre eles, muito semelhante.

Uma análise da distribuição dos trabalhadores por conta de outrem por categorias de qualificação profissional (segundo os diferentes sectores de actividade), permite-nos tecer duas considerações particularmente relevantes, e que vão no sentido das conclusões expressas, em termos dos perfis de integração da mão-de-obra imigrante no tecido económico nacional. A primeira consiste em assinalar que o perfil de qualificações profissionais dos

Quadro 70. Distribuição dos trabalhadores por conta de outrem portugueses, da Europa de Leste e do Brasil, segundo os ramos de actividade CAE e as habilitações (2002)

	Agric., Silv., Caça e Pesca	Indústr. Extract. e Transf.	Electr., Gás e Água	Cons-trução	Comér-cio e Repar. veícul.	Alojam. e Restau-ração	Transp., Armaz. e Comun.	Act. fin., Imobil. e Serv. às Empres.	Serv. Sociais	Outras Activ. Serviç.	TOTAL
Portugueses											
Valores Absolutos	45 991	723 576	14 008	288 556	476 463	154 003	145 160	285 136	166 931	71 352	2 371 176
Ensino Básico	42 026	611 217	8 512	249 913	329 839	131 147	95 903	129 587	96 403	44 574	1 739 121
Ensino Secundário	2 383	78 898	3 022	23 263	117 415	19 808	33 094	92 595	32 034	16 195	418 707
Ensino Superior	1 582	33 461	2 474	15 380	29 209	3 048	16 163	62 954	38 494	10 583	213 348
Percentagens	100	100	100	100	100	100	100	100	100	100	100
Ensino Básico	91,4	84,5	60,8	86,6	69,2	85,2	66,1	45,4	57,8	62,5	73,3
Ensino Secundário	5,2	10,9	21,6	8,1	24,6	12,9	22,8	32,5	19,2	22,7	17,7
Ensino Superior	3,4	4,6	17,7	5,3	6,1	2,0	11,1	22,1	23,1	14,8	9,0
Europa de Leste											
Valores Absolutos	2 087	11 144	5	17 223	3 606	4 065	1 397	6 013	672	689	46 901
Ensino Básico	1 724	8 596	3	14 404	2 476	3 018	1 000	4 523	385	451	36 580
Ensino Secundário	287	2 043	2	2 348	891	844	335	1 160	126	161	8 197
Ensino Superior	76	505	0	471	239	203	62	330	161	77	2 124
Percentagens	100	100	100	100	100	100	100	100	100	100	100
Ensino Básico	82,6	77,1	60,0	83,6	68,7	74,2	71,6	75,2	57,3	65,5	78,0
Ensino Secundário	13,8	18,3	40,0	13,6	24,7	20,8	24,0	19,3	18,8	23,4	17,5
Ensino Superior	3,6	4,5	0,0	2,7	6,6	5,0	4,4	5,5	24,0	11,2	4,5
Brasil											
Valores Absolutos	151	1 776	1	3 885	2 788	4 109	531	3 417	479	614	17 751
Ensino Básico	125	1 170	0	3 363	1 543	2 876	372	2 291	216	403	12 359
Ensino Secundário	23	490	0	397	1 106	1 147	121	894	143	171	4 492
Ensino Superior	3	116	1	125	139	86	38	232	120	40	900
Percentagens	100	100	100	100	100	100	100	100	100	100	100
Ensino Básico	82,8	65,9	0,0	86,6	55,3	70,0	70,1	67,0	45,1	65,6	69,6
Ensino Secundário	15,2	27,6	0,0	10,2	39,7	27,9	22,8	26,2	29,9	27,9	25,3
Ensino Superior	2,0	6,5	100,0	3,2	5,0	2,1	7,2	6,8	25,1	6,5	5,1

Fonte: DGEEP-MTSS, Quadros de Pessoal, 2002

trabalhadores imigrantes por conta de outrem expressa a tendência para um menor peso percentual dos cargos dirigentes no total de emprego de mão-de-obra imigrante por sector, e – correlativamente – um maior peso comparativo das categorias que correspondem a uma menor qualificação profissional. Ou seja, aos trabalhadores imigrantes que, como vimos anteriormente, tendem a apresentar (por sectores de actividade), níveis de escolaridade mais elevados que os trabalhadores nacionais, não é, em regra, reconhecido um correspondente acesso a categorias profissionais de mais alto nível.

GRÁFICO 35. Trabalhadores por conta de outrem portugueses, da Europa de Leste e do Brasil com o ensino secundário e superior, por ramos de actividade CAE (2002)

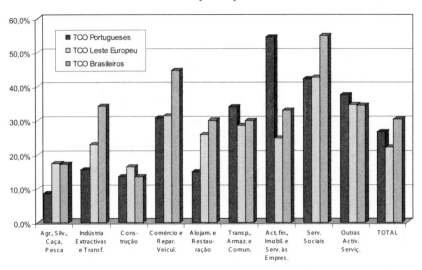

Fonte: DGEEP-MTSS, Quadros de Pessoal, 2002

A segunda constatação aponta para o facto de, por sectores, o acesso a níveis de qualificação profissional mais elevados (quadros dirigentes) ser apesar de tudo menos difícil, no caso da mão-de-obra imigrante, quando consideramos o emprego nos serviços sociais. O Quadro 71 e o Gráfico 36 dão-nos conta destas diferenças de distribuição, sugerindo assim que a oferta de emprego neste domínio é, em termos de integração de imigrantes (e portanto em matéria de não discriminação com base no factor nacionalidade geográfica), menos desfavorável.

158 IMIGRANTES EM PORTUGAL

QUADRO 71. Distribuição dos trabalhadores por conta de outrem nacionais e estrangeiros, segundo os ramos de actividade CAE e as qualificações profissionais (2002)

	Agric., Silv., Caça e Pesca	Indústr. Extract. e Transf.	Electr., Gás e Água	Construção	Comércio e Repar. veícul.	Alojam. e Restauração	Transp., Armaz. e Comun.	Act. fin., Imobil. e Serv. às Empres.	Serv. Sociais	Outras Activ. Serviç.	TOTAL
Portugueses											
Valores Absolutos	46 623	724 165	13 204	297 162	485 388	157 309	143 328	274 319	166 700	66 667	2 374 865
1) Quadros Superiores	1 177	23 574	1 809	11 920	19 791	3 435	10 664	31 407	16 200	5 865	125 842
2) Quadros Médios	585	14 669	397	7 344	11 732	3 776	5 969	23 821	18 307	4 761	91 361
3) Encarregados	1 743	32 337	683	19 229	19 518	4 112	5 566	5 525	2 642	1 749	93 104
4) Prof. Altam. Qualific.	677	33 740	2 718	5 613	27 631	9 500	22 305	33 983	17 052	7 044	160 263
5) Prof. Qualificados	11 231	326 851	6 210	172 136	256 185	67 907	73 621	93 932	33 780	21 061	1 062 914
6) Prof. Semi-qualificados	7 397	173 723	1 073	19 045	57 106	37 925	17 497	13 793	50 368	11 941	389 868
7) Prof. Não-Qualificados	23 138	56 243	258	46 522	51 871	17 062	5 538	62 035	25 688	7 104	295 459
8) Praticantes e Aprend.	675	63 028	56	15 353	41 554	13 592	2 168	9 823	2 663	7 142	156 054
Percentagens	100	100	100	100	100	100	100	100	100	100	100
1) Quadros Superiores	2,5	3,3	13,7	4,0	4,1	2,2	7,4	11,4	9,7	8,8	5,3
2) Quadros Médios	1,3	2,0	3,0	2,5	2,4	2,4	4,2	8,7	11,0	7,1	3,8
3) Encarregados	3,7	4,5	5,2	6,5	4,0	2,6	3,9	2,0	1,6	2,6	3,9
4) Prof. Altam. Qualific.	1,5	4,7	20,6	1,9	5,7	6,0	15,6	12,4	10,2	10,6	6,7
5) Prof. Qualificados	24,1	45,1	47,0	57,9	52,8	43,2	51,4	34,2	20,3	31,6	44,8
6) Prof. Semi-qualificados	15,9	24,0	8,1	6,4	11,8	24,1	12,2	5,0	30,2	17,9	16,4
7) Prof. Não-Qualificados	49,6	7,8	2,0	15,7	10,7	10,8	3,9	22,6	15,4	10,7	12,4
8) Praticantes e Aprend.	1,4	8,7	0,4	5,2	8,6	8,6	1,5	3,6	1,6	10,7	6,6
Estrangeiros											
Valores Absolutos	2 986	18 511	11	35 568	11 994	15 317	3 174	17 861	3 587	2 390	111 399
1) Quadros Superiores	39	591	6	241	392	194	129	689	386	127	2 794
2) Quadros Médios	14	266	1	159	192	194	63	308	816	157	2 170
3) Encarregados	44	295	0	356	249	134	36	110	31	28	1 283
4) Prof. Altam. Qualific.	9	345	3	128	267	527	196	413	339	225	2 452
5) Prof. Qualificados	438	5 218	1	15 903	4 381	5 453	2 156	3 116	457	660	37 783
6) Prof. Semi-qualificados	583	3 724	0	1 904	2 236	4 216	270	1 132	912	572	15 549
7) Prof. Não-Qualificados	1 809	4 343	0	15 697	2 827	2 458	253	11 851	585	393	40 216
8) Praticantes e Aprend.	50	3 729	0	1 180	1 450	2 141	71	242	61	228	9 152
Percentagens	100	100	100	100	100	100	100	100	100	100	100
1) Quadros Superiores	1,3	3,2	54,5	0,7	3,3	1,3	4,1	3,9	10,8	5,3	2,5
2) Quadros Médios	0,5	1,4	9,1	0,4	1,6	1,3	2,0	1,7	22,7	6,6	1,9
3) Encarregados	1,5	1,6	0,0	1,0	2,1	0,9	1,1	0,6	0,9	1,2	1,2
4) Prof. Altam. Qualific.	0,3	1,9	27,3	0,4	2,2	3,4	6,2	2,3	9,5	9,4	2,2
5) Prof. Qualificados	14,7	28,2	9,1	44,7	36,5	35,6	67,9	17,4	12,7	27,6	33,9
6) Prof. Semi-qualificados	19,5	20,1	0,0	5,4	18,6	27,5	8,5	6,3	25,4	23,9	14,0
7) Prof. Não-Qualificados	60,6	23,5	0,0	44,1	23,6	16,0	8,0	66,4	16,3	16,4	36,1
8) Praticantes e Aprend.	1,7	20,1	0,0	3,3	12,1	14,0	2,2	1,4	1,7	9,5	8,2

(1) – Quadros Superiores
(2) – Quadros Médios
(3) – Encarregados
(4) – Profissionais Altamente Qualificados

(5) – Profissionais Qualificados
(6) – Profissionais Semi-qualificados
(7) – Profissionais Não Qualificados
(8) – Praticantes e Aprendizes

Fonte: DGEEP-MTSS, Quadros de Pessoal, 2002

GRÁFICO 36. Trabalhadores por conta de outrem nacionais e estrangeiros, a ocupar categorias profissionais dirigentes, por ramos de actividade CAE (2002)

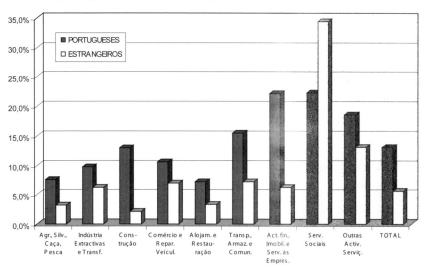

Fonte: DGEEP-MTSS, Quadros de Pessoal, 2002

Com efeito, no total da mão-de-obra nacional (e ao contrário nos serviços sociais), cerca de 13% dos trabalhadores ocupam categorias associadas a quadros dirigentes (Quadros Superiores, Quadros Médios e Encarregados)[34], enquanto que esse valor se reduz para cerca de 6% ao consideramos o total de mão-de-obra imigrante.

A diferença do peso de mão-de-obra afecta a cargos dirigentes, segundo a nacionalidade, é todavia mais expressiva, no caso dos trabalhadores portugueses, em sectores como o da construção (13% na mão-de-obra nacional e cerca de 2% no caso da mão-de-obra imigrante); dos transportes, armazenagem e comunicações (16 contra 7%, respectivamente); e das actividades financeiras, imobiliárias e de serviços às empresas (22 contra 6%). Já no caso dos serviços sociais, como referimos, esta situação inverte-se muito significativamente, com os trabalhadores imigrantes empregados neste sector a evidenciarem

---

[34] Nestes cruzamentos não são consideradas as situações ignoradas de categoria de qualificação profissional, sendo igualmente desconsiderada (em termos estatísticos), a informação relativa ao sector da electricidade, gás e água (pelas razões anteriormente referidas).

um peso percentual (cerca de 34%) de quadros dirigentes, que é superior ao peso observado quando consideramos os trabalhadores por conta de outrem nacionais (cerca de 22% ocupam neste sector categorias profissionais relativas a Quadros Superiores, Quadros Médios e Encarregados).

No que respeita às actividades da agricultura, silvicultura e pescas, predominam no conjunto os profissionais não qualificados (que são cerca de 50% do total de trabalhadores portugueses empregados neste sector e cerca de 62% dos trabalhadores imigrantes), sendo as categorias de qualificação profissional dominantes nas actividades industriais as que se referem aos profissionais qualificados, semi-qualificados, não qualificados e praticantes e aprendizes.

Nestes sectores, e no caso dos trabalhadores portugueses por conta de outrem, trata-se sobretudo de profissionais qualificados (45%) e semi-qualificados (24%), que perfazem assim um total de quase 70% da mão-de-obra nacional, sendo que no volume de emprego de imigrantes nas actividades ligadas à indústria, as categorias prevalecentes abrangem os trabalhadores qualificados (28%), semi-qualificados (20%), não qualificados (24%) e praticantes e aprendizes (cerca de 20%). Ou seja, perante níveis de qualificação profissional que expressam um menor peso comparativo da categoria relativa aos profissionais qualificados da indústria (45% no caso da mão-de-obra nacional contra 28% no caso da mão-de-obra imigrante), e um maior peso nas categorias de menor qualificação profissional (os praticantes e aprendizes imigrantes representam 20% do total de imigrantes empregados em actividades industriais, sendo esse valor de apenas 9% no caso da mão-de-obra nacional), a distribuição dos imigrantes pelas categorias profissionais mais representativas releva-se mais equilibrada do que a distribuição observada no caso da mão-de-obra nacional afecta ao sector industrial.

Esta tendência para um maior equilíbrio na distribuição por categorias de qualificação profissional, mas igualmente para menores níveis de qualificação, verifica-se também noutros sectores. É o caso do sector da construção (onde cerca de 58% da mão-de-obra nacional empregada é considerada qualificada, sendo de 45% a mão-de-obra imigrante classificada nesta categoria, a par de um peso igualmente relevante da mão-de-obra imigrante não qualificada, de 44%). Como é o caso do sector do comércio e reparação de veículos, em que os profissionais qualificados portugueses representam 53% do total de trabalhadores por conta de outrem empregados neste sector, sendo a distribuição da mão-de-obra estrangeira mais dispersa (37% são profissionais qualificados e cerca de 24% não qualificados).

Por último, refira-se a situação semelhante que se encontra no sector do alojamento e restauração, onde os trabalhadores nacionais qualificados representam cerca de 43%, valor aproximadamente superior em 10% ao registado pela mão-de-obra imigrante empregada. Neste sector, à semelhança dos anteriores, o peso das categorias profissionais que denotam uma menor qualificação é tendencialmente mais elevado, como demonstra o peso percentual de imigrantes por conta de outrem nas categorias "profissionais não qualificados" e "praticantes e aprendizes". Representam 47% na construção (situando-se o peso da mão-de-obra nacional em cerca de 20%); 36% no comércio (19% no caso da mão de obra portuguesa); e 30% no sector do alojamento e restauração (onde os trabalhadores portugueses inseridos nas categorias "não qualificados" e praticantes e aprendizes representam cerca de 20%).

Analisando a relação entre categorias de qualificação profissional e sectores de actividade, mas procedendo agora a uma distinção entre os trabalhadores nacionais por conta de outrem e os trabalhadores imigrantes provenientes de países europeus e dos países lusófonos (Quadro 72 e Gráfico 37), constatamos existir uma certa diferenciação face aos resultados obtidos quando procedemos à análise da mão-de-obra imigrante na sua totalidade, segundo a distribuição por categorias de qualificação profissional.

Assim, em termos de categorias de qualificação profissional relativas a quadros dirigentes (Quadros Superiores, Quadros Médios e Encarregados), constatamos que o maior peso da mão-de-obra imigrante empregada nos serviços sociais decorre sobretudo do trabalho imigrante proveniente de países europeus (do total de imigrantes europeus empregados neste sector, cerca de 47% encontram-se afectos a quadros dirigentes, valor que no caso dos trabalhadores nacionais se restringe a um peso percentual de aproximadamente 22%). Com efeito, ao considerarmos a mão-de-obra imigrante lusófona empregada nesta área de actividade, o peso percentual de quadros dirigentes é já inferior ao valor nacional, situando-se em cerca de 19% (sendo todavia este o sector em que a representatividade de trabalhadores lusófonos por conta de outrem nas categorias correspondentes aos quadros dirigentes é superior, o que reforça a tese de uma maior acessibilidade do sector Estado à integração de mão-de-obra imigrante).

162   IMIGRANTES EM PORTUGAL

QUADRO 72. Distribuição dos trabalhadores por conta de outrem portugueses, europeus e dos países lusófonos, segundo os ramos de actividade CAE e as qualificações profissionais (2002)

	Agric., Silv., Caça e Pesca	Indústr. Extract. e Transf.	Electr., Gás e Água	Cons- trução	Comér- cio e Repar. veícul.	Alojam. e Restau- ração	Transp., Armaz. e Comun.	Act. fin., Imobil. e Serv. às Empres.	Serv. Sociais	Outras Activ. Serviç.	TOTAL
Portugueses											
Percentagens	100	100	100	100	100	100	100	100	100	100	100
1) Quadros Superiores	2,5	3,3	13,7	4,0	4,1	2,2	7,4	11,4	9,7	8,8	5,3
2) Quadros Médios	1,3	2,0	3,0	2,5	2,4	2,4	4,2	8,7	11,0	7,1	3,8
3) Encarregados	3,7	4,5	5,2	6,5	4,0	2,6	3,9	2,0	1,6	2,6	3,9
4) Prof. Altam. Qualific.	1,5	4,7	20,6	1,9	5,7	6,0	15,6	12,4	10,2	10,6	6,7
5) Prof. Qualificados	24,1	45,1	47,0	57,9	52,8	43,2	51,4	34,2	20,3	31,6	44,8
6) Prof. Semi-qualificados	15,9	24,0	8,1	6,4	11,8	24,1	12,2	5,0	30,2	17,9	16,4
7) Prof. Não-Qualificados	49,6	7,8	2,0	15,7	10,7	10,8	3,9	22,6	15,4	10,7	12,4
8) Praticantes e Aprend.	1,4	8,7	0,4	5,2	8,6	8,6	1,5	3,6	1,6	10,7	6,6
Europeus											
Valores Absolutos	2 530	13 979	5	20 301	5 445	5 584	1 922	5 896	1 822	1 051	58 535
1) Quadros Superiores	31	435	2	108	291	104	68	414	190	76	1 719
2) Quadros Médios	11	171	0	97	142	105	29	164	641	89	1 449
3) Encarregados	35	201	0	110	120	74	24	47	16	21	648
4) Prof. Altam. Qualific.	8	213	2	47	130	213	67	189	223	115	1 207
5) Prof. Qualificados	342	3 692	1	7 751	1 828	1 561	1 394	1 445	162	267	18 443
6) Prof. Semi-qualificados	495	2 718	0	1 098	1 094	1 783	160	397	317	236	8 298
7) Prof. Não-Qualificados	1 561	3 516	0	10 294	1 266	1 099	149	3 122	238	151	21 396
8) Praticantes e Aprend.	47	3 033	0	796	574	645	31	118	35	96	5 375
Percentagens	100	100	100	100	100	100	100	100	100	100	100
1) Quadros Superiores	1,2	3,1	40,0	0,5	5,3	1,9	3,5	7,0	10,4	7,2	2,9
2) Quadros Médios	0,4	1,2	0,0	0,5	2,6	1,9	1,5	2,8	35,2	8,5	2,5
3) Encarregados	1,4	1,4	0,0	0,5	2,2	1,3	1,2	0,8	0,9	2,0	1,1
4) Prof. Altam. Qualific.	0,3	1,5	40,0	0,2	2,4	3,8	3,5	3,2	12,2	10,9	2,1
5) Prof. Qualificados	13,5	26,4	20,0	38,2	33,6	28,0	72,5	24,5	8,9	25,4	31,5
6) Prof. Semi-qualificados	19,6	19,4	0,0	5,4	20,1	31,9	8,3	6,7	17,4	22,5	14,2
7) Prof. Não-Qualificados	61,7	25,2	0,0	50,7	23,3	19,7	7,8	53,0	13,1	14,4	36,6
8) Praticantes e Aprend.	1,9	21,7	0,0	3,9	10,5	11,6	1,6	2,0	1,9	9,1	9,2

(continua)

PERFIS DO TRABALHO NACIONAL E DO TRABALHO IMIGRANTE   163

(continuação)

	Agric., Silv., Caça e Pesca	Indústr. Extract. e Transf.	Electr., Gás e Água	Cons-trução	Comér-cio e Repar. veícul.	Alojam. e Restau-ração	Transp., Armaz. e Comun.	Act. fin., Imobil. e Serv. às Empres.	Serv. Sociais	Outras Activ. Serviç.	TOTAL
Países Lusófonos											
Valores Absolutos	327	3 754	5	13 631	5 394	7 711	1 150	10 953	1 547	1 099	45 571
1) Quadros Superiores	5	97	3	120	68	48	56	219	160	36	812
2) Quadros Médios	1	60	1	52	41	70	27	112	118	46	528
3) Encarregados	9	72	0	230	99	52	10	58	12	6	548
4) Prof. Altam. Qualific.	1	99	1	67	114	216	107	184	92	76	957
5) Prof. Qualificados	73	1 295	0	7 518	2 032	3 028	714	1 447	277	341	16 725
6) Prof. Semi-qualificados	74	874	0	734	877	1 881	103	671	543	282	6 039
7) Prof. Não-Qualificados	161	683	0	4 562	1 403	1 185	100	8 153	321	184	16 752
8) Praticantes e Aprend.	3	574	0	348	760	1 231	33	109	24	128	3 210
Percentagens	100	100	100	100	100	100	100	100	100	100	100
1) Quadros Superiores	1,5	2,6	60,0	0,9	1,3	0,6	4,9	2,0	10,3	3,3	1,8
2) Quadros Médios	0,3	1,6	20,0	0,4	0,8	0,9	2,3	1,0	7,6	4,2	1,2
3) Encarregados	2,8	1,9	0,0	1,7	1,8	0,7	0,9	0,5	0,8	0,5	1,2
4) Prof. Altam. Qualific.	0,3	2,6	20,0	0,5	2,1	2,8	9,3	1,7	5,9	6,9	2,1
5) Prof. Qualificados	22,3	34,5	0,0	55,2	37,7	39,3	62,1	13,2	17,9	31,0	36,7
6) Prof. Semi-qualificados	22,6	23,3	0,0	5,4	16,3	24,4	9,0	6,1	35,1	25,7	13,3
7) Prof. Não-Qualificados	49,2	18,2	0,0	33,5	26,0	15,4	8,7	74,4	20,7	16,7	36,8
8) Praticantes e Aprend.	0,9	15,3	0,0	2,6	14,1	16,0	2,9	1,0	1,6	11,6	7,0

Fonte: DGEEP-MTSS, Quadros de Pessoal, 2002

Curiosamente, em sectores como o da agricultura, silvicultura e pescas; actividades industriais, construção e transportes, os imigrantes lusófonos apresentam percentagens de quadros dirigentes superiores aos observados no caso dos imigrantes provenientes de países europeus (Gráfico 37). A explicação desta situação, atendendo a que os trabalhadores imigrantes por conta de outrem provenientes de países lusófonos apresentam menores níveis de qualificação escolar, poderá advir do facto de, pela circunstância de se tratar de uma imigração menos recente, nestes sectores o tempo ter favorecido alguma progressão em termos profissionais. No caso de sectores ligados aos serviços, todavia, esta diferenciação já não se verifica, sendo por isso de admitir que nestes casos se tenha verificado a receptividade a um reconhecimento mais imediato da qualificação do trabalho imigrante proveniente da Europa. Ao que acresce, importa sublinhar, que é nas actividades terciárias que encontramos também um maior peso dos imigrantes da União Europeia, cujos níveis de qualificação escolar e profissionais são em regra mais rapidamente reconhecidos pelos diferentes domínios de actividade e emprego relativos a este sector.

GRÁFICO 37. Trabalhadores por conta de outrem portugueses, europeus e dos países lusófonos, categorias profissionais dirigentes, por ramos de actividade CAE (2002)

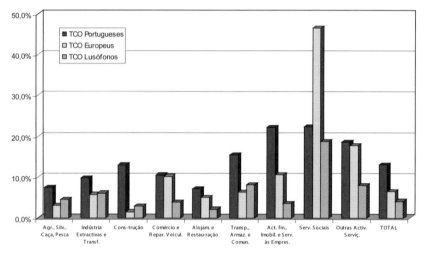

Fonte: DGEEP-MTSS, Quadros de Pessoal, 2002

Considere-se por último a distribuição do peso percentual, por grandes grupos de nacionalidades, das categorias profissionais correspondentes a menores níveis de qualificação (profissionais não qualificados e praticantes e aprendizes), que o Gráfico 38 ilustra.

A primeira constatação é, desde logo, o peso em regra muito significativo das categorias de baixa qualificação por sector de actividade, embora com algumas diferenciações segundo os grupos de nacionalidades considerados. No sector primário, é em qualquer dos casos muito expressivo o peso percentual de profissionais não qualificados e de praticantes e aprendizes (que perfazem cerca de 60% dos trabalhadores europeus empregados por conta de outrem na agricultura, silvicultura e pescas, e que representam cerca de 50% no caso da mão-de-obra nacional e da mão-de-obra proveniente de países lusófonos).

GRÁFICO 38. Trabalhadores por conta de outrem portugueses, europeus e dos países lusófonos, que ocupam categorias de menor qualificação profissional, por ramos de actividade CAE (2002)

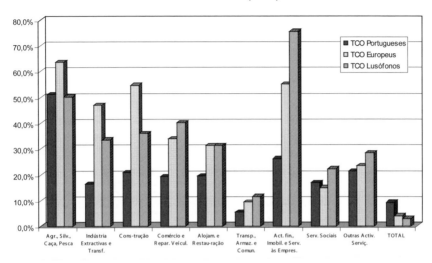

Fonte: DGEEP-MTSS, Quadros de Pessoal, 2002

Nas actividades ligadas à indústria e construção, a mão-de-obra europeia é novamente a que apresenta uma maior proporção de trabalhadores com baixos níveis de qualificação (entre 40 e 60%), quando comparada com os valores observados no caso da mão-de-obra nacional (entre 15 e 20%), e dos países lusófonos (que oscilam entre 30 e 40%). Estes sectores, que são por natureza os mais extensivos em termos de mercado de trabalho, são assim aqueles onde a mão-de-obra imigrante europeia (em primeiro grau) e a mão-de-obra proveniente de países lusófonos (num segundo grau), ocupa patamares baixos de qualificação profissional.

Nas actividades financeiras, imobiliárias e de serviços às empresas, os imigrantes lusófonos destacam-se de modo muito significativo nas categorias de menor qualificação (dos imigrantes lusófonos empregados neste sector, mais de 70% são enquadrados no grupo dos não qualificados e praticantes e aprendizes), sendo igualmente relevante o peso percentual que os imigrantes europeus registam (cerca de 55%). No caso da mão-de-obra nacional, este valor é inferior a 30%.

Com percentagens próximas ou inferiores a 30% de profissionais não qualificados e praticantes e aprendizes, face ao total de imigrantes segundo a nacionalidade e por sector, encontramos os trabalhadores por conta de outrem europeus e lusófonos nas actividades ligadas ao alojamento e restauração, transportes, armazenagem e comunicações, e serviços sociais, ou seja, actividades do sector terciário. Nestas, o peso das categorias que correspondem a menores níveis de qualificação, tende a ser mais elevado no caso dos imigrantes lusófonos do que no caso dos imigrantes europeus.

4. Conclusão

Mesmo quando se considera informação que gera alguma "opacidade" relativamente às habilitações dos imigrantes, temos de concluir que a imigração em Portugal segue relativamente de perto, pelo menos, as habilitações da população nacional. Embora só uma desagregação por origens permita conclusões mais sólidas, a verdade é que a hipótese de que estes trabalhadores dispõem de um capital escolar importante é defensável. O Índice de Escolaridade que construímos permite destacar o significado, neste plano, da imigração proveniente da União Europeia a 25 países e a brasileira.

No entanto, os trabalhadores estrangeiros mantêm, apesar da evolução registada, um posição subalterna no exercício profissional. O Índice de Qualificações que elaborámos demonstra isso, assim como o demonstra a distribuição por níveis de qualificação. Por isso, apesar da evolução que constatámos no sentido de a mão-de-obra imigrante tender a distribuir-se por ramos de actividade de uma forma mais "normal", não sendo aceitável dizer-se que os imigrantes se "acantonam" num ou dois sectores da economia, a verdade é que há actividades que baseiam a sua expansão num recurso mais acentuado ao trabalho estrangeiro. Isto também quer significar que esta mão-de-obra está especialmente associada às lógicas de mudança da economia, em termos sectoriais. Para além do que é conhecido no sector da construção, o caso da restauração e da terciarização, em geral, da economia, evidencia isso, visto que a percentagem de trabalhadores imigrantes no total da mão-de-obra de cada ramo é cerca do dobro do peso que os estrangeiros têm no conjunto da economia. Mas é o facto de quase 1/3 dos imigrantes serem profissionalmente designados como trabalhadores não qualificados (quando com os portugueses isso acontece apenas a 13%) que deve continuar a ser sublinhado.

Os imigrantes qualificados existem, na economia portuguesa: é a escolarização que os qualifica. Quase 1/4 da mão-de-obra estrangeira tem o ensino secundário ou o superior. No caso dos imigrantes que provêm da União Europeia estes são bem mais de metade. Entre os brasileiros isso é verdade para 27%. Mas já não é assim, segundo a fonte estatística que estamos a usar, para os do Leste Europeu (podendo admitir-se que estamos perante uma omissão estatística). Em sete dos dez ramos de actividade que estudámos, a percentagem de trabalhadores estrangeiros com habilitações secundárias ou superiores é mais elevada que a correspondente entre os trabalhadores portugueses: só não é assim nas actividades imobiliárias e de serviço às empresas e nos serviços sociais. Mas, segundo as profissões ou os níveis de qualificação, os estrangeiros só superam os portugueses nos estratos não qualificados.

CAPÍTULO VI
IMIGRAÇÃO E TERRITÓRIO

Uma das finalidades principais deste estudo consiste, como já se disse, em apreciar a inserção dos imigrantes no trabalho. Neste capítulo aprofunda-se esse objectivo através de uma análise que desenvolve em dois planos principais a constatação feita anteriormente, segundo a qual o impacto quantitativo dos imigrantes no mercado de trabalho ultrapassa os 5% a nível nacional. Veremos agora que, regionalmente, esse impacto chega a atingir valores superiores a 15%. Por isso procuraremos, no plano territorial, captar os efeitos produzidos pela imigração nos espaços de acolhimento, dando particular atenção às diferenciações geográficas. Finalmente, dá-se relevo espacial às habilitações e qualificações dos imigrantes enquanto medida desses mesmos impactos.

1. A distribuição e a intensidade territorial da mão-de-obra imigrante
Um dos dados mais característicos da imigração, quando ela se tornou massiva, foi, de facto, a sua difusão espacial. Essa é, aliás, uma das originalidades do fenómeno imigratório recente. Os trabalhadores imigrantes distribuem-se territorialmente de forma expressiva e, nessa medida, contrastante com o que se passou anteriormente, quando a mão-de-obra era essencialmente proveniente dos países da CPLP e se concentrava na área metropolitana de Lisboa.

O modelo de difusão territorial da mão-de-obra imigrante tem, contudo, um perfil bem definido. Como se vê (Quadro 73), a sua distribuição por NUTS II evidencia uma relativa concentração na Região de Lisboa e na do Algarve, que acolhem conjuntamente cerca de 65% do total de trabalhadores estrangeiros. Tratando-se de territórios cujo peso global no mercado de trabalho é de cerca de 35%, ou seja praticamente metade do valor encontrado, facilmente se constata que estamos perante espaços de especial aglomeração da imigração. A esta escala, temos uma primeira aproximação à incidência territorial do trabalho imigrante por conta de outrem. De facto, as outras NUTS II têm um peso percentual no volume nacional de trabalhadores imigrantes inferior ao peso que têm no total da mão-de-obra, embora deva ser assinalada a posição do Alentejo, em que as duas medidas quase se aproximam. Este último facto, numa região com fragilidades conhecidas, mostra bem como a imigração é um factor reequilibrador do território.

QUADRO 73. Distribuição territorial dos trabalhadores por conta de outrem segundo a nacionalidade, e Índice de Distribuição Territorial do Trabalho Imigrante, por NUTS II e III (2005)

	Total de Trabalhadores		Trabalhadores Estrangeiros		Imigrantes no total de trabalhadores (%)	Índice Distribuição Territorial do Trabalho Imigrante
	Nº	%	Nº	%		
Norte	**994 988**	**34,9**	**20 610**	**13,5**	**2,1**	**0,4**
Minho-Lima	54 170	1,9	1 190	0,8	2,2	0,4
Cávado	114 047	4,0	2 416	1,6	2,1	0,4
Ave	162 934	5,7	2 366	1,6	1,5	0,3
Grande Porto	369 002	12,9	9 086	6,0	2,5	0,5
Tâmega	138 459	4,9	1 573	1,0	1,1	0,2
Entre Douro e Vouga	90 335	3,2	1 753	1,2	1,9	0,4
Douro	37 693	1,3	1 047	0,7	2,8	0,5
Alto Trás-os-Montes	28 348	1,0	1 179	0,8	4,2	0,8
Centro	**581 139**	**20,4**	**21 169**	**13,9**	**3,6**	**0,7**
Baixo Vouga	111 256	3,9	3 245	2,1	2,9	0,5
Baixo Mondego	78 759	2,8	2 644	1,7	3,4	0,6
Pinhal Litoral	84 637	3,0	3 997	2,6	4,7	0,9
Pinhal Interior Norte	26 493	0,9	459	0,3	1,7	0,3
Dão-Lafões	63 387	2,2	1 431	0,9	2,3	0,4
Pinhal Interior Sul	7 008	0,2	204	0,1	2,9	0,5
Serra da Estrela	8 857	0,3	148	0,1	1,7	0,3
Beira Interior Norte	21 444	0,8	395	0,3	1,8	0,3
Beira Interior Sul	15 593	0,5	476	0,3	3,1	0,6
Cova da Beira	19 488	0,7	286	0,2	1,5	0,3
Oeste	88 764	3,1	5 846	3,8	6,6	1,2
Médio Tejo	55 453	1,9	2 038	1,3	3,7	0,7
Lisboa	**870 406**	**30,5**	**79 382**	**52,1**	**9,1**	**1,7**
Grande Lisboa	720 930	25,3	68 007	44,6	9,4	1,8
Península de Setúbal	149 476	5,2	11 375	7,5	7,6	1,4
Alentejo	**166 031**	**5,8**	**8 554**	**5,6**	**5,2**	**1,0**
Alentejo Litoral	20 674	0,7	1 513	1,0	7,3	1,4
Alto Alentejo	23 495	0,8	926	0,6	3,9	0,7
Alentejo Central	38 759	1,4	1728	1,1	4,5	0,8
Baixo Alentejo	22 502	0,8	781	0,5	3,5	0,7
Lezíria do Tejo	60 601	2,1	3606	2,4	6,0	1,1
Algarve	**126 175**	**4,4**	**19 359**	**12,7**	**15,3**	**2,9**
Algarve	126 175	4,4	19 359	12,7	15,3	2,9
Continente	**2 738 739**	**96,0**	**149 074**	**97,9**	**5,4**	**1,0**
Reg. Aut. Açores	50 312	1,8	1 009	0,7	2,0	0,4
Reg. Aut. Madeira	65 246	2,3	2 252	1,5	3,5	0,6
TOTAL	2 854 297	100	152 335	100	5,3	1,0

Fonte: DGEEP-MTSS, Quadros de Pessoal, 2005

Questão complementar é a do peso da imigração no interior dos mercados de trabalho de cada região. Também aqui se continuam a destacar os casos da Região de Lisboa e do Algarve (com respectivamente 9,1 e 15,3%), valores que se destacam da média nacional, de 5,3%. Também com algum relevo, surge o Alentejo, onde de 5,2% dos trabalhadores por conta de outrem são estrangeiros.

A uma escala territorial mais fina, correspondente às NUTS III, vamos encontrar expressões percentuais de distribuição territorial do trabalho imigrante bem mais significativas que as registadas ao nível das NUTS II. É na Grande Lisboa (44,6%) que se encontra a grande parte da imigração da Região Lisboa, visto que a Península de Setúbal só representa 7,5%. Com o Algarve (12,7%) e o Grande Porto (6%) atinge-se, no conjunto, 70% da mão--de-obra imigrante por conta de outrem do país.

Observando o peso da imigração nos mercados de trabalho regionais, são seis as NUTS III com percentagens de trabalhadores imigrantes face ao total de trabalhadores por conta de outrem superiores à média nacional (5,3%): Algarve (onde 15 em cada 100 trabalhadores são imigrantes); Grande Lisboa (9% dos trabalhadores são imigrantes); Península de Setúbal (8%); e Alentejo Litoral, Oeste e Lezíria do Tejo, onde o peso do trabalho imigrante oscila entre 6,0 e 7,3%. Apenas no interior da Região Norte e da Região Centro o peso percentual de trabalhadores imigrantes no total da mão-de-obra por conta de outrem é inferior a metade da média observada à escala nacional, verificando-se que o Norte Interior assume valores idênticos aos registados no Centro Litoral e Sul Interior (Figura 6).

Para além da distribuição, interessa-nos observar com detalhe o que podemos chamar intensidade espacial da imigração. Recorremos nestes termos ao *Índice de Distribuição Territorial do Trabalho Imigrante*[35]. Este índice (Quadro 73 e Figura 6) pode ser encarado como uma medida da polarização que um dado território exerce sobre o universo de mão-de-obra imigrante chegada ao país. De forma simples, os valores superiores à unidade mostram que uma unidade espacial tem maior atracção relativa de imigrantes do que o país no seu conjunto. Deste modo, combinando distribuição com capacidade de atracção, podemos ver melhor a geografia da imigração.

---

[35] Este índice obtém-se dividindo a percentagem de imigrantes no total dos trabalhadores de cada área geográfica (NUTS III) pela percentagem de imigrantes no total de trabalhadores a nível nacional.

FIGURA 6. Indicadores da distribuição territorial do trabalho imigrante (2005)

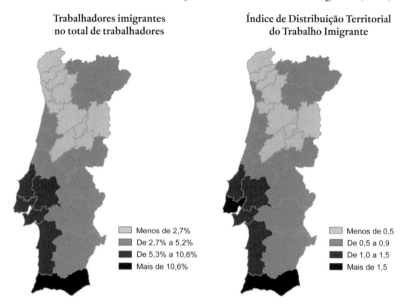

Fonte: DGEEP-MTSS, Quadros de Pessoal, 2005

A análise do índice mostra-nos agora que há seis NUTS III que se destacam do ponto de vista da sua intensidade de atracção (em virtude de registarem valores superiores à unidade). Trata-se antes de mais da Grande Lisboa e do Algarve (que superam uma vez e meia a unidade de referência), seguindo-se-lhes a Península de Setúbal, o Alentejo Litoral, o Oeste e a Lezíria do Tejo (com valores entre a unidade e uma vez e meia a unidade). No caso do Algarve, o peso da mão-de-obra imigrante quase triplica, nesta NUTS III, o peso dos imigrantes no total de trabalhadores por conta de outrem à escala nacional. Estes são, pois, os territórios do país onde a intensidade da imigração é maior, surgindo novamente o Interior Norte com valores acima dos registados no Norte Litoral e no Centro Interior, ainda que inferiores ao valor de referência nacional.

Este último exercício convida a que se veja a questão também à escala concelhia. Se o peso do trabalho imigrante no volume global da mão-de-obra por conta de outrem se situa, em 2005, em cerca de 5,3% (existindo como vimos um total de seis NUTS III que registam valores superiores a esta média), a análise por concelhos permite-nos encontrar valores percentuais ainda mais expressivos da inserção territorial do trabalho imigrante. Com efeito, 76 concelhos apresentam um peso de trabalhadores imigrantes superior a 5,3%, o que significa que cerca de um em cada quatro concelhos do país tem uma percentagem de imigrantes no total da mão-de-obra por conta de outrem superior ao valor obtido à escala nacional.

Na Região Norte e na Região Centro (Quadro 74), mas sobretudo nesta última, encontramos 19 concelhos (em 186) nesta situação, cabendo subli-

QUADRO 74. Concelhos da Região Norte e da Região Centro com percentagens de mão-de-obra imigrante superiores à média nacional (2005)

	Total de Trabalhadores		Trabalhadores Estrangeiros		Imigrantes no total de trabalhadores (%)	Índice Distribuição Territorial do Trabalho Imigrante
	Nº	%	Nº	%		
Norte	**994 988**	**34,9**	**20 610**	**13,5**	**2,1**	**0,4**
Tarouca	1 985	0,1	354	0,2	17,8	3,3
Montalegre	1 057	0,0	75	0,0	7,1	1,3
Chaves	6 551	0,2	368	0,2	5,6	1,1
Bragança	6 076	0,2	333	0,2	5,5	1,0
Valença	3 490	0,1	185	0,1	5,3	1,0
Centro	**581 139**	**20,4**	**21 169**	**13,9**	**3,6**	**0,7**
Arruda dos Vinhos	2 853	0,1	335	0,2	11,7	2,2
Alenquer	13 476	0,5	1 332	0,9	9,9	1,9
Condeixa-a-Nova	2 467	0,1	226	0,1	9,2	1,7
Sobral Monte Agraço	1 814	0,1	147	0,1	8,1	1,5
Idanha-a-Nova	1 822	0,1	143	0,1	7,8	1,5
Lourinhã	5 100	0,2	352	0,2	6,9	1,3
Torres Vedras	18 844	0,7	1 280	0,8	6,8	1,3
Caldas da Rainha	13 313	0,5	866	0,6	6,5	1,2
Porto de Mós	7 010	0,2	438	0,3	6,2	1,2
Óbidos	2 523	0,1	156	0,1	6,2	1,2
Pombal	15 596	0,5	929	0,6	6,0	1,1
Ourém	14 651	0,5	813	0,5	5,5	1,0
Cadaval	2 517	0,1	138	0,1	5,5	1,0
Oliveira de Frades	3 259	0,1	176	0,1	5,4	1,0
TOTAL PAÍS	**2 854 297**	**100**	**152 335**	**100**	**5,3**	**1,0**

Fonte: DGEEP-MTSS, Quadros de Pessoal, 2005

nhar os casos de Tarouca, onde em quase cada cinco trabalhadores por conta de outrem um é imigrante, mas igualmente o caso de Arruda dos Vinhos (com cerca de 12% de mão-de-obra imigrante no total de mão-de-obra por conta de outrem), bem como de Alenquer e Condeixa-a-Nova (concelhos em que o peso percentual de imigrantes ronda os 9%).

De um modo geral, estes concelhos com maior relevância de mão-de-obra imigrante no total da mão-de-obra por conta de outrem, localizam-se em Trás-os-Montes, a Norte, e em zonas contíguas à Área Metropolitana de Lisboa e ao Oeste, na Região Centro. Trata-se, aliás, de uma distribuição que permite antever a situação que se verifica na Grande Lisboa e na Península de Setúbal, pólos incontornáveis de atracção da mão-de-obra imigrante (Quadro 75).

QUADRO 75. Concelhos da Região de Lisboa com percentagens de mão-de-obra imigrante superiores à média nacional (2005)

	Total de Trabalhadores		Trabalhadores Estrangeiros		Imigrantes no total de trabalhadores	Índice Distribuição Territorial do Trabalho Imigrante
	Nº	%	Nº	%	(%)	
Lisboa	**870 406**	**30,5**	**79 382**	**52,1**	**9,1**	**1,7**
Sintra	76 326	2,7	9 154	6,0	12,0	2,2
Odivelas	19 911	0,7	2 228	1,5	11,2	2,1
Cascais	42 805	1,5	4 690	3,1	11,0	2,1
Amadora	35 707	1,3	3 808	2,5	10,7	2,0
Mafra	18 593	0,7	1 936	1,3	10,4	2,0
Oeiras	73 643	2,6	7 124	4,7	9,7	1,8
Vila Franca de Xira	33 932	1,2	3 038	2,0	9,0	1,7
Lisboa	373 510	13,1	32 514	21,3	8,7	1,6
Almada	30 591	1,1	2 629	1,7	8,6	1,6
Moita	6 847	0,2	587	0,4	8,6	1,6
Seixal	22 334	0,8	1 881	1,2	8,4	1,6
Sesimbra	7 647	0,3	643	0,4	8,4	1,6
Montijo	12 997	0,5	1 042	0,7	8,0	1,5
Loures	46 503	1,6	3 515	2,3	7,6	1,4
Setúbal	28 769	1,0	2 164	1,4	7,5	1,4
Barreiro	12 941	0,5	833	0,5	6,4	1,2
Alcochete	4 736	0,2	290	0,2	6,1	1,1
Palmela	22 614	0,8	1 306	0,9	5,8	1,1
TOTAL PAÍS	**2 854 297**	**100**	**152 335**	**100**	**5,3**	**1,0**

Fonte: DGEEP-MTSS, Quadros de Pessoal, 2005

IMIGRAÇÃO E TERRITÓRIO   175

As regiões a Sul do país denotam efectivamente, em termos comparativos, uma maior incidência do peso da mão-de-obra imigrante no total de trabalhadores por conta de outrem (Quadro 76). Na Região de Lisboa, todos os

QUADRO 76. Concelhos da Região do Alentejo e da Região do Algarve com percentagens de mão-de-obra imigrante superiores à média nacional (2005)

	Total de Trabalhadores		Trabalhadores Estrangeiros		Imigrantes no total de trabalhadores	Índice Distribuição Territorial do Trabalho Imigrante
	Nº	%	Nº	%	(%)	
Alentejo	**166 031**	**5,8**	**8 554**	**5,6**	**5,2**	**1,0**
Sousel	1 148	0,0	186	0,1	16,2	3,0
Reguengos Monsaraz	2 123	0,1	247	0,2	11,6	2,2
Odemira	4 824	0,2	490	0,3	10,2	1,9
Sines	5 971	0,2	584	0,4	9,8	1,8
Cuba	473	0,0	46	0,0	9,7	1,8
Vidigueira	977	0,0	92	0,1	9,4	1,8
Benavente	9 016	0,3	722	0,5	8,0	1,5
Santarém	16 982	0,6	1 157	0,8	6,8	1,3
Portel	1 358	0,0	90	0,1	6,6	1,2
Ourique	938	0,0	62	0,0	6,6	1,2
Cartaxo	4 593	0,2	303	0,2	6,6	1,2
Azambuja	7 816	0,3	505	0,3	6,5	1,2
Alter do Chão	572	0,0	36	0,0	6,3	1,2
Santiago do Cacém	4 996	0,2	309	0,2	6,2	1,2
Crato	587	0,0	36	0,0	6,1	1,1
Salvaterra de Magos	3 815	0,1	221	0,1	5,8	1,1
Fronteira	650	0,0	35	0,0	5,4	1,0
Algarve	**126 175**	**4,4**	**19 359**	**12,7**	**15,3**	**2,9**
Lagos	8 488	0,3	1 672	1,1	19,7	3,7
Albufeira	18 397	0,6	3 530	2,3	19,2	3,6
Lagoa	7 136	0,3	1 335	0,9	18,7	3,5
Loulé	23 966	0,8	4 310	2,8	18,0	3,4
Silves	6 833	0,2	1 127	0,7	16,5	3,1
Portimão	15 819	0,6	2 553	1,7	16,1	3,0
Vila do Bispo	1 397	0,0	187	0,1	13,4	2,5
S.Braz de Alportel	1 827	0,1	240	0,2	13,1	2,5
Castro Marim	1 192	0,0	151	0,1	12,7	2,4
Aljezur	701	0,0	86	0,1	12,3	2,3
Tavira	5 343	0,2	634	0,4	11,9	2,2
Faro	21 973	0,8	2 315	1,5	10,5	2,0
Olhão	7 475	0,3	747	0,5	10,0	1,9
Vila R. Sto Antonio	4 344	0,2	414	0,3	9,5	1,8
TOTAL PAÍS	**2 854 297**	**100**	**152 335**	**100**	**5,3**	**1,0**

Fonte: DGEEP-MTSS, Quadros de Pessoal, 2005

concelhos apresentam valores percentuais superiores à média nacional (e que superam os 10% em Sintra, Odivelas, Cascais, Amadora e Mafra, ou seja em concelhos da periferia urbana da cidade de Lisboa). No Algarve apenas 2 concelhos (em 16) não atingem um peso de mão-de-obra imigrante superior à média do país, de 5,3%. No Alentejo, 17 concelhos em 58 registam um peso de trabalhadores imigrantes no total de mão-de-obra por conta de outrem superior a este valor de referência, o que significa que em cerca de 1 em cada 3 concelhos o peso do trabalho imigrante é superior à média nacional.

Os valores de inserção de trabalho imigrante atingidos pelos concelhos do Algarve são os que claramente se destacam no panorama nacional. Lagos, Albufeira, Lagoa, Loulé, Silves e Portimão atingem valores percentuais entre 15 e 20%, e com a excepção de Vila Real de Santo António (9,5%) – no conjunto de concelhos com índices de mão-de-obra imigrante acima da média nacional – todos os restantes assumem valores entre 10 e 15%. No Alentejo, destacam-se os concelhos de Sousel, Reguengos de Monsaraz e Odemira, com valores acima de 10% de mão-de-obra imigrante, sendo sobretudo na Lezíria do Tejo e no Alentejo Litoral que vamos encontrar uma maior incidência de trabalho imigrante.

Nos Açores e na Madeira, os concelhos com peso de imigrantes na mão--de-obra por conta de outrem não assumem em regra valores tão expressivos como os concelhos do Continente, oscilando entre os 6 e os 7% (Quadro 77).

QUADRO 77. Concelhos da Região Autónoma dos Açores e da Região Autónoma da Madeira com percentagens de mão-de-obra imigrante superiores à média nacional (2005)

	Total de Trabalhadores		Trabalhadores Estrangeiros		Imigrantes no total de trabalhadores	Índice Distribuição Territorial do Trabalho Imigrante
	Nº	%	Nº	%	(%)	
Reg. Aut. Açores	50 312	1,8	1 009	0,7	2,0	0,4
Corvo	58	0,0	4	0,0	6,9	1,3
Horta	3 393	0,1	225	0,1	6,6	1,2
Madalena	1 593	0,1	86	0,1	5,4	1,0
São Roque do Pico	605	0,0	42	0,0	6,9	1,3
São Roque do Pico	605	0,0	42	0,0	6,9	1,3
Reg. Aut. Madeira	65 246	2,3	2 252	1,5	3,5	0,6
Machico	4 006	0,1	234	0,2	5,8	1,1
Porto Santo	1 539	0,1	139	0,1	9,0	1,7
TOTAL PAÍS	2 854 297	100	152 335	100	5,3	1,0

Fonte: DGEEP-MTSS, Quadros de Pessoal, 2005

No conjunto de concelhos em que o peso de mão-de-obra imigrante é superior ao valor médio nacional, destacam-se algumas situações em que o Índice de Distribuição Territorial do Trabalho imigrante é particularmente elevado. No Norte e Centro, é o caso os concelhos de Tarouca e Arruda dos Vinhos (Quadro 74), onde o peso relativo de imigrantes é respectivamente cerca de 3 vezes e 2 vezes superior ao valor médio nacional, situando-se os restantes concelhos em valores próximos da unidade.

Em Lisboa, os cinco concelhos anteriormente referidos (Sintra, Odivelas, Cascais, Amadora e Mafra) duplicam o peso de imigrantes no total de trabalhadores por conta de outrem no concelho, face ao peso nacional de mão-de--obra imigrante (Quadro 75).

No Alentejo, Sousel e Odemira atingem respectivamente, valores de 3 e 2,2 na razão subjacente ao Índice de Distribuição do Trabalho Imigrante; e no Algarve encontramos os valores mais expressivos. Dos 14 concelhos considerados, 6 assumem valores que triplicam a média nacional em termos de peso relativos de trabalhadores imigrantes, e outros 6 concelhos duplicam aquele valor (Quadro 76). Nas ilhas, o Índice de Distribuição Territorial do Trabalho Imigrante tende a rondar a unidade nos concelhos considerados (Quadro 77).

Em síntese, a distribuição do trabalho imigrante no território nacional permite identificar um núcleo central de localização constituído pelo Algarve, pela Grande Lisboa e pela Península de Setúbal. Este núcleo, conjuntamente com o Oeste, o Alentejo Litoral, a Lezíria do Tejo e, em menor escala, Trás-os-Montes, formam o arquipélago das "ilhas" que se erguem acima da média nacional. O Baixo Mondego, o Pinhal Litoral, a Beira Interior Sul e o Médio Tejo (ao Centro), bem como o Alto Alentejo, Alentejo Central e Baixo Alentejo (a Sul), constituem zonas intermédias, na medida em que registam um índice de polarização acima de 60% do valor de referência nacional (mas inferior a ele). O que, face à distribuição existente, é significativo.

Isto mostra que há segmentos concretos e diferenciados do mercado do trabalho que tem maior poder de polarização de imigrantes. E nesse sentido pode, pois, formular-se a hipótese de que existe uma significativa plasticidade territorial da mão-de-obra imigrante e que ela segue os sistemas territoriais de organização do emprego no país.

A apreciação do grau de "calibragem" dos mercados locais de trabalho decorrente do acolhimento de imigrantes (através da avaliação do peso percentual da mão-de-obra imigrante no total de trabalhadores de cada NUTS), é particularmente expressivo no caso do Algarve, onde um em cada dez trabalhadores é estrangeiro.

2. Polarização territorial do trabalho imigrante segundo a nacionalidade

A nacionalidade constitui um factor relevante na distribuição espacial do trabalho imigrante por conta de outrem. Na verdade, encontramos padrões muito distintos de polarização territorial da mão-de-obra estrangeira, consoante a nacionalidade de origem (Quadro 78).

Face à distribuição global do trabalho imigrante, observa-se efectivamente uma tendência para que os trabalhadores europeus se distribuam territorialmente de modo mais amplo, ao contrário dos imigrantes provenientes de países lusófonos, que tendem a concentrar-se na Região de Lisboa. A distribuição dos trabalhadores europeus revela-se muito equilibrada por regiões, repartindo-se por Lisboa (31%), Região Centro (20%) e Região Norte e Algarve (com cerca de 19%). A sua presença no Alentejo situa-se nos 8%, sendo praticamente irrelevante nas regiões autónomas (entre 0,5 e 2% do total de mão-de-obra com nacionalidade europeia).

Quanto aos trabalhadores lusófonos, a concentração na Região de Lisboa é, de facto, incontornável, sendo aliás responsável por – em termos globais –, a percentagem de mão-de-obra imigrante rondar os 52% nesta região. Com efeito, cerca de 7 em cada 10 trabalhadores lusófonos encontram-se na Região de Lisboa. São, por conseguinte, pouco expressivos os dados de distribuição espacial desta mão-de-obra no Norte e no Centro (em redor dos 8%), Algarve (7%), e – com ainda menor expressão – nas regiões autónomas (valores inferiores a 1% do total de trabalhadores lusófonos).

Comparando, no conjunto de trabalhadores europeus, os padrões de distribuição da mão-de-obra proveniente dos países membros da União Europeia (UE25), com a mão-de-obra do Leste Europeu, não se verificam disparidades assinaláveis face ao padrão global encontrado para a imigração europeia. Refira-se apenas que o peso dos trabalhadores de Leste é ligeiramente mais elevado na Região Centro, relativamente à Região Norte, passando-se o inverso em relação aos trabalhadores da UE25. E que no Algarve os trabalhadores da UE25 assumem um peso percentual ligeiramente superior ao que se observa no caso dos imigrantes de Leste.

No conjunto dos imigrantes lusófonos, verifica-se que os padrões de distribuição territorial da mão-de-obra proveniente de países africanos e da mão-de-obra brasileira são muito distintos. Os imigrantes dos Países Africanos de Língua Oficial Portuguesa concentram-se massivamente na Região de Lisboa (80% do total de imigrantes provenientes deste continente de origem), enquanto os imigrantes brasileiros se distribuem (apesar dos cerca de 60% residentes nesta última região), de modo mais significativo pelo território

IMIGRAÇÃO E TERRITÓRIO 179

QUADRO 78. Distribuição territorial dos trabalhadores por conta de outrem
imigrantes, segundo as principais nacionalidades, por NUTS II e III (2005)

	Total Trabalh. Imigrantes		Trabalhadores Europeus						Trabalhadores Lusófonos					
					UE 25		Leste				PALOP		Brasil	
	Nº	%	Nº	%	Nª	%	Nª	%	Nª	%	Nª	%	Nª	%
Norte	**20 610**	**13,5**	**12 469**	**18,9**	**2 554**	**22,1**	**9 876**	**18,2**	**6 206**	**8,3**	**2 503**	**5,7**	**3 700**	**11,8**
Minho-Lima	1 190	0,8	829	1,3	326	2,8	502	0,9	264	0,4	64	0,1	200	0,6
Cávado	2 416	1,6	1 451	2,2	236	2,0	1 209	2,2	793	1,1	334	0,8	459	1,5
Ave	2 366	1,6	1 863	2,8	278	2,4	1 575	2,9	356	0,5	89	0,2	267	0,9
Grande Porto	9 086	6,0	4 658	7,0	1 106	9,6	3 533	6,5	3 374	4,5	1 545	3,5	1 826	5,8
Tâmega	1 573	1,0	899	1,4	172	1,5	726	1,3	564	0,8	162	0,4	402	1,3
Entre Douro e Vouga	1 753	1,2	1 218	1,8	241	2,1	975	1,8	343	0,5	98	0,2	245	0,8
Douro	1 047	0,7	603	0,9	107	0,9	496	0,9	341	0,5	139	0,3	202	0,6
Alto Trás-os-Montes	1 179	0,8	948	1,4	88	0,8	860	1,6	171	0,2	72	0,2	99	0,3
Centro	**21 169**	**13,9**	**13 425**	**20,3**	**1 693**	**14,7**	**11 694**	**21,5**	**6 084**	**8,1**	**2 260**	**5,2**	**3 818**	**12,2**
Baixo Vouga	3 245	2,1	1 973	3,0	276	2,4	1 689	3,1	887	1,2	357	0,8	529	1,7
Baixo Mondego	2 644	1,7	1 441	2,2	185	1,6	1 250	2,3	964	1,3	501	1,1	462	1,5
Pinhal Litoral	3 997	2,6	2 691	4,1	443	3,8	2 243	4,1	1 029	1,4	285	0,7	744	2,4
Pinhal Interior Norte	459	0,3	294	0,4	44	0,4	249	0,5	134	0,2	57	0,1	77	0,2
Dão-Lafões	1 431	0,9	967	1,5	164	1,4	799	1,5	365	0,5	158	0,4	207	0,7
Pinhal Interior Sul	204	0,1	161	0,2	15	0,1	145	0,3	37	0,0	15	0,0	22	0,1
Serra da Estrela	148	0,1	91	0,1	29	0,3	59	0,1	34	0,0	15	0,0	18	0,1
Beira Interior Norte	395	0,3	274	0,4	48	0,4	225	0,4	68	0,1	18	0,0	50	0,2
Beira Interior Sul	476	0,3	269	0,4	35	0,3	234	0,4	105	0,1	60	0,1	45	0,1
Cova da Beira	286	0,2	200	0,3	89	0,8	111	0,2	65	0,1	31	0,1	34	0,1
Oeste	5 846	3,8	3 658	5,5	239	2,1	3 414	6,3	1 869	2,5	564	1,3	1 303	4,2
Médio Tejo	2 038	1,3	1 406	2,1	126	1,1	1 276	2,3	527	0,7	199	0,5	327	1,0
Lisboa	**79 382**	**52,1**	**20 509**	**31,0**	**3 786**	**32,8**	**16 637**	**30,6**	**53 466**	**71,3**	**35 084**	**80,3**	**18 359**	**58,8**
Grande Lisboa	68 007	44,6	16 708	25,3	3 366	29,2	13 266	24,4	46 551	62,1	31 215	71,4	15 315	49,0
Península de Setúbal	11 375	7,5	3 801	5,7	420	3,6	3 371	6,2	6 915	9,2	3 869	8,9	3 044	9,7
Alentejo	**8 554**	**5,6**	**5 352**	**8,1**	**638**	**5,5**	**4 706**	**8,7**	**2 704**	**3,6**	**1 059**	**2,4**	**1 642**	**5,3**
Alentejo Litoral	1 513	1,0	988	1,5	180	1,6	807	1,5	419	0,6	166	0,4	253	0,8
Alto Alentejo	926	0,6	715	1,1	97	0,8	618	1,1	178	0,2	30	0,1	148	0,5
Alentejo Central	1 728	1,1	1 166	1,8	112	1,0	1 051	1,9	493	0,7	114	0,3	379	1,2
Baixo Alentejo	781	0,5	527	0,8	98	0,8	426	0,8	199	0,3	56	0,1	141	0,5
Lezíria do Tejo	3 606	2,4	1 956	3,0	151	1,3	1 804	3,3	1 415	1,9	693	1,6	721	2,3
Algarve	**19 359**	**12,7**	**12 813**	**19,4**	**2 500**	**21,7**	**10 266**	**18,9**	**5 381**	**7,2**	**2 262**	**5,2**	**3 117**	**10,0**
Algarve	19 359	12,7	12 813	19,4	2 500	21,7	10 266	18,9	5 381	7,2	2 262	5,2	3 117	10,0
Continente	**149 074**	**97,9**	**64 568**	**97,6**	**11 171**	**96,8**	**53 179**	**97,8**	**73 841**	**98,5**	**43 168**	**98,8**	**30 636**	**98,0**
Reg. Aut. Açores	1 009	0,7	331	0,5	34	0,3	296	0,5	516	0,7	264	0,6	252	0,8
Reg. Aut. Madeira	2 252	1,5	1 237	1,9	331	2,9	890	1,6	623	0,8	263	0,6	360	1,2
TOTAL	**152 335**	**100**	**66 136**	**100**	**11 536**	**100**	**54 365**	**100**	**74 980**	**100**	**43 695**	**100**	**31 248**	**100**

Fonte: DGEEP-MTSS, Quadros de Pessoal, 2005

português. Na Região Norte encontra-se cerca de 12% da mão-de-obra imigrante brasileira (o dobro do peso da mão-de-obra lusófona africana), sendo idêntica a distribuição observada no caso da Região Centro e do Algarve (Quadro 78). Tanto num como noutro caso, ou seja, quer em relação à imigração de países lusófonos africanos, como no que concerne à imigração brasileira, os valores percentuais alcançados no Alentejo são inferiores (2,4% e 5,3%, respectivamente), e também tanto num como noutro caso praticamente sem significado percentual nas regiões autónomas.

Observando a distribuição territorial do trabalho imigrante por NUTS III, confirmamos – a uma escala mais fina – as tendências que constatámos em relação à polarização espacial segundo a nacionalidade. No caso dos imigrantes europeus, apenas na Grande Lisboa, Península de Setúbal e Região Autónoma dos Açores se verificam percentagens de distribuição inferiores aos valores obtidos quando consideramos a distribuição global do trabalho imigrante. No Algarve, o peso da imigração europeia supera em quase 7% o valor global, situando-se numa diferença até 1% na maior parte das restantes NUTS III.

Já no que se refere à imigração lusófona, a relação é exactamente a contrária. Apenas na Grande Lisboa e Península de Setúbal registamos valores de distribuição percentual acima daqueles que correspondem à distribuição territorial da imigração global (numa diferença próxima dos 20% na Grande Lisboa), sendo ainda de salientar a diferença (comparativamente negativa para a imigração lusófona), do peso percentual verificado no Ave, Grande Porto, entre Douro e Vouga, Pinhal Litoral e Oeste (onde os imigrantes lusófonos são menos relevantes, em valores superiores a 1%, quanto ao peso verificado em relação ao total de imigrantes nestas unidades territoriais).

Um outro modo de analisar os padrões de polarização territorial do trabalho imigrante segundo a nacionalidade consiste na apreciação da composição da imigração em cada unidade espacial relativa às NUTS II e III (Quadro 79). Os universos que estamos aqui a considerar correspondem, recorde-se, às origens mais relevantes em termos de nacionalidade, isto é, a imigração europeia e a imigração proveniente de países lusófonos (que representam – em termos globais – cerca de 93% do total de mão-de-obra estrangeira a trabalhar em Portugal). E, nestes dois subconjuntos, as duas origens de mão-de-obra estrangeira mais relevantes: no caso da imigração europeia, os imigrantes que provêm de países da UE25 e do Leste Europeu (e que representam 99,6% do total de imigração europeia); e, no caso da imigração lusófona, os imigrantes dos PALOP e os imigrantes brasileiros (que praticamente perfazem os 100% deste subconjunto).

IMIGRAÇÃO E TERRITÓRIO 181

QUADRO 79. Distribuição dos trabalhadores por conta de outrem imigrantes,
segundo as principais nacionalidades, por NUTS II e III (2005)

	Total Trabalh. Imigrantes		Trabalhadores Europeus						Trabalhadores Lusófonos					
					UE 25		Leste				PALOP		Brasil	
	Nº	%	Nª	%	Nº	%	Nº	%	Nª	%	Nº	%	Nº	%
Norte	**20 610**	**90,6**	**12 469**	**60,5**	**2 554**	**12,4**	**9 876**	**47,9**	**6 206**	**30,1**	**2 503**	**12,1**	**3 700**	**18,0**
Minho-Lima	1 190	91,8	829	69,7	326	27,4	502	42,2	264	22,2	64	5,4	200	16,8
Cávado	2 416	92,9	1 451	60,1	236	9,8	1 209	50,0	793	32,8	334	13,8	459	19,0
Ave	2 366	93,8	1 863	78,7	278	11,7	1 575	66,6	356	15,0	89	3,8	267	11,3
Grande Porto	9 086	88,4	4 658	51,3	1 106	12,2	3 533	38,9	3 374	37,1	1 545	17,0	1 826	20,1
Tâmega	1 573	93,0	899	57,2	172	10,9	726	46,2	564	35,9	162	10,3	402	25,6
Entre Douro e Vouga	1 753	89,0	1 218	69,5	241	13,7	975	55,6	343	19,6	98	5,6	245	14,0
Douro	1 047	90,2	603	57,6	107	10,2	496	47,4	341	32,6	139	13,3	202	19,3
Alto Trás-os-Montes	1 179	94,9	948	80,4	88	7,5	860	72,9	171	14,5	72	6,1	99	8,4
Centro	**21 169**	**92,2**	**13 425**	**63,4**	**1 693**	**8,0**	**11 694**	**55,2**	**6 084**	**28,7**	**2 260**	**10,7**	**3 818**	**18,0**
Baixo Vouga	3 245	88,1	1 973	60,8	276	8,5	1 689	52,0	887	27,3	357	11,0	529	16,3
Baixo Mondego	2 644	91,0	1 441	54,5	185	7,0	1 250	47,3	964	36,5	501	18,9	462	17,5
Pinhal Litoral	3 997	93,1	2 691	67,3	443	11,1	2 243	56,1	1 029	25,7	285	7,1	744	18,6
Pinhal Interior Norte	459	93,2	294	64,1	44	9,6	249	54,2	134	29,2	57	12,4	77	16,8
Dão-Lafões	1 431	93,1	967	67,6	164	11,5	799	55,8	365	25,5	158	11,0	207	14,5
Pinhal Interior Sul	204	97,1	161	78,9	15	7,4	145	71,1	37	18,1	15	7,4	22	10,8
Serra da Estrela	148	84,5	91	61,5	29	19,6	59	39,9	34	23,0	15	10,1	18	12,2
Beira Interior Norte	395	86,6	274	69,4	48	12,2	225	57,0	68	17,2	18	4,6	50	12,7
Beira Interior Sul	476	78,6	269	56,5	35	7,4	234	49,2	105	22,1	60	12,6	45	9,5
Cova da Beira	286	92,7	200	69,9	89	31,1	111	38,8	65	22,7	31	10,8	34	11,9
Oeste	5 846	94,5	3 658	62,6	239	4,1	3 414	58,4	1 869	32,0	564	9,6	1 303	22,3
Médio Tejo	2 038	94,8	1 406	69,0	126	6,2	1 276	62,6	527	25,9	199	9,8	327	16,0
Lisboa	**79 382**	**93,2**	**20 509**	**25,8**	**3 786**	**4,8**	**16 637**	**21,0**	**53 466**	**67,4**	**35 084**	**44,2**	**18 359**	**23,1**
Grande Lisboa	68 007	93,0	16 708	24,6	3 366	4,9	13 266	19,5	46 551	68,5	31 215	45,9	15 315	22,5
Península de Setúbal	11 375	94,2	3 801	33,4	420	3,7	3 371	29,6	6 915	60,8	3 869	34,0	3 044	26,8
Alentejo	**8 554**	**94,2**	**5 352**	**62,6**	**638**	**7,5**	**4 706**	**55,0**	**2 704**	**31,6**	**1 059**	**12,4**	**1 642**	**19,2**
Alentejo Litoral	1 513	93,0	988	65,3	180	11,9	807	53,3	419	27,7	166	11,0	253	16,7
Alto Alentejo	926	96,4	715	77,2	97	10,5	618	66,7	178	19,2	30	3,2	148	16,0
Alentejo Central	1 728	96,0	1 166	67,5	112	6,5	1 051	60,8	493	28,5	114	6,6	379	21,9
Baixo Alentejo	781	93,0	527	67,5	98	12,5	426	54,5	199	25,5	56	7,2	141	18,1
Lezíria do Tejo	3 606	93,5	1 956	54,2	151	4,2	1 804	50,0	1 415	39,2	693	19,2	721	20,0
Algarve	**19 359**	**94,0**	**12 813**	**66,2**	**2 500**	**12,9**	**10 266**	**53,0**	**5 381**	**27,8**	**2 262**	**11,7**	**3 117**	**16,1**
Algarve	19 359	94,0	12 813	66,2	2 500	12,9	10 266	53,0	5 381	27,8	2 262	11,7	3 117	16,1
Continente	**149 074**	**92,8**	**64 568**	**43,3**	**11 171**	**7,5**	**53 179**	**35,7**	**73 841**	**49,5**	**43 168**	**29,0**	**30 636**	**20,6**
Reg. Aut. Açores	1 009	83,9	331	32,8	34	3,4	296	29,3	516	51,1	264	26,2	252	25,0
Reg. Aut. Madeira	2 252	82,6	1 237	54,9	331	14,7	890	39,5	623	27,7	263	11,7	360	16,0
TOTAL	**152 335**	**92,6**	**66 136**	**43,4**	**11 536**	**7,6**	**54 365**	**35,7**	**74 980**	**49,2**	**43 695**	**28,7**	**31 248**	**20,5**

Fonte: DGEEP-MTSS, Quadros de Pessoal, 2005

IMIGRANTES EM PORTUGAL

Deste ponto de vista, o mosaico territorial da imigração permite-se constatar três realidades bem distintas (Gráfico 39), que o retrato global do fenómeno imigratório, dado o seu contingente, não deixa perceber com a mesma clareza. A primeira configuração, que molda pela razão quantitativa o retrato do país, corresponde à da Região de Lisboa, onde a imigração lusófona é claramente dominante (67% da mão-de-obra imigrante com esta origem geográfica encontra-se nesta região). O segundo padrão territorial da imigração segundo a nacionalidade corresponde à configuração que encontramos no Norte, no Centro, no Alentejo e no Algarve. Nestes universos territoriais, a imigração de Leste é claramente prevalecente, atingindo valores ligeiramente acima ou abaixo dos 50%, confirmando assim que o padrão de polarização territorial do trabalho imigrante, decorrente da vaga mais recente de imigração, altera de modo significativo o retrato da distribuição territorial das vagas de imigração anteriores.

Nestas regiões (Norte, Centro, Alentejo e Algarve), o peso dos imigrantes provenientes do Brasil oscila entre os 16% registados no Algarve e os 19% no Alentejo, reduzindo-se consideravelmente o significado percentual da imigração lusófona proveniente de países africanos em qualquer uma destas regiões, quando tomamos como termo de referência a Região de Lisboa. De facto, de um peso que nesta região se situava em 44%, passamos para valores percentuais entre 11 e 12%. Por último, a imigração de países membros da União Europeia (UE25), oscila entre uma representatividade de 12 e 13% (no Norte e no Algarve, respectivamente) e entre 5 e 8% no caso do Centro, do Alentejo e de Lisboa.

Nos Açores e na Madeira, encontramos a terceira forma de composição territorial do trabalho imigrante segundo a nacionalidade, em 2005. Este retrato espacial da imigração traduz, antes de mais, um maior equilíbrio das diferentes origens geográficas. Sendo os imigrantes do Leste Europeu o subconjunto com maior peso no total, a sua representatividade nunca ultrapassa todavia os cerca de 40%, observados na Região Autónoma da Madeira. Por outro lado, enquanto que nos Açores a imigração lusófona representa cerca de 50% do total, na Madeira a mão-de-obra imigrante europeia é dominante (54%). Um terceiro elemento distintivo para as regiões autónomas reside na circunstância de a categoria "outros" (que inclui portanto mão-de-obra imigrante que não provém da Europa nem do universo dos países lusófonos, ou que tendo esta proveniência não se enquadra nas principais origens: UE25, Leste Europeu, PALOPs e Brasil), atingir nestes espaços os valores percentuais mais significativos de todas as regiões. Com efeito, os imigrantes integrados nesta categoria representam 16 e 18% da imigração laboral total da Madeira e dos Açores, respectivamente, representatividade essa que nas regiões do Continente nunca vai além dos 10% observados na Região Norte, e sendo que nas restantes o peso percentual destes imigrantes oscila entre os 6 e os 8%.

GRÁFICO 39. Distribuição dos trabalhadores por conta de outrem imigrantes, segundo as principais nacionalidades, nas NUTS II (2005)

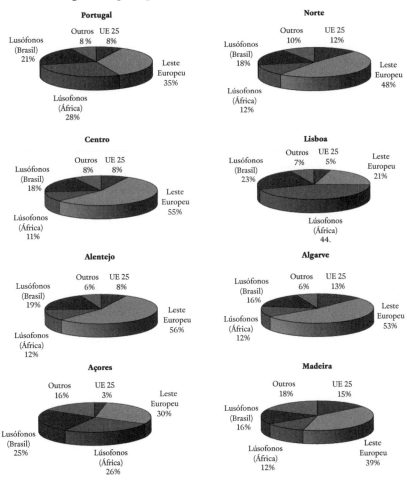

Fonte: DGEEP-MTSS, Quadros de Pessoal, 2005

184   IMIGRANTES EM PORTUGAL

As realidades regionais da imigração, de acordo com a análise das nacionalidades de origem, permitem-nos desde já estabelecer algumas hipóteses relativamente ao impacto da imigração nos tecidos económicos locais. A maior difusão espacial da recente vaga imigratória transporta consigo a diferenciação de habilitações e qualificações que se lhe associa, como retivemos no capítulo anterior. O seu contributo para a transformação e qualificação dos mercados de trabalho locais dependerá, deste ponto de vista, de dois elementos essenciais: o volume e representatividade da mão-de-obra imigrante e a sua diferenciação relativa em termos de qualificação, quer em termos globais, quer em termos de sectores de actividade específicos.

3. Calibragem dos mercados locais de trabalho: distribuição da mão-de-obra imigrante por ramos e sectores de actividade

Estabelecemos, no segundo capítulo, uma diferenciação regional das dinâmicas económicas sectoriais, a partir do grau de especialização das diferentes actividades e da sua composição nas distintas unidades espaciais. É nestes tecidos económicos locais que se insere o trabalho imigrante, não sendo indiferente nesse processo nem a estrutura produtiva de cada contexto territorial, nem o volume de mão-de-obra mobilizada, que exerce em alguns casos um relevante papel na calibragem dos mercados de trabalho.

3.1. A inserção do trabalho imigrante por ramos de actividade nos territórios do país

Os quadros seguintes dão conta da distribuição do trabalho por conta de outrem à escala das NUTS II e III, aquilatando da importância que a mão-de--obra imigrante assume em cada uma das unidades territoriais consideradas. Para um peso relativo que à escala nacional, como vimos, se situa em 5,3%, identificamos todavia sectores e contextos espaciais onde esta importância se revela bem mais expressiva, denotando portanto – em termos quantitativos – um significado não despiciente da imigração para as economias locais e regionais.

Nas actividades ligadas ao sector primário, por exemplo, o peso relativo de imigrantes no total de trabalhadores por conta de outrem (Quadro 82) é particularmente significativo (isto é, com valores superiores à média nacional, situada nos 6,6%), nas regiões de Lisboa (15,2%), do Alentejo (7,6%) e do Algarve (onde quase 20% do total de trabalhadores por conta de outrem neste sector são imigrantes), sendo todavia igualmente expressivas as percentagens encontradas para algumas NUTS III da Região Centro, como o Pinhal Litoral (6,7%), a Beira Interior Sul (14,4%) e o Oeste (8,4%). A afectação da mão-

-de-obra imigrante ao sector primário tende assim a ser mais relevante no Sul do país, sendo particularmente reduzida no Norte e nas regiões autónomas[36]

No sector da indústria, o peso da mão-de-obra imigrante no total dos trabalhadores do sector por conta de outrem supera a média nacional (de 2,6%) nas regiões de Lisboa, do Alentejo, do Centro e do Algarve, atingindo-se neste último caso o maior peso percentual comparativo (cerca de 11%). E a relevância da mão-de-obra imigrante é igualmente significativa, em termos comparativos, em certos espaços sub-regionais, como sejam a zona do Baixo Vouga e Baixo Mondego (valores em torno dos 3%) ou – mais a sul – a zona do Oeste, Médio Tejo e Pinhal Litoral (onde o peso da mão-de-obra imigrante a laborar nestes sectores oscila entre 3,7 e 5,6%). No Alentejo, a afectação de trabalho imigrante ao sector da indústria apenas é inferior à média nacional no Baixo Alentejo, situando-se os valores das restantes NUTS III desta região entre os 2,7 e os 5,5%, registados na Lezíria do Tejo (Quadro 82).

O sector da construção é, como sabemos, um dos que registam, à escala nacional, valores percentuais de mão-de-obra imigrante por conta de outrem, face ao total, acima dos 10% (tal como sucede com o sector do alojamento e restauração). Regionalmente, contudo, apenas o Algarve e a Região de Lisboa registam valores claramente superiores à média nacional (de 10,3%). Em Lisboa, cerca de dois em cada dez trabalhadores do sector da construção são imigrantes e, no Algarve, este rácio é de quase três em cada dez. No Alentejo, por seu turno, o peso percentual de imigrantes no sector da construção quase atinge 10%, situando-se próximo dos 7% na Região Centro e nas regiões autónomas. A Norte, a afectação de mão-de-obra imigrante ao sector da construção é claramente menor, rondando os 3,5%, um valor que é por conseguinte, inferior à percentagem nacional global de imigrantes no total de trabalhadores por conta de outrem. Por NUTS II, encontramos uma vez mais o Oeste (para além da Grande Lisboa e da Península de Setúbal), com um valor expressivo de mão-de-obra imigrante afecta a um sector de actividade, neste caso a construção, e que ronda os 14%.

---

[36] Estimando uma média por regiões (a partir dos valores percentuais obtidos pelas respectivas NUTS II), encontramos um valor de 1,4% para a Região Norte, sendo de 1,1 e 2,6% as percentagens obtidas, respectivamente, pelos Açores e pela Madeira. A Região Centro atinge já um valor médio de 4,4% de trabalhadores imigrantes no total de trabalhadores do sector primário, sendo todavia na Região de Lisboa, Alentejo e Algarve que este indicador assume maior significado (de 15,4; 8,1 e 19,3%, respectivamente).

186 IMIGRANTES EM PORTUGAL

QUADRO 80. Distribuição do total de trabalhadores por conta de outrem segundo
os ramos de actividade económica, por NUTS II e III (2005)

TCO (Total)	Agric., Silv., Caça e Pesca	Indústr. Extract. e Transf.	Electr., Gás e Água	Cons- trução	Comér- cio e Repar. veícul.	Alojam. e Restau- ração	Transp., Armaz. e Comun.	Act. fin., Imobil. e Serv. às Empres.	Serv. Sociais	Outras Activ. Serviç.	TOTAL
Norte	**17 532**	**385 459**	**3 862**	**128 232**	**172 850**	**42 666**	**35 682**	**99 279**	**82 639**	**26 787**	**994 988**
Minho-Lima	1 966	16 996	183	9 937	9 343	3 078	1 888	2 997	6 078	1 704	54 170
Cávado	1 810	46 595	355	20 887	18 892	4 610	2 275	7 187	8 213	3 223	114 047
Ave	1 119	99 228	512	14 218	20 957	3 890	2 670	7 308	9 880	3 152	162 934
Grande Porto	2 927	91 749	1 779	34 908	82 422	21 753	21 570	66 047	33 218	12 629	369 002
Tâmega	3 238	66 312	356	30 495	17 144	3 086	2 617	4 868	8 187	2 156	138 459
Entre Douro e Vouga	646	55 034	140	7 280	11 006	2 010	2 177	5 315	5 710	1 017	90 335
Douro	5 293	5 172	345	5 480	6 717	2 124	1 507	3 553	6 271	1 231	37 693
Alto Trás-os-Montes	533	4 373	192	5 027	6 369	2 115	978	2 004	5 082	1 675	28 348
Centro	**15 716**	**190 981**	**2 508**	**77 887**	**110 051**	**30 192**	**28 699**	**46 899**	**61 409**	**16 797**	**581 139**
Baixo Vouga	2 197	52 625	237	8 180	18 931	5 055	4 020	8 056	9 735	2 220	111 256
Baixo Mondego	1 296	16 740	478	9 200	16 914	4 969	4 999	11 129	10 236	2 798	78 759
Pinhal Litoral	1 157	31 354	163	13 710	15 807	3 319	3 865	7 214	5 980	2 068	84 637
Pinhal Interior Norte	664	9 390	126	5 201	3 598	915	1 063	1 081	3 614	841	26 493
Dão-Lafões	1 760	19 040	160	11 003	11 657	3 402	3 153	3 889	7 060	2 263	63 387
Pinhal Interior Sul	231	2 124	37	1 357	1 018	316	393	342	1 023	167	7 008
Serra da Estrela	185	2 972	79	1 541	1 403	408	263	373	1 399	234	8 857
Beira Interior Norte	485	5 630	154	3 153	3 844	1 365	1 293	1 347	3 313	860	21 444
Beira Interior Sul	1 215	4 079	116	2 141	2 967	1 061	616	1 057	1 621	720	15 593
Cova da Beira	479	6 760	100	2 252	3 646	1 080	581	1 059	2 854	677	19 488
Oeste	4 477	25 086	427	12 016	19 372	4 785	5 431	6 926	8 082	2 162	88 764
Médio Tejo	1 570	15 181	431	8 133	10 894	3 517	3 022	4 426	6 492	1 787	55 453
Lisboa	**5 682**	**113 465**	**3 874**	**81 349**	**178 202**	**65 924**	**68 142**	**242 595**	**73 174**	**37 999**	**870 406**
Grande Lisboa	2 566	82 395	3 192	62 288	146 060	55 301	60 476	218 226	57 710	32 716	720 930
Península de Setúbal	3 116	31 070	682	19 061	32 142	10 623	7 666	24 369	15 464	5 283	149 476
Alentejo	**17 746**	**38 574**	**942**	**20 586**	**32 005**	**10 521**	**7 119**	**13 933**	**19 587**	**5 018**	**166 031**
Alentejo Litoral	2 459	3 455	290	2 623	3 107	1 974	866	2 425	2 853	622	20 674
Alto Alentejo	2 747	5 370	112	2 682	4 598	1 549	824	1 621	3 304	688	23 495
Alentejo Central	4 605	9 702	148	4 979	6 694	2 566	1 215	2 959	4 541	1 350	38 759
Baixo Alentejo	3 544	2 831	181	2 633	4 674	1 395	611	1 801	4 102	730	22 502
Lezíria do Tejo	4 391	17 216	211	7 669	12 932	3 037	3 603	5 127	4 787	1 628	60 601
Algarve	**3 848**	**7 423**	**695**	**21 401**	**27 278**	**29 306**	**6 046**	**15 072**	**10 019**	**5 087**	**126 175**
Algarve	3 848	7 423	695	21 401	27 278	29 306	6 046	15 072	10 019	5 087	126 175
Continente	**60 524**	**735 902**	**11 881**	**329 455**	**520 386**	**178 609**	**145 688**	**417 778**	**246 828**	**91 688**	**2 738 739**
Reg. Aut. Açores	2 123	7 226	758	8 458	12 272	4 294	3 617	4 851	5 097	1 616	50 312
Reg. Aut. Madeira	387	5 868	1 016	13 686	13 833	12 002	4 635	6 758	4 578	2 483	65 246
TOTAL	63 034	748 996	13 655	351 599	546 491	194 905	153 940	429 387	256 503	95 787	2 854 297

Fonte: DGEEP-MTSS, Quadros de Pessoal, 2005

IMIGRAÇÃO E TERRITÓRIO 187

QUADRO 81. Distribuição dos trabalhadores por conta de outrem imigrantes
segundo ramos de actividade económica, por NUTS II e III (2005)

TCO (Imigrantes)	Agric., Silv., Caça e Pesca	Indústr. Extract. e Transf.	Electr., Gás e Água	Cons-trução	Comér-cio e Repar. veícul.	Alojam. e Restau-ração	Transp., Armaz. e Comun.	Act. fin., Imobil. e Serv. às Empres.	Serv. Sociais	Outras Activ. Serviç.	TOTAL
Norte	**279**	**5 231**	**17**	**4 432**	**2 711**	**2 415**	**905**	**2 859**	**1 231**	**530**	**20 610**
Minho-Lima	15	325	0	221	111	125	135	129	114	15	1 190
Cávado	13	649	0	925	229	217	84	156	85	58	2 416
Ave	9	1 390	4	332	275	99	12	96	73	76	2 366
Grande Porto	85	1 449	11	1 206	1 443	1 660	479	1 917	563	273	9 086
Tâmega	14	314	2	815	199	67	34	52	29	47	1 573
Entre Douro e Vouga	17	840	0	315	151	73	52	88	191	26	1 753
Douro	124	102	0	247	69	43	31	368	57	6	1 047
Alto Trás-os-Montes	2	162	0	371	234	131	78	53	119	29	1 179
Centro	**891**	**6 228**	**17**	**5 284**	**2 422**	**1 957**	**1 619**	**1 592**	**739**	**420**	**21 169**
Baixo Vouga	74	1 566	3	422	350	298	51	267	120	94	3 245
Baixo Mondego	40	524	0	776	293	422	101	292	114	82	2 644
Pinhal Litoral	78	1 293	0	1 130	486	307	204	317	88	94	3 997
Pinhal Interior Norte	6	130	0	173	57	16	29	20	25	3	459
Dão-Lafões	29	453	2	258	132	100	309	73	65	10	1 431
Pinhal Interior Sul	3	44	2	26	44	8	50	1	23	3	204
Serra da Estrela	3	33	0	30	15	12	18	2	30	5	148
Beira Interior Norte	19	57	1	88	43	14	120	29	21	3	395
Beira Interior Sul	175	89	2	69	41	54	13	21	8	4	476
Cova da Beira	13	70	1	69	23	38	8	16	44	4	286
Oeste	377	1 408	2	1 676	737	443	603	389	128	83	5 846
Médio Tejo	74	561	4	567	201	245	113	165	73	35	2 038
Lisboa	**865**	**5 248**	**28**	**16 566**	**8 494**	**10 983**	**2 094**	**29 174**	**3 587**	**2 343**	**79 382**
Grande Lisboa	441	4 057	28	12 777	7 296	9 635	1 812	26 760	3 135	2 066	68 007
Península de Setúbal	424	1 191		3 789	1 198	1 348	282	2 414	452	277	11 375
Alentejo	**1 347**	**1 729**	**8**	**1 888**	**877**	**712**	**424**	**1 134**	**341**	**94**	**8 554**
Alentejo Litoral	365	92	8	358	96	137	16	394	40	7	1 513
Alto Alentejo	170	200	0	150	87	62	120	95	34	8	926
Alentejo Central	296	432	0	363	131	154	42	144	144	22	1 728
Baixo Alentejo	199	66	0	262	86	96	8	34	18	12	781
Lezíria do Tejo	317	939	0	755	477	263	238	467	105	45	3 606
Algarve	**742**	**805**	**81**	**6 436**	**1 910**	**5 950**	**451**	**1 634**	**637**	**713**	**19 359**
Algarve	742	805	81	6 436	1 910	5 950	451	1 634	637	713	19 359
Continente	**4 124**	**19 241**	**151**	**34 606**	**16 414**	**22 017**	**5 493**	**36 393**	**6 535**	**4 100**	**149 074**
Reg. Aut. Açores	23	72	1	572	130	103	19	15	37	37	1 009
Reg. Aut. Madeira	10	143	1	866	211	509	72	205	116	119	2 252
TOTAL	**4 157**	**19 456**	**153**	**36 044**	**16 755**	**22 629**	**5 584**	**36 613**	**6 688**	**4 256**	**152 335**

Fonte: DGEEP-MTSS, Quadros de Pessoal, 2005

188 IMIGRANTES EM PORTUGAL

QUADRO 82. Percentagem de trabalhadores por conta de outrem imigrantes no total, segundo os ramos de actividade económica, por NUTS II e III (2005)

TCO (% Imigrantes)	Agric., Silv., Caça e Pesca	Indústr. Extract. e Transf.	Electr., Gás e Água	Cons-trução	Comér-cio e Repar. veícul.	Alojam. e Restau-ração	Transp., Armaz. e Comun.	Act. fin., Imobil. e Serv. às Empres.	Serv. Sociais	Outras Activ. Serviç.	TOTAL
Norte	**1,6%**	**1,4%**	**0,4%**	**3,5%**	**1,6%**	**5,7%**	**2,5%**	**2,9%**	**1,5%**	**2,0%**	**2,1%**
Minho-Lima	0,8%	1,9%	0,0%	2,2%	1,2%	4,1%	7,2%	4,3%	1,9%	0,9%	2,2%
Cávado	0,7%	1,4%	0,0%	4,4%	1,2%	4,7%	3,7%	2,2%	1,0%	1,8%	2,1%
Ave	0,8%	1,4%	0,8%	2,3%	1,3%	2,5%	0,4%	1,3%	0,7%	2,4%	1,5%
Grande Porto	2,9%	1,6%	0,6%	3,5%	1,8%	7,6%	2,2%	2,9%	1,7%	2,2%	2,5%
Tâmega	0,4%	0,5%	0,6%	2,7%	1,2%	2,2%	1,3%	1,1%	0,4%	2,2%	1,1%
Entre Douro e Vouga	2,6%	1,5%	0,0%	4,3%	1,4%	3,6%	2,4%	1,7%	3,3%	2,6%	1,9%
Douro	2,3%	2,0%	0,0%	4,5%	1,0%	2,0%	2,1%	10,4%	0,9%	0,5%	2,8%
Alto Trás-os-Montes	0,4%	3,7%	0,0%	7,4%	3,7%	6,2%	8,0%	2,6%	2,3%	1,7%	4,2%
Centro	**5,7%**	**3,3%**	**0,7%**	**6,8%**	**2,2%**	**6,5%**	**5,6%**	**3,4%**	**1,2%**	**2,5%**	**3,6%**
Baixo Vouga	3,4%	3,0%	1,3%	5,2%	1,8%	5,9%	1,3%	3,3%	1,2%	4,2%	2,9%
Baixo Mondego	3,1%	3,1%	0,0%	8,4%	1,7%	8,5%	2,0%	2,6%	1,1%	2,9%	3,4%
Pinhal Litoral	6,7%	4,1%	0,0%	8,2%	3,1%	9,2%	5,3%	4,4%	1,5%	4,5%	4,7%
Pinhal Interior Norte	0,9%	1,4%	0,0%	3,3%	1,6%	1,7%	2,7%	1,9%	0,7%	0,4%	1,7%
Dão-Lafões	1,6%	2,4%	1,3%	2,3%	1,1%	2,9%	9,8%	1,9%	0,9%	0,4%	2,3%
Pinhal Interior Sul	1,3%	2,1%	5,4%	1,9%	4,3%	2,5%	12,7%	0,3%	2,2%	1,8%	2,9%
Serra da Estrela	1,6%	1,1%	0,0%	1,9%	1,1%	2,9%	6,8%	0,5%	2,1%	2,1%	1,7%
Beira Interior Norte	3,9%	1,0%	0,6%	2,8%	1,1%	1,0%	9,3%	2,2%	0,6%	0,3%	1,8%
Beira Interior Sul	14,4%	2,2%	1,7%	3,2%	1,4%	5,1%	2,1%	2,0%	0,5%	0,6%	3,1%
Cova da Beira	2,7%	1,0%	1,0%	3,1%	0,6%	3,5%	1,4%	1,5%	1,5%	0,6%	1,5%
Oeste	8,4%	5,6%	0,5%	13,9%	3,8%	9,3%	11,1%	5,6%	1,6%	3,8%	6,6%
Médio Tejo	4,7%	3,7%	0,9%	7,0%	1,8%	7,0%	3,7%	3,7%	1,1%	2,0%	3,7%
Lisboa	**15,2%**	**4,6%**	**0,7%**	**20,4%**	**4,8%**	**16,7%**	**3,1%**	**12,0%**	**4,9%**	**6,2%**	**9,1%**
Grande Lisboa	17,2%	4,9%	0,9%	20,5%	5,0%	17,4%	3,0%	12,3%	5,4%	6,3%	9,4%
Península de Setúbal	13,6%	3,8%	0,0%	19,9%	3,7%	12,7%	3,7%	9,9%	2,9%	5,2%	7,6%
Alentejo	**7,6%**	**4,5%**	**0,8%**	**9,2%**	**2,7%**	**6,8%**	**6,0%**	**8,1%**	**1,7%**	**1,9%**	**5,2%**
Alentejo Litoral	14,8%	2,7%	2,8%	13,6%	3,1%	6,9%	1,8%	16,2%	1,4%	1,1%	7,3%
Alto Alentejo	6,2%	3,7%	0,0%	5,6%	1,9%	4,0%	14,6%	5,9%	1,0%	1,2%	3,9%
Alentejo Central	6,4%	4,5%	0,0%	7,3%	2,0%	6,0%	3,5%	4,9%	3,2%	1,6%	4,5%
Baixo Alentejo	5,6%	2,3%	0,0%	10,0%	1,8%	6,9%	1,3%	1,9%	0,4%	1,6%	3,5%
Lezíria do Tejo	7,2%	5,5%	0,0%	9,8%	3,7%	8,7%	6,6%	9,1%	2,2%	2,8%	6,0%
Algarve	**19,3%**	**10,8%**	**11,7%**	**30,1%**	**7,0%**	**20,3%**	**7,5%**	**10,8%**	**6,4%**	**14,0%**	**15,3%**
Algarve	19,3%	10,8%	11,7%	30,1%	7,0%	20,3%	7,5%	10,8%	6,4%	14,0%	15,3%
Continente	**6,8%**	**2,6%**	**1,3%**	**10,5%**	**3,2%**	**12,3%**	**3,8%**	**8,7%**	**2,6%**	**4,5%**	**5,4%**
Reg. Aut. Açores	1,1%	1,0%	0,1%	6,8%	1,1%	2,4%	0,5%	0,3%	0,7%	2,3%	2,0%
Reg. Aut. Madeira	2,6%	2,4%	0,1%	6,3%	1,5%	4,2%	1,6%	3,0%	2,5%	4,8%	3,5%
TOTAL	**6,6%**	**2,6%**	**1,1%**	**10,3%**	**3,1%**	**11,6%**	**3,6%**	**8,5%**	**2,6%**	**4,4%**	**5,3%**

Fonte: DGEEP-MTSS, Quadros de Pessoal, 2005

IMIGRAÇÃO E TERRITÓRIO 189

O alojamento e a restauração constituem, em termos nacionais, o ramo de actividade económica que atinge um peso percentual de trabalho imigrante mais significativo (11,6%). À semelhança da construção, é nas regiões de Lisboa e Vale do Tejo e do Algarve que a representatividade da mão-de-obra imigrante se situa claramente acima da média (20,3% no Algarve e cerca de 17% em Lisboa). Mas sublinhe-se, todavia, uma elevada dispersão do trabalho imigrante neste sector por todas as NUTS II do país. Na Região Norte, a percentagem de imigrantes no total de trabalhadores por conta de outrem no sector do alojamento e restauração situa-se, em termos de média dos valores observados nas suas unidades sub-regionais (NUTS III), nos 4,1%, valor que na Região Centro atinge os 5%, e que se situa – no Alentejo – em torno dos 6,6%.

O sector dos transportes, armazenagem e comunicações é um dos que apresenta uma maior difusão territorial em termos de peso relativo do trabalho imigrante, pese embora o facto de o seu significado relativo nacional se situar apenas em 3,6%. Com valores superiores a esta média, encontramos o Alentejo e o Algarve (com cerca de 6 e 8%, respectivamente), e a Região Centro (com 5,6%). Mas são em número de 14 as NUTS III onde a percentagem de trabalhadores estrangeiros no total de trabalhadores por conta de outrem afectos ao sector supera o valor de referência nacional (Quadro 82). A Norte, destacam-se os casos do Minho-Lima, no litoral, e de Trás-os-Montes, no interior (com valores entre 7 e 8%). E na Região Centro, os casos do Pinhal Interior Norte e Sul, Oeste, Dão-Lafões e a zona do interior relativa à Beira Interior Norte e Serra da Estrela, com valores percentuais superiores a 5% e que atingem os 12,7% no Pinhal Interior Sul.

No sector das actividades financeiras, imobiliárias e de serviços às empresas, é no Algarve e na Região de Lisboa e Vale do Tejo que o peso percentual de mão-de-obra imigrante face ao total de trabalhadores por conta de outrem supera o valor médio nacional (de 8,5%). Com a excepção do Douro (onde cerca de 10% que trabalham neste sector são imigrantes), a Norte, e da Lezíria do Tejo e Alentejo Litoral (9,1 e 16,2%, respectivamente), nenhuma NUT III do Norte, do Centro e do Alentejo atinge valores relevantes, superiores a 8,5%.

Esta diferenciação na capacidade de polarização sectorial do emprego é semelhante no caso dos Serviços Sociais, onde a representatividade da mão-de-obra imigrante atinge em regra valores muito reduzidos. Apenas nas regiões de Lisboa e do Algarve o peso percentual do trabalho imigrante supera a média nacional (2,6%), registando valores entre os 5 e os 6,4%. Por NUTS III, e excluindo as unidades territoriais das duas regiões referidas, são todavia comparativamente relevantes (embora diminutos) os valores alcançados pelo Alentejo Central e em Entre Douro e Vouga, a rondar os 3%.

FIGURA 7. Percentagem de trabalhadores imigrantes no total de trabalhadores por conta de outrem, em sectores relevantes de emprego de mão-de-obra imigrante, por NUTS III (2005)

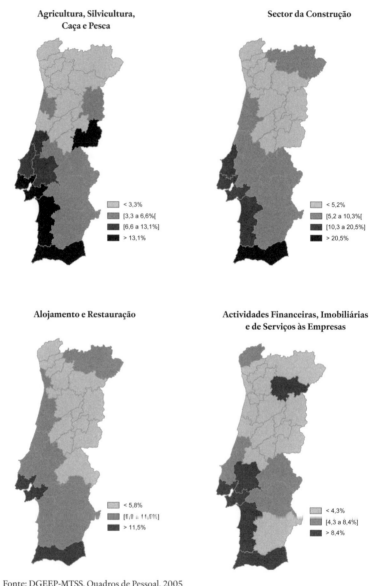

Fonte: DGEEP-MTSS, Quadros de Pessoal, 2005

Esta análise dos pesos percentuais da mão-de-obra imigrante sectores económicos, face ao total de trabalhadores por conta de outrem, revela essencialmente a capacidade de inserção em determinados ramos de actividade. Deste ponto de vista, os sectores da construção e do alojamento e restauração são aqueles onde o peso relativo de imigrantes é mais expressivo (acima de 10%), seguindo-se o sector das actividades financeiras, imobiliárias e de serviços às empresas (8,5%), bem como da agricultura, silvicultura e pescas (com 6,6%). Em qualquer um destes sectores, o Algarve e Lisboa atingem sempre níveis de inserção profissional de mão-de-obra imigrante muito significativos, devendo ainda considerar-se, no caso do sector primário, a relevância comparativa da Beira Interior Sul (Figura 7).

Mas em sectores que são relevantes em termos de volume de emprego global, como é o caso das actividades industriais ou dos serviços sociais, a capacidade de inserção da mão-de-obra imigrante parece ser ainda bastante limitada, o que não quer dizer que o trabalho imigrante seja, de facto, quantitativamente pouco expressivo.

3.2. *A inserção territorial do trabalho imigrante por ramos de actividade*
Os quadros seguintes procuram dar conta do modo como se distribuem territorialmente, pelos diferentes ramos de actividade económica, os trabalhadores por conta de outrem. O Quadro 83 reflecte, nestes termos, a distribuição percentual da mão-de-obra nacional e o Quadro 84 a distribuição da mão-de-obra imigrante. A comparação destas distribuições permite-nos confrontar de um ponto de vista espacial os perfis do trabalho nacional e do trabalho imigrante por sectores e, em segundo plano, analisar o modo como esses perfis de distribuição se relacionam com a composição territorial das economias, ou seja, com a especialização económica das diferentes regiões e NUTS III.

Na Região Norte, a indústria e o comércio e reparação de veículos absorvem cerca de 57% dos trabalhadores por conta de outrem portugueses. Se somarmos a estes sectores a construção e as actividades financeiras, imobiliárias e de serviços às empresas, obtemos naquela região um valor de afectação da mão-de-obra nacional na ordem dos 80%. Já no caso da mão-de-obra imigrante, a indústria sobressai igualmente enquanto principal sector de actividade (ocupando um em cada quatro trabalhadores imigrantes), seguindo-se-lhe a construção (22%), as actividades financeiras, imobiliárias e de serviços às empresas (14%), o comércio e reparação de veículos (13%), e o alojamento e a restauração (12%). No conjunto, estas actividades ocupam cerca de 35% da mão-de-obra imigrante (Quadro 83 e Gráfico 40).

192   IMIGRANTES EM PORTUGAL

QUADRO 83. Distribuição percentual dos trabalhadores por conta de outrem portugueses, por ramos de actividade económica, segundo as NUTS II e III (2005)

TCO (Portugueses)	Agric., Silv., Caça e Pesca	Indústr. Extract. e Transf.	Electr., Gás e Água	Cons-trução	Comér-cio e Repar. veícul.	Alojam. e Restau-ração	Transp., Armaz. e Comun.	Act. fin., Imobil. e Serv. às Empres.	Serv. Sociais	Outras Activ. Serviç.	TOTAL
	A + B	C e D	E	F	G	H	I	J e K	L, M e N	O, P e Q	
Norte	**1,8%**	**39,0%**	**0,4%**	**12,7%**	**17,5%**	**4,1%**	**3,6%**	**9,9%**	**8,4%**	**2,7%**	**100%**
Minho-Lima	3,7%	31,5%	0,3%	18,3%	17,4%	5,6%	3,3%	5,4%	11,3%	3,2%	100%
Cávado	1,6%	41,2%	0,3%	17,9%	16,7%	3,9%	2,0%	6,3%	7,3%	2,8%	100%
Ave	0,7%	60,9%	0,3%	8,6%	12,9%	2,4%	1,7%	4,5%	6,1%	1,9%	100%
Grande Porto	0,8%	25,1%	0,5%	9,4%	22,5%	5,6%	5,9%	17,8%	9,1%	3,4%	100%
Tâmega	2,4%	48,2%	0,3%	21,7%	12,4%	2,2%	1,9%	3,5%	6,0%	1,5%	100%
Entre Douro e Vouga	0,7%	61,2%	0,2%	7,9%	12,3%	2,2%	2,4%	5,9%	6,2%	1,1%	100%
Douro	14,1%	13,8%	0,9%	14,3%	18,1%	5,7%	4,0%	8,7%	17,0%	3,3%	100%
Alto Trás-os-Montes	2,0%	15,5%	0,7%	17,1%	22,6%	7,3%	3,3%	7,2%	18,3%	6,1%	100%
Centro	**2,6%**	**33,0%**	**0,4%**	**13,0%**	**19,2%**	**5,0%**	**4,8%**	**8,1%**	**10,8%**	**2,9%**	**100%**
Baixo Vouga	2,0%	47,3%	0,2%	7,2%	17,2%	4,4%	3,7%	7,2%	8,9%	2,0%	100%
Baixo Mondego	1,7%	21,3%	0,6%	11,1%	21,8%	6,0%	6,4%	14,2%	13,3%	3,6%	100%
Pinhal Litoral	1,3%	37,3%	0,2%	15,6%	19,0%	3,7%	4,5%	8,6%	7,3%	2,4%	100%
Pinhal Interior Norte	2,5%	35,6%	0,5%	19,3%	13,6%	3,5%	4,0%	4,1%	13,8%	3,2%	100%
Dão-Lafões	2,8%	30,0%	0,3%	17,3%	18,6%	5,3%	4,6%	6,2%	11,3%	3,6%	100%
Pinhal Interior Sul	3,4%	30,6%	0,5%	19,6%	14,3%	4,5%	5,0%	5,0%	14,7%	2,4%	100%
Serra da Estrela	2,1%	33,7%	0,9%	17,3%	15,9%	4,5%	2,8%	4,3%	15,7%	2,6%	100%
Beira Interior Norte	2,2%	26,5%	0,7%	14,6%	18,1%	6,4%	5,6%	6,3%	15,6%	4,1%	100%
Beira Interior Sul	6,9%	26,4%	0,8%	13,7%	19,4%	6,7%	4,0%	6,9%	10,7%	4,7%	100%
Cova da Beira	2,4%	34,8%	0,5%	11,4%	18,9%	5,4%	3,0%	5,4%	14,6%	3,5%	100%
Oeste	4,9%	28,6%	0,5%	12,5%	22,5%	5,2%	5,8%	7,9%	9,6%	2,5%	100%
Médio Tejo	2,8%	27,4%	0,8%	14,2%	20,0%	6,1%	5,4%	8,0%	12,0%	3,3%	100%
Lisboa	**0,6%**	**13,7%**	**0,5%**	**8,2%**	**21,5%**	**6,9%**	**8,3%**	**27,0%**	**8,8%**	**4,5%**	**100%**
Grande Lisboa	0,3%	12,0%	0,5%	7,6%	21,3%	7,0%	9,0%	29,3%	8,4%	4,7%	100%
Península de Setúbal	1,9%	21,6%	0,5%	11,1%	22,4%	6,7%	5,3%	15,9%	10,9%	3,6%	100%
Alentejo	**10,4%**	**23,4%**	**0,6%**	**11,9%**	**19,8%**	**6,2%**	**4,3%**	**8,1%**	**12,2%**	**3,1%**	**100%**
Alentejo Litoral	10,9%	17,6%	1,3%	11,8%	15,7%	9,6%	4,4%	10,6%	14,7%	3,2%	100%
Alto Alentejo	11,4%	22,9%	0,5%	11,2%	20,0%	6,6%	3,1%	6,8%	14,5%	3,0%	100%
Alentejo Central	11,6%	25,0%	0,4%	12,5%	17,7%	6,5%	3,2%	7,6%	11,9%	3,6%	100%
Baixo Alentejo	15,4%	12,7%	0,8%	10,9%	21,1%	6,0%	2,8%	8,1%	18,8%	3,3%	100%
Lezíria do Tejo	7,1%	28,6%	0,4%	12,1%	21,9%	4,9%	5,9%	8,2%	8,2%	2,8%	100%
Algarve	**2,9%**	**6,2%**	**0,6%**	**14,0%**	**23,7%**	**21,9%**	**5,2%**	**12,6%**	**8,8%**	**4,1%**	**100%**
Algarve	2,9%	6,2%	0,6%	14,0%	23,7%	21,9%	5,2%	12,6%	8,8%	4,1%	100%
Continente	**2,2%**	**27,7%**	**0,5%**	**11,4%**	**19,5%**	**6,0%**	**5,4%**	**14,7%**	**9,3%**	**3,4%**	**100%**
Reg. Aut. Açores	4,3%	14,5%	1,5%	16,0%	24,6%	8,5%	7,3%	9,8%	10,3%	3,2%	100%
Reg. Aut. Madeira	0,6%	9,1%	1,6%	20,4%	21,6%	18,2%	7,2%	10,4%	7,1%	3,8%	100%
TOTAL	**2,2%**	**27,0%**	**0,5%**	**11,7%**	**19,6%**	**6,4%**	**5,5%**	**14,5%**	**9,2%**	**3,4%**	**100%**

Fonte: DGEEP-MTSS, Quadros de Pessoal, 2005

Ou seja, o trabalho imigrante encontra-se por um lado menos concentrado, na Região Norte, nas actividades industriais, e assume pesos relativos superiores aos observados no universo da mão-de-obra nacional nos sectores da construção, alojamento e restauração e actividades financeiras, imobiliárias e de serviços às empresas (Quadro 84 e Gráfico 40).

GRÁFICO 40. Distribuição dos trabalhadores por conta de outrem nacionais e imigrantes, por ramos de actividade económica, na Região Norte (2005)

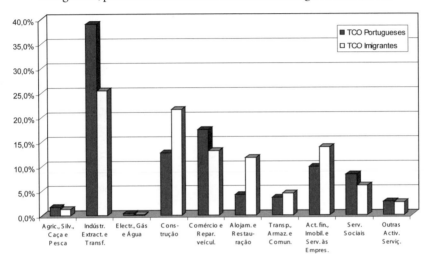

Fonte: DGEEP-MTSS, Quadros de Pessoal, 2005

Por NUTS III, na Região Norte, em muitos casos o emprego da mão-de-obra imigrante acompanha as especificidades dos mercados de trabalho locais, o que não deixa de ser revelador do seu grau de adaptabilidade. No Douro, por exemplo, onde cerca de 14% da mão-de-obra nacional está afecta ao sector primário (o valor mais elevado que se observa em todas as NUTS III desta região), vamos encontrar também o maior peso percentual de trabalhadores imigrantes afectos a este sector (12%). Uma relação de correspondência idêntica é também observável nas actividades industriais do Ave e de Entre Douro e Vouga, ou no caso do comércio e reparação de veículos, nas NUTS do Grande Porto e de Trás-os-Montes (Quadros 83 e 84). Já no sector da construção, a mão-de-obra imigrante apresenta um peso relativo considerável no Tâmega (52%), Cávado (38%) e Alto Trás-os-Montes (32%), que é claramente superior aos valores observados para a mão-de-obra nacional (situados nestas NUTS entre 17 e 22%).

194 IMIGRANTES EM PORTUGAL

QUADRO 84. Distribuição percentual dos trabalhadores por conta de outrem imigrantes, por ramos de actividade económica, segundo as NUTS II e III (2005)

TCO (Imigrantes)	Agric., Silv., Caça e Pesca	Indústr. Extract. e Transf.	Electr., Gás e Água	Construção	Comércio e Repar. veícul.	Alojam. e Restauração	Transp., Armaz. e Comun.	Act. fin., Imobil. e Serv. às Empres.	Serv. Sociais	Outras Activ. Serviç.	TOTAL
	A + B	C e D	E	F	G	H	I	J e K	L, M e N	O, P e Q	
Norte	**1,4%**	**25,4%**	**0,1%**	**21,5%**	**13,2%**	**11,7%**	**4,4%**	**13,9%**	**6,0%**	**2,6%**	**100%**
Minho-Lima	1,3%	27,3%	0,0%	18,6%	9,3%	10,5%	11,3%	10,8%	9,6%	1,3%	100%
Cávado	0,5%	26,9%	0,0%	38,3%	9,5%	9,0%	3,5%	6,5%	3,5%	2,4%	100%
Ave	0,4%	58,7%	0,2%	14,0%	11,6%	4,2%	0,5%	4,1%	3,1%	3,2%	100%
Grande Porto	0,9%	15,9%	0,1%	13,3%	15,9%	18,3%	5,3%	21,1%	6,2%	3,0%	100%
Tâmega	0,9%	20,0%	0,1%	51,8%	12,7%	4,3%	2,2%	3,3%	1,8%	3,0%	100%
Entre Douro e Vouga	1,0%	47,9%	0,0%	18,0%	8,6%	4,2%	3,0%	5,0%	10,9%	1,5%	100%
Douro	11,8%	9,7%	0,0%	23,6%	6,6%	4,1%	3,0%	35,1%	5,4%	0,6%	100%
Alto Trás-os-Montes	0,2%	13,7%	0,0%	31,5%	19,8%	11,1%	6,6%	4,5%	10,1%	2,5%	100%
Centro	**4,2%**	**29,4%**	**0,1%**	**25,0%**	**11,4%**	**9,2%**	**7,6%**	**7,5%**	**3,5%**	**2,0%**	**100%**
Baixo Vouga	2,3%	48,3%	0,1%	13,0%	10,8%	9,2%	1,6%	8,2%	3,7%	2,9%	100%
Baixo Mondego	1,5%	19,8%	0,0%	29,3%	11,1%	16,0%	3,8%	11,0%	4,3%	3,1%	100%
Pinhal Litoral	2,0%	32,3%	0,0%	28,3%	12,2%	7,7%	5,1%	7,9%	2,2%	2,4%	100%
Pinhal Interior Norte	1,3%	28,3%	0,0%	37,7%	12,4%	3,5%	6,3%	4,4%	5,4%	0,7%	100%
Dão-Lafões	2,0%	31,7%	0,1%	18,0%	9,2%	7,0%	21,6%	5,1%	4,5%	0,7%	100%
Pinhal Interior Sul	1,5%	21,6%	1,0%	12,7%	21,6%	3,9%	24,5%	0,5%	11,3%	1,5%	100%
Serra da Estrela	2,0%	22,3%	0,0%	20,3%	10,1%	8,1%	12,2%	1,4%	20,3%	3,4%	100%
Beira Interior Norte	4,8%	14,4%	0,3%	22,3%	10,9%	3,5%	30,4%	7,3%	5,3%	0,8%	100%
Beira Interior Sul	36,8%	18,7%	0,4%	14,5%	8,6%	11,3%	2,7%	4,4%	1,7%	0,8%	100%
Cova da Beira	4,5%	24,5%	0,3%	24,1%	8,0%	13,3%	2,8%	5,6%	15,4%	1,4%	100%
Oeste	6,4%	24,1%	0,0%	28,7%	12,6%	7,6%	10,3%	6,7%	2,2%	1,4%	100%
Médio Tejo	3,6%	27,5%	0,2%	27,8%	9,9%	12,0%	5,5%	8,1%	3,6%	1,7%	100%
Lisboa	**1,1%**	**6,6%**	**0,0%**	**20,9%**	**10,7%**	**13,8%**	**2,6%**	**36,8%**	**4,5%**	**3,0%**	**100%**
Grande Lisboa	0,6%	6,0%	0,0%	18,8%	10,7%	14,2%	2,7%	39,3%	4,6%	3,0%	100%
Península de Setúbal	3,7%	10,5%	0,0%	33,3%	10,5%	11,9%	2,5%	21,2%	4,0%	2,4%	100%
Alentejo	**15,7%**	**20,2%**	**0,1%**	**22,1%**	**10,3%**	**8,3%**	**5,0%**	**13,3%**	**4,0%**	**1,1%**	**100%**
Alentejo Litoral	24,1%	6,1%	0,5%	23,7%	6,3%	9,1%	1,1%	26,0%	2,6%	0,5%	100%
Alto Alentejo	18,4%	21,6%	0,0%	16,2%	9,4%	6,7%	13,0%	10,3%	3,7%	0,9%	100%
Alentejo Central	17,1%	25,0%	0,0%	21,0%	7,6%	8,9%	2,4%	8,3%	8,3%	1,3%	100%
Baixo Alentejo	25,5%	8,5%	0,0%	33,5%	11,0%	12,3%	1,0%	4,4%	2,3%	1,5%	100%
Lezíria do Tejo	8,8%	26,0%	0,0%	20,9%	13,2%	7,3%	6,6%	13,0%	2,9%	1,2%	100%
Algarve	**3,8%**	**4,2%**	**0,4%**	**33,2%**	**9,9%**	**30,7%**	**2,3%**	**8,4%**	**3,3%**	**3,7%**	**100%**
Algarve	3,8%	4,2%	0,4%	33,2%	9,9%	30,7%	2,3%	8,4%	3,3%	3,7%	100%
Continente	**2,8%**	**12,9%**	**0,1%**	**23,2%**	**11,0%**	**14,8%**	**3,7%**	**24,4%**	**4,4%**	**2,8%**	**100%**
Reg. Aut. Açores	2,3%	7,1%	0,1%	56,7%	12,9%	10,2%	1,9%	1,5%	3,7%	3,7%	100%
Reg. Aut. Madeira	0,4%	6,3%	0,0%	38,5%	9,4%	22,6%	3,2%	9,1%	5,2%	5,3%	100%
TOTAL	**2,7%**	**12,8%**	**0,1%**	**23,7%**	**11,0%**	**14,9%**	**3,7%**	**24,0%**	**4,4%**	**2,8%**	**100%**

Fonte: DGEEP-MTSS, Quadros de Pessoal, 2005

Na Região Centro encontramos uma situação em muito semelhante à que se observou no caso anterior, da Região Norte. O emprego da mão-de-obra nacional concentra-se em três sectores, o das actividades industriais (onde trabalha um em cada três trabalhadores por conta de outrem nacionais), o comércio e reparação de veículos (cerca de 20% da mão-de-obra nacional) e a construção (13%). Já o trabalho imigrante, seguindo relativamente de perto este perfil de emprego, dispersa-se todavia por um leque mais alargado de actividades, destacando-se as indústrias extractiva e transformadora e a construção, com um peso percentual superior a 20% (Gráfico 41).

GRÁFICO 41. Distribuição dos trabalhadores por conta de outrem nacionais e imigrantes, por ramos de actividade económica, na Região Centro (2005)

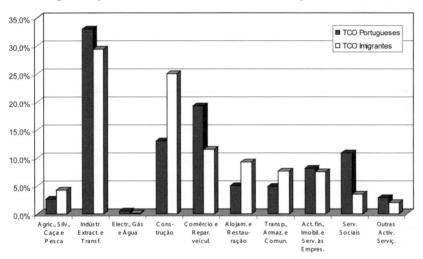

Fonte: DGEEP-MTSS, Quadros de Pessoal, 2005

Tal como sucede na Região Norte, as percentagens de afectação de mão--de-obra estrangeira aos sectores da construção, alojamento e restauração e transportes, armazenagem e comunicações superam os valores observados no universo dos trabalhadores por conta de outrem portugueses, sendo as diferenças mais expressivas no caso da construção e do alojamento e restauração. Para além destes sectores, também no caso da agricultura, silvicultura e pescas, o peso relativo da mão-de-obra imigrante no universo que lhe corresponde supera o peso registado pela mão-de-obra nacional.

Em todas as NUTS III da Região Centro, as actividades da indústria assumem quase sempre a maior percentagem de afectação de trabalhadores portugueses, com valores que oscilam entre 21% (no Baixo Mondego) e cerca de 47% (no Baixo Vouga). E apenas no caso do Baixo Mondego, Oeste e Médio Tejo, as actividades relacionadas com o comércio e a reparação de veículos conseguem ombrear – em termos de captação de mão-de-obra nacional –, com a indústria (Quadro 83).

Já a distribuição do emprego nas NUTS III desta região, relativamente à mão-de-obra imigrante, apresenta uma variabilidade bastante mais ampla. Na Beira Interior Sul, por exemplo, é na agricultura, silvicultura e pescas que se concentram quase 40% dos trabalhadores imigrantes por conta de outrem. E, somando à Beira Interior Sul a excepção do Baixo Vouga, onde a indústria concentra um peso assinalável de mão-de-obra imigrante (48%), em regra os trabalhadores estrangeiros distribuem-se, nas restantes NUTS, por três ou quatro ramos de actividade mais relevantes (a indústria, a construção, o alojamento e restauração e os transportes, armazenagem e comunicações).

Na Região de Lisboa verifica-se contudo uma situação contrária à verificada no Norte e Centro, relativamente à polarização do trabalho imigrante por sectores (Quadros 83 e 84). Com efeito, se na Grande Lisboa são as actividades financeiras, imobiliárias e de serviços às empresas que obtém o valor percentual mais elevado de afectação de mão-de-obra imigrante (40% deste universo), na Península de Setúbal prevalece o sector da construção (onde encontra emprego cerca de um em cada três trabalhadores imigrantes por conta de outrem). Esta relativa concentração de mão-de-obra estrangeira contrasta com o perfil de polarização dos trabalhadores nacionais, que se distribuem por um leque mais alargado de ramos de actividade económica. O comércio e reparação de veículos, por um lado, e as actividades financeiras, imobiliárias e de serviços às empresas, por outro, detém – no caso da Grande Lisboa – 21 e 29% da mão-de-obra por conta de outrem portuguesa. Na península de Setúbal, os trabalhadores nacionais atingem os mais significativos valores percentuais também em dois sectores: o das actividades industriais e o do comércio e reparação de veículos (ambos com cerca de 22%).

Mas à semelhança do Norte, e sobretudo do Centro, voltamos a encontrar na Região de Lisboa valores percentuais de afectação de mão-de-obra imigrante nos sectores da agricultura, construção, alojamento e restauração, bem como nas actividades financeiras, imobiliárias e de serviços às empresas, que são superiores aos que se verificam no caso dos trabalhadores portugueses por conta de outrem (Gráfico 42).

GRÁFICO 42. Distribuição dos trabalhadores por conta de outrem nacionais e imigrantes, por ramos de actividade económica, na Região de Lisboa (2005)

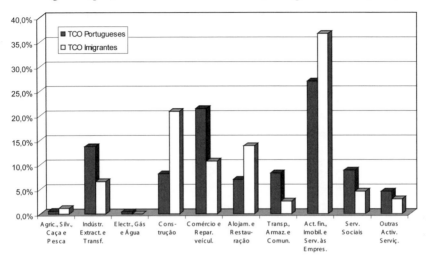

Fonte: DGEEP-MTSS, Quadros de Pessoal, 2005

O Alentejo caracteriza-se por uma significativa dispersão sectorial do emprego por conta de outrem. Nenhum ramo de actividade ultrapassa valores superiores a 25%, quer consideremos a mão-de-obra nacional, quer consideremos a mão-de-obra estrangeira. A agricultura assume, nesta região, um peso comparativamente assinalável (10,4%) considerando a sua importância relativa à escala nacional (2,2%), e constitui um dos sectores onde a afectação de mão-de-obra imigrante (15,7%) supera o valor registado no universo da mão-de-obra nacional. Os outros sectores onde esta prevalência comparativa de trabalho imigrante também se verifica são a construção, o alojamento e restauração, os transportes, armazenagem e comunicações e as actividades financeiras, imobiliárias e de serviços às empresas (Gráfico 43). E se os trabalhadores por conta de outrem portugueses se distribuem significativamente num conjunto de sectores (agricultura, silvicultura e pescas; indústrias extractivas e transformadoras; construção; comércio e reparação de veículos e serviços sociais), a mão-de-obra imigrante tende a acompanhar esta distribuição, denotando assim – uma vez mais – uma elevada capacidade de adaptação à composição sectorial dos diferentes territórios.

A importância da mão-de-obra estrangeira nas actividades do sector primário assume uma relevância particular no Alentejo Litoral e no Baixo

Alentejo (onde cerca de um em cada quatro imigrantes estão afectos a este sector) e, nas restantes NUTS III desta região, a mão-de-obra imigrante apresenta pesos relativos assinaláveis nos sectores da indústria e da construção (enquanto que, no universo dos trabalhadores portugueses, os dois sectores que se distinguem são a indústria e o comércio e reparação de veículos).

GRÁFICO 43. Distribuição dos trabalhadores por conta de outrem nacionais e imigrantes, por ramos de actividade económica, na Região do Alentejo (2005)

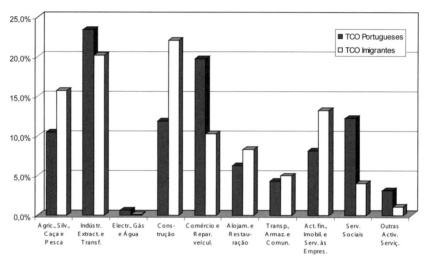

Fonte: DGEEP-MTSS, Quadros de Pessoal, 2005

No Algarve, em virtude do significado que aqui assumem as actividades ligadas ao turismo, os sectores da construção e do alojamento e restauração assumem uma importância muito expressiva no emprego de mão-de-obra estrangeira por conta de outrem (absorvendo 64% do total de trabalhadores imigrantes). Nesta região, encontramos de facto uma maior polarização do trabalho imigrante, em comparação com o modo como se distribuem os trabalhadores por conta de outrem portugueses, cujo emprego é mais significativo nos sectores do comércio e reparação de veículos (24%) e no alojamento e restauração (22%). Na agricultura, o peso de mão-de-obra imigrante face ao total de trabalhadores imigrantes por conta de outrem é ligeiramente superior ao observado no universo dos trabalhadores nacionais (Gráfico 44).

GRÁFICO 44. Distribuição dos trabalhadores por conta de outrem nacionais e imigrantes, por ramos de actividade económica, no Algarve (2005)

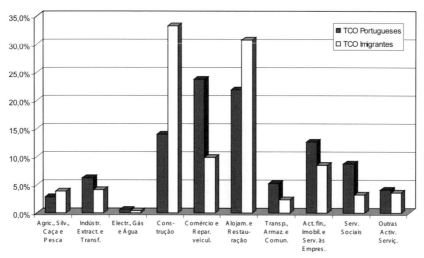

Fonte: DGEEP-MTSS, Quadros de Pessoal, 2005

As regiões autónomas dos Açores e da Madeira caracterizam-se por uma forte polarização sectorial do trabalho imigrante no sector da construção. Nos Açores esta concentração significa que quase seis em cada dez imigrantes estão afectos ao sector, valor que no caso da Madeira se aproxima do rácio de quatro imigrantes em cada dez. Nesta última região, o alojamento e a restauração constituem o segundo sector mais relevante de emprego de mão-de--obra estrangeira, absorvendo cerca de 23% da força de trabalho imigrante por conta de outrem (Gráficos 45 e 46). O que significa que, perante contextos económicos onde as dinâmicas turísticas são relevantes, se verifica uma tendência para que o emprego de trabalho imigrante seja expressivo nos sectores da construção e do alojamento e restauração (como sucedia no Algarve).

Esta circunstância não coloca em causa, todavia, uma característica que temos vindo a identificar no fenómeno imigratório português recente, na esfera do trabalho, e que se refere à plasticidade e adaptabilidade sectorial da mão-de-obra estrangeira. Sendo os sectores da construção e das actividades financeiras, imobiliárias e de serviços às empresas (num primeiro plano), e os sectores da indústria e do alojamento e restauração (num segundo plano), aqueles que revelam maior capacidade de absorver mão-de-obra por conta de

GRÁFICO 45. Distribuição dos trabalhadores por conta de outrem nacionais e imigrantes, por ramos de actividade económica, na Região Autónoma dos Açores (2005)

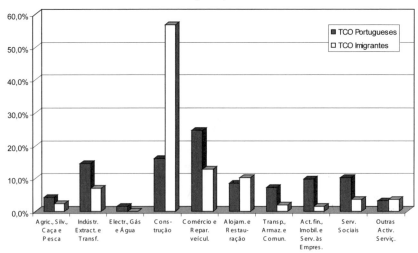

Fonte: DGEEP-MTSS, Quadros de Pessoal, 2005

GRÁFICO 46. Distribuição dos trabalhadores por conta de outrem nacionais e imigrantes, por ramos de actividade económica, na Região Autónoma da Madeira (2005)

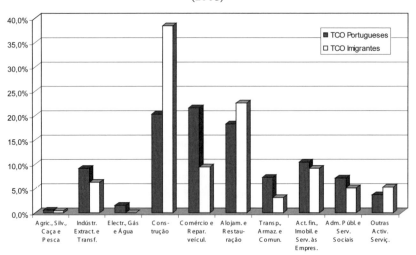

Fonte: DGEEP-MTSS, Quadros de Pessoal, 2005

outrem imigrante, nos contextos territoriais onde, por exemplo, o sector primário assume algum significado, o trabalho imigrante responde igualmente de modo favorável às necessidades de mão-de-obra.

Por outro lado, torna-se muito clara a diferenciação regional do uso da mão-de-obra imigrante. Assim, ao contrário do que é comum pensar-se, não é só num sector de actividade (a construção e obras públicas) que o seu peso é expressivo. Cada sistema de emprego, de acordo com a sua expressão territorial, tende a atrair trabalho imigrante.

O que significa, por seu turno, que há segmentos concretos e diferenciados do mercado do trabalho que tem maior poder de polarização de imigrantes, evidenciando não só a já referida plasticidade territorial da mão-de-obra imigrante, mas igualmente a sua capacidade para seguir os sistemas territoriais de organização do emprego no país.

3.3. *A terciarização e a necessidade de trabalho na economia portuguesa*

Procedendo a uma análise do trabalho imigrante por sectores, agregando a distribuição registada por ramos de actividade (Quadro 84), torna-se claro que é o uso intensivo do trabalho e a terciarização da economia portuguesa que têm de ser associados à imigração e à sua inserção nos mercados do emprego. De facto, pese embora o significado de domínios como a indústria e a construção, no universo dos ramos de actividade, o sector dos serviços é o que mais acolhe a mão-de-obra imigrante. É assim no conjunto do país e é assim em 21 das 30 NUTS III, onde este sector é o predominante, sendo que – em alguns casos – o é largamente. De certo modo, pode dizer-se que isso acontece em todos os territórios onde a atracção de pessoas é relevante, das áreas metropolitanas ao Douro e à Serra da Estrela (Quadro 85 e Figura 8).

Com efeito, apenas em 5 das 30 NUTS III do país é que, efectivamente, a construção é o sector de actividade principal dos imigrantes inscritos nos Quadros de Pessoal em 2005, o que contraria, como vimos na análise anterior, a ideia corrente acerca do papel deste sector na imigração.

A atracção de mão-de-obra imigrante nos segmentos da indústria, por seu turno, é especialmente evidente em regiões com grande densidade de PME e com sistemas locais de especialização produtiva. Destacam-se, a Norte, o Vale do Ave e a NUTS de Entre Douro e Vouga e, na Região Centro, o Baixo Vouga e o Pinhal litoral (onde o peso dos imigrantes na mão-de-obra imigrante total local chega a ser quatros vezes a média nacional).

202 IMIGRANTES EM PORTUGAL

QUADRO 85. Distribuição percentual dos trabalhadores imigrantes por conta
de outrem por sectores de actividade económica, segundo as NUTS II e III (2005)

TCO (Imigrantes)	Sector Primário		Indústria		Construção		Serviços		TOTAL	
	Nº	%	Nº	%	Nº	%	Nº	%		%
Norte	**279**	**1,4**	**5 231**	**25,4**	**4 432**	**21,5**	**10 668**	**51,8**	**20 610**	**100**
Minho-Lima	15	1,3	325	27,3	221	18,6	629	52,9	1 190	100
Cávado	13	0,5	649	26,9	925	38,3	829	34,3	2 416	100
Ave	9	0,4	1 390	58,7	332	14,0	635	26,8	2 366	100
Grande Porto	85	0,9	1 449	15,9	1 206	13,3	6 346	69,8	9 086	100
Tâmega	14	0,9	314	20,0	815	51,8	430	27,3	1 573	100
Entre Douro e Vouga	17	1,0	840	47,9	315	18,0	581	33,1	1 753	100
Douro	124	11,8	102	9,7	247	23,6	574	54,8	1 047	100
Alto Trás-os-Montes	2	0,2	162	13,7	371	31,5	644	54,6	1 179	100
Centro	**891**	**4,2**	**6 228**	**29,4**	**5 284**	**25,0**	**8 766**	**41,4**	**21 169**	**100**
Baixo Vouga	74	2,3	1 566	48,3	422	13,0	1 183	36,5	3 245	100
Baixo Mondego	40	1,5	524	19,8	776	29,3	1 304	49,3	2 644	100
Pinhal Litoral	78	2,0	1 293	32,3	1 130	28,3	1 496	37,4	3 997	100
Pinhal Interior Norte	6	1,3	130	28,3	173	37,7	150	32,7	459	100
Dão-Lafões	29	2,0	453	31,7	258	18,0	691	48,3	1 431	100
Pinhal Interior Sul	3	1,5	44	21,6	26	12,7	131	64,2	204	100
Serra da Estrela	3	2,0	33	22,3	30	20,3	82	55,4	148	100
Beira Interior Norte	19	4,8	57	14,4	88	22,3	231	58,5	395	100
Beira Interior Sul	175	36,8	89	18,7	69	14,5	143	30,0	476	100
Cova da Beira	13	4,5	70	24,5	69	24,1	134	46,9	286	100
Oeste	377	6,4	1 408	24,1	1 676	28,7	2 385	40,8	5 846	100
Médio Tejo	74	3,6	561	27,5	567	27,8	836	41,0	2 038	100
Lisboa	**865**	**1,1**	**5 248**	**6,6**	**16 566**	**20,9**	**56 703**	**71,4**	**79 382**	**100**
Grande Lisboa	441	0,6	4 057	6,0	12 777	18,8	50 732	74,6	68 007	100
Península de Setúbal	424	3,7	1 191	10,5	3 789	33,3	5 971	52,5	11 375	100
Alentejo	**1 347**	**15,7**	**1 729**	**20,2**	**1 888**	**22,1**	**3 590**	**42,0**	**8 554**	**100**
Alentejo Litoral	365	24,1	92	6,1	358	23,7	698	46,1	1 513	100
Alto Alentejo	170	18,4	200	21,6	150	16,2	406	43,8	926	100
Alentejo Central	296	17,1	432	25,0	363	21,0	637	36,9	1 728	100
Baixo Alentejo	199	25,5	66	8,5	262	33,5	254	32,5	781	100
Lezíria do Tejo	317	8,8	939	26,0	755	20,9	1 595	44,2	3 606	100
Algarve	**742**	**3,8**	**805**	**4,2**	**6 436**	**33,2**	**11 376**	**58,8**	**19 359**	**100**
Algarve	742	3,8	805	4,2	6 436	33,2	11 376	58,8	19 359	100
Continente	**4 124**	**2,8**	**19 241**	**12,9**	**34 606**	**23,2**	**91 103**	**61,1**	**149 074**	**100**
Reg. Aut. Açores	23	2,3	72	7,1	572	56,7	342	33,9	1 009	100
Reg. Aut. Madeira	10	0,4	143	6,3	866	38,5	1 233	54,8	2 252	100
TOTAL	**4 157**	**2,7**	**19 456**	**12,8**	**36 044**	**23,7**	**92 678**	**60,8**	**152 335**	**100**

Fonte: DGEEP-MTSS, Quadros de Pessoal, 2005

FIGURA 8. Distribuição dos trabalhadores imigrantes por sectores de actividade, segundo as NUTS III (2005)

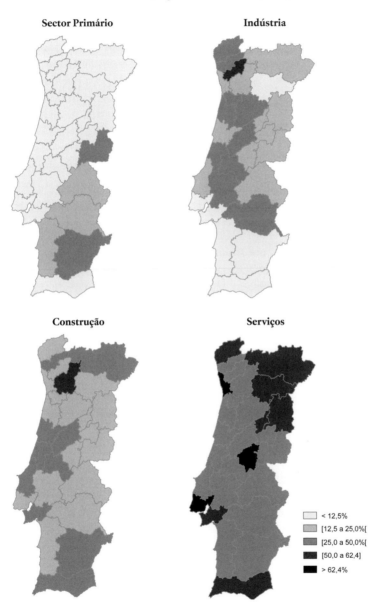

Fonte: DGEEP-MTSS, Quadros de Pessoal, 2005

O papel da agricultura é especialmente exemplificado pela Beira Interior Sul, na Região Centro, e pelo Alentejo Litoral, Baixo Alentejo, Alto Alentejo e Alentejo Central (Quadro 85 e Figura 8).

Ora, o que estes indicadores revelam é que há, também na óptica dos sectores de actividade económica, uma grande plasticidade da imigração perante a diferenciação das economias regionais, aos seus tipos de economia e especialização (Quadro 86). A imigração é uma mão-de-obra disponível: para a indústria quando os sistemas são industriais, para a agricultura quando esta predomina, para os serviços, em todo o país, para a construção civil, quando o ciclo de negócios a torna necessária.

Outra constatação, decorrente da análise dos dados, resulta da descoincidência entre as actividades a que estão afectos mais trabalhadores estrangeiros e o número de regiões onde os imigrantes se dedicam a essas actividades. A indústria e os serviços são casos emblemáticos, e opostos, disso mesmo. Assim, embora mais de 50% dos imigrantes trabalhem nos serviços em 2005, apenas em 3 NUTS III (Grande Porto, Pinhal Interior Sul e Grande Lisboa) essa percentagem é superior à média nacional (de 60,8%), atingindo o seu máximo na Grande Lisboa, com 74,6%. De facto, e com excepção do Pinhal Interior Sul, verifica-se que as maiores concentrações de trabalhadores estrangeiros empregados no sector terciário ocorrem, sem surpresa, nas zonas metropolitanas de Lisboa e do Porto (Gráfico 47).

GRÁFICO 47. Percentagem de trabalhadores por conta de outrem empregados no sector terciário, segundo a nacionalidade, por NUTS III (2005)

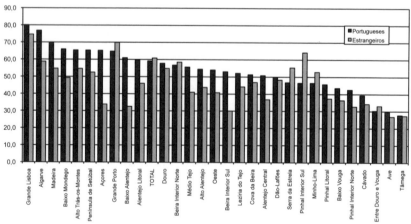

Fonte: DGEEP-MTSS, Quadros de Pessoal, 2005

IMIGRAÇÃO E TERRITÓRIO 205

QUADRO 86. Distribuição percentual do total de trabalhadores por conta de outrem
por sectores de actividade económica, segundo as NUTS II e III (2005)

TCO (Total)	Sector Primário		Indústria		Construção		Serviços		TOTAL	
	Nº	%	Nº	%	Nº	%	Nº	%	Nº	%
Norte	**17 532**	**1,8**	**385 459**	**38,7**	**128 232**	**12,9**	**463 765**	**46,6**	**994 988**	**100**
Minho-Lima	1 966	3,6	16 996	31,4	9 937	18,3	25 271	46,7	54 170	100
Cávado	1 810	1,6	46 595	40,9	20 887	18,3	44 755	39,2	114 047	100
Ave	1 119	0,7	99 228	60,9	14 218	8,7	48 369	29,7	162 934	100
Grande Porto	2 927	0,8	91 749	24,9	34 908	9,5	239 418	64,9	369 002	100
Tâmega	3 238	2,3	66 312	47,9	30 495	22,0	38 414	27,7	138 459	100
Entre Douro e Vouga	646	0,7	55 034	60,9	7 280	8,1	27 375	30,3	90 335	100
Douro	5 293	14,0	5 172	13,7	5 480	14,5	21 748	57,7	37 693	100
Alto Trás-os-Montes	533	1,9	4 373	15,4	5 027	17,7	18 415	65,0	28 348	100
Centro	**15 716**	**2,7**	**190 981**	**32,9**	**77 887**	**13,4**	**296 555**	**51,0**	**581 139**	**100**
Baixo Vouga	2 197	2,0	52 625	47,3	8 180	7,4	48 254	43,4	111 256	100
Baixo Mondego	1 296	1,6	16 740	21,3	9 200	11,7	51 523	65,4	78 759	100
Pinhal Litoral	1 157	1,4	31 354	37,0	13 710	16,2	38 416	45,4	84 637	100
Pinhal Interior Norte	664	2,5	9 390	35,4	5 201	19,6	11 238	42,4	26 493	100
Dão-Lafões	1 760	2,8	19 040	30,0	11 003	17,4	31 584	49,8	63 387	100
Pinhal Interior Sul	231	3,3	2 124	30,3	1 357	19,4	3 296	47,0	7 008	100
Serra da Estrela	185	2,1	2 972	33,6	1 541	17,4	4 159	47,0	8 857	100
Beira Interior Norte	485	2,3	5 630	26,3	3 153	14,7	12 176	56,8	21 444	100
Beira Interior Sul	1 215	7,8	4 079	26,2	2 141	13,7	8 158	52,3	15 593	100
Cova da Beira	479	2,5	6 760	34,7	2 252	11,6	9 997	51,3	19 488	100
Oeste	4 477	5,0	25 086	28,3	12 016	13,5	47 185	53,2	88 764	100
Médio Tejo	1 570	2,8	15 181	27,4	8 133	14,7	30 569	55,1	55 453	100
Lisboa	**5 682**	**0,7**	**113 465**	**13,0**	**81 349**	**9,3**	**669 910**	**77,0**	**870 406**	**100**
Grande Lisboa	2 566	0,4	82 395	11,4	62 288	8,6	573 681	79,6	720 930	100
Península de Setúbal	3 116	2,1	31 070	20,8	19 061	12,8	96 229	64,4	149 476	100
Alentejo	**17 746**	**10,7**	**38 574**	**23,2**	**20 586**	**12,4**	**89 125**	**53,7**	**166 031**	**100**
Alentejo Litoral	2 459	11,9	3 455	16,7	2 623	12,7	12 137	58,7	20 674	100
Alto Alentejo	2 747	11,7	5 370	22,9	2 682	11,4	12 696	54,0	23 495	100
Alentejo Central	4 605	11,9	9 702	25,0	4 979	12,8	19 473	50,2	38 759	100
Baixo Alentejo	3 544	15,7	2 831	12,6	2 633	11,7	13 494	60,0	22 502	100
Lezíria do Tejo	4 391	7,2	17 216	28,4	7 669	12,7	31 325	51,7	60 601	100
Algarve	**3 848**	**3,0**	**7 423**	**5,9**	**21 401**	**17,0**	**93 503**	**74,1**	**126 175**	**100**
Algarve	3 848	3,0	7 423	5,9	21 401	17,0	93 503	74,1	126 175	100
Continente	**60 524**	**2,2**	**735 902**	**26,9**	**329 455**	**12,0**	**1 612 858**	**58,9**	**2 738 739**	**100**
Reg. Aut. Açores	2 123	4,2	7 226	14,4	8 458	16,8	32 505	64,6	50 312	100
Reg. Aut. Madeira	387	0,6	5 868	9,0	13 686	21,0	45 305	69,4	65 246	100
TOTAL	**63 034**	**2,2**	**748 996**	**26,2**	**351 599**	**12,3**	**1 690 668**	**59,2**	**2 854 297**	**100**

Fonte: DGEEP-MTSS, Quadros de Pessoal, 2005

206 IMIGRANTES EM PORTUGAL

De modo semelhante, aliás, verificamos que mesmo quando consideramos o volume total de mão-de-obra (nacional e estrangeira), apenas 9 NUTS III superam o valor percentual de emprego no sector terciário registado à escala do país (59,2%). Estas NUTS correspondem à Grande Lisboa e à Península de Setúbal, ao Grande Porto, regiões autónomas dos Açores e da Madeira, Baixo Mondego, no interior norte a Alto Trás-os-Montes e, no interior sul, ao Baixo Alentejo (Quadro 86).

Inversamente, encontramos, na generalidade das NUTS III, percentagens relativamente elevadas de trabalhadores estrangeiros na indústria, mas, precisamente por ser nas regiões onde há mais imigrantes que eles menos estão presentes nesta actividade, a percentagem nacional é de apenas 12,8%, um valor inferior ao da construção (23,7%) e dos serviços (Quadro 85). Em termos relativos, e a nível nacional, os estrangeiros trabalham menos na indústria que os portugueses (27,0%). Esta situação só não se verifica nas NUTS III do Baixo Vouga, Dão-Lafões e Médio Tejo (Quadros 85 e 87, e Gráfico 48).

GRÁFICO 48. Percentagem de trabalhadores por conta de outrem empregados no sector secundário, segundo a nacionalidade, por NUTS III (2005)

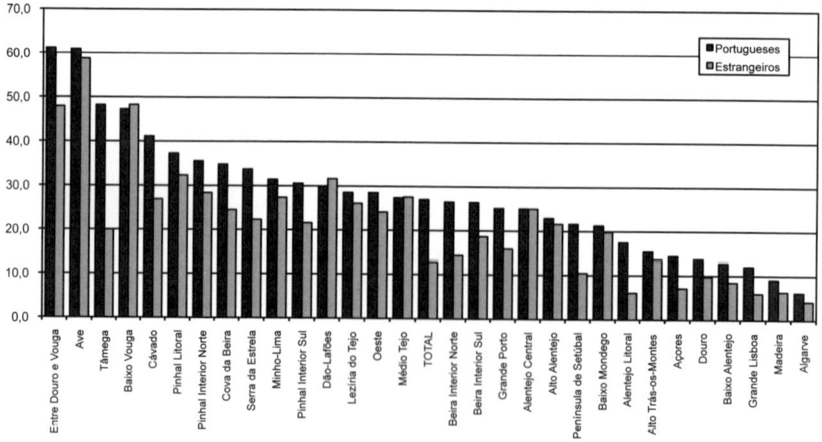

Fonte: DGEEP-MTSS, Quadros de Pessoal, 2005

IMIGRAÇÃO E TERRITÓRIO   207

QUADRO 87. Distribuição percentual dos trabalhadores portugueses por conta de outrem por sectores de actividade económica, segundo as NUTS II e III (2005)

TCO (Portugueses)	Sector Primário		Indústria		Construção		Serviços		TOTAL	
	Nº	%	Nº	%	Nº	%	Nº	%		%
Norte	**17 253**	**1,8**	**380 228**	**39,0**	**123 800**	**12,7**	**453 097**	**46,5**	**974 378**	**100**
Minho-Lima	1 951	3,7	16 671	31,5	9 716	18,3	24 642	46,5	52 980	100
Cávado	1 797	1,6	45 946	41,2	19 962	17,9	43 926	39,3	111 631	100
Ave	1 110	0,7	97 838	60,9	13 886	8,6	47 734	29,7	160 568	100
Grande Porto	2 842	0,8	90 300	25,1	33 702	9,4	233 072	64,8	359 916	100
Tâmega	3 224	2,4	65 998	48,2	29 680	21,7	37 984	27,7	136 886	100
Entre Douro e Vouga	629	0,7	54 194	61,2	6 965	7,9	26 794	30,2	88 582	100
Douro	5 169	14,1	5 070	13,8	5 233	14,3	21 174	57,8	36 646	100
Alto Trás-os-Montes	531	2,0	4 211	15,5	4 656	17,1	17 771	65,4	27 169	100
Centro	**14 825**	**2,6**	**184 753**	**33,0**	**72 603**	**13,0**	**287 789**	**51,4**	**559 970**	**100**
Baixo Vouga	2 123	2,0	51 059	47,3	7 758	7,2	47 071	43,6	108 011	100
Baixo Mondego	1 256	1,7	16 216	21,3	8 424	11,1	50 219	66,0	76 115	100
Pinhal Litoral	1 079	1,3	30 061	37,3	12 580	15,6	36 920	45,8	80 640	100
Pinhal Interior Norte	658	2,5	9 260	35,6	5 028	19,3	11 088	42,6	26 034	100
Dão-Lafões	1 731	2,8	18 587	30,0	10 745	17,3	30 893	49,9	61 956	100
Pinhal Interior Sul	228	3,4	2 080	30,6	1 331	19,6	3 165	46,5	6 804	100
Serra da Estrela	182	2,1	2 939	33,7	1 511	17,3	4 077	46,8	8 709	100
Beira Interior Norte	466	2,2	5 573	26,5	3 065	14,6	11 945	56,7	21 049	100
Beira Interior Sul	1 040	6,9	3 990	26,4	2 072	13,7	8 015	53,0	15 117	100
Cova da Beira	466	2,4	6 690	34,8	2 183	11,4	9 863	51,4	19 202	100
Oeste	4 100	4,9	23 678	28,6	10 340	12,5	44 800	54,0	82 918	100
Médio Tejo	1 496	2,8	14 620	27,4	7 566	14,2	29 733	55,7	53 415	100
Lisboa	**4 817**	**0,6**	**108 217**	**13,7**	**64 783**	**8,2**	**613 207**	**77,5**	**791 024**	**100**
Grande Lisboa	2 125	0,3	78 338	12,0	49 511	7,6	522 949	80,1	652 923	100
Península de Setúbal	2 692	1,9	29 879	21,6	15 272	11,1	90 258	65,4	138 101	100
Alentejo	**16 399**	**10,4**	**36 845**	**23,4**	**18 698**	**11,9**	**85 535**	**54,3**	**157 477**	**100**
Alentejo Litoral	2 094	10,9	3 363	17,6	2 265	11,8	11 439	59,7	19 161	100
Alto Alentejo	2 577	11,4	5 170	22,9	2 532	11,2	12 290	54,5	22 569	100
Alentejo Central	4 309	11,6	9 270	25,0	4 616	12,5	18 836	50,9	37 031	100
Baixo Alentejo	3 345	15,4	2 765	12,7	2 371	10,9	13 240	61,0	21 721	100
Lezíria do Tejo	4 074	7,1	16 277	28,6	6 914	12,1	29 730	52,2	56 995	100
Algarve	**3 106**	**2,9**	**6 618**	**6,2**	**14 965**	**14,0**	**82 127**	**76,9**	**106 816**	**100**
Algarve	3 106	2,9	6 618	6,2	14 965	14,0	82 127	76,9	106 816	100
Continente	**56 400**	**2,2**	**716 661**	**27,7**	**294 849**	**11,4**	**1 521 755**	**58,8**	**2 589 665**	**100**
Reg. Aut. Açores	2 100	4,3	7 154	14,5	7 886	16,0	32 163	65,2	49 303	100
Reg. Aut. Madeira	377	0,6	5 725	9,1	12 820	20,4	44 072	70,0	62 994	100
TOTAL	**58 877**	**2,2**	**729 540**	**27,0**	**315 555**	**11,7**	**1 597 990**	**59,1**	**2 701 962**	**100**

Fonte: DGEEP-MTSS, Quadros de Pessoal, 2005

No caso da construção, sector em que trabalham 23,7% dos trabalhadores imigrantes por conta de outrem, os valores por NUTS III são quase sempre próximos da média, com tendência para a superarem, destacando-se todavia a Região Autónoma dos Açores (56,7%) e o Tâmega (51,8%), pelos seus elevados valores. O dado mais significativo no caso da construção é, no entanto, a sobre-representação dos imigrantes (que se verifica em todas as NUTS, com a excepção do Pinhal Interior Sul) face aos portugueses, dos quais, no conjunto, apenas 11,7% trabalham neste sector (Gráfico 49).

GRÁFICO 49. Percentagem de trabalhadores por conta de outrem empregados no sector da construção, segundo a nacionalidade, por NUTS III (2005)

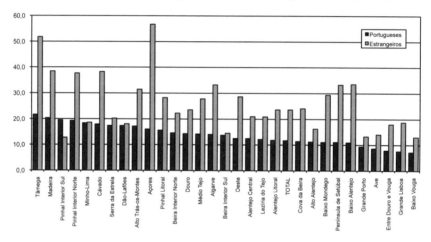

Fonte: DGEEP-MTSS, Quadros de Pessoal, 2005

As percentagens de trabalhadores portugueses e estrangeiros a trabalhar em 2005 na agricultura, pescas e silvicultura são bastante semelhantes à escala nacional (2,2% contra 2,7%, respectivamente). Mas há dois casos que se destacam pela importância que estas actividades têm no emprego dos imigrantes. São eles o Alentejo, onde 15,7% dos imigrantes trabalha nestas actividades, e o Algarve, onde esta discrepância é de 3,8% (imigrantes) contra 2,9% (portugueses). Por NUTS III, e considerando não só o diferencial de emprego no sector primário, mas igualmente o seu volume, destaca-se claramente o Pinhal Interior Sul, o Baixo Alentejo, o Alentejo Litoral, o Alto Alentejo e o Alentejo Central (Gráfico 50).

GRÁFICO 50. Percentagem de trabalhadores por conta de outrem empregados no sector primário, segundo a nacionalidade, por NUTS III (2005)

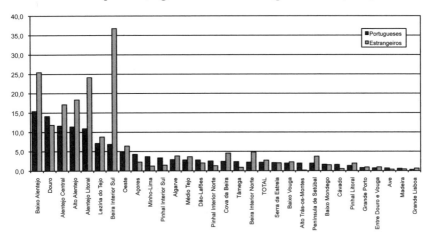

Fonte: DGEEP-MTSS, Quadros de Pessoal, 2005

Quando analisamos a distribuição do trabalho imigrante por sectores e segundo a nacionalidade, as diferenças são também bastante notórias, como se pode ver no Quadro 88. Com efeito, e correspondendo em larga medida às percepções mais vulgarizadas, os imigrantes provenientes da Europa de Leste concentram-se principalmente na construção (cerca de 1 em cada 3 trabalha neste sector) e são, a par dos imigrantes comunitários, os que mais se ocupam na indústria.

Os imigrantes dos PALOP, embora mais presentes nos serviços (quase 70% trabalham neste sector), apresentam todavia um valor bastante alto também na construção (25% do total de imigrantes provenientes destes países africanos), isto à custa de praticamente não estarem presentes na agricultura (apenas 199, de um total de quase 44 mil imigrantes desta proveniência). Nos trabalhadores brasileiros, a preponderância nos serviços é evidente (70,7%), com as percentagens relativas aos outros sectores de actividade a apresentarem valores relativamente baixos.

Se confrontarmos a distribuição dos trabalhadores portugueses e brasileiros face a outros trabalhadores imigrantes no domínio do turismo, designadamente no que concerne à hotelaria e restauração (Quadro 89), podemos chegar a algumas conclusões complementares.

210   IMGRANTES EM PORTUGAL

QUADRO 88. Distribuição dos trabalhadores por conta de outrem segundo
a nacionalidade, por sectores de actividade económica (2005)

	Sector Primário		Indústria		Construção		Serviços		TOTAL	
	Nº	%	Nº	%	Nº	%	Nº	%		%
PORTUGUESES	58 877	2,2	729 540	27,0	315 555	11,7	1 597 990	59,1	2 701 962	100
ESTRANGEIROS	4 157	2,7	19 456	12,8	36 044	23,7	92 678	60,8	152 335	100
Europeus	3 194	4,8	13 674	20,7	17 409	26,3	31 859	48,2	66 136	100
União Europeia (UE 25)	280	2,4	2 202	19,1	905	7,8	8 149	70,6	11 536	100
Leste Europeu	2 913	5,4	11 425	21,0	16 487	30,3	23 540	43,3	54 365	100
Outros	1	0,4	47	20,0	17	7,2	170	72,3	235	100
Países Lusófonos	685	0,9	4 747	6,3	17 003	22,7	52 545	70,1	74 980	100
Brasil	484	1,5	2 593	8,3	6 065	19,4	22 106	70,7	31 248	100
Países Africanos	199	0,5	2 148	4,9	10 935	25,0	30 413	69,6	43 695	100
Outros	2	5,4	6	16,2	3	8,1	26	70,3	37	100
Outros	278	2,5	1 035	9,2	1 632	14,5	8 274	73,7	11 219	100
TOTAL	63 034	2,2	748 996	26,2	351 599	12,3	1 690 668	59,2	2 854 297	100

Fonte: DGEEP-MTSS, Quadros de Pessoal, 2005

QUADRO 89. Importância do emprego no sector do turismo (alojamento
e restauração), no volume de trabalhadores por conta de outrem portugueses
e brasileiros, face a outros imigrantes estrangeiros (2005)

	Trab. Portugueses			Trab. Brasileiros			Outros Estrangeiros		
	Total Serviços	Turismo	Serviços (Outros)	Total Serviços	Turismo	Serviços (Outros)	Total Serviços	Turismo	Serviços (Outros)
Norte	453 097	8,9	91,1	3 700	23,8	76,2	6 968	22,0	78,0
Centro	287 789	9,8	90,2	3 818	18,0	82,0	4 948	25,7	74,3
Lisboa	613 207	9,0	91,0	18 359	23,7	76,3	38 311	17,3	82,7
Alentejo	85 535	11,5	88,5	1 642	14,9	85,1	1 948	24,0	76,0
Algarve	82 127	28,4	71,6	3 117	41,6	58,4	8 259	56,3	43,7
Continente	1 521 755	10,3	89,7	30 636	24,4	75,6	60 467	24,1	75,9
Reg. Aut. Açores	32 163	13,0	87,0	252	15,9	84,1	90	70,0	30,0
Reg. Aut. Madeira	44 072	26,1	73,9	360	17,5	82,5	873	51,1	48,9
TOTAL	1 597 990	10,8	89,2	31 248	24,2	75,8	61 430	24,5	75,5

Fonte: DGEEP-MTSS, Quadros de Pessoal, 2005

A primeira evidência é a da assinalável importância dos trabalhadores imigrantes para o sector do turismo, de modo particular no Algarve e nas regiões autónomas dos Açores e da Madeira. Nestes três espaços regionais, a mão--de-obra estrangeira não brasileira empregada nos serviços trabalha maioritariamente na hotelaria e restauração (56 contra 44% nos restantes serviços para o caso do Algarve; 70 para 30% nos Açores e 51 contra 49% na Madeira).

Contrariamente, o peso dos trabalhadores portugueses dos serviços que estão empregados na hotelaria e restauração apenas atinge os 28% no Algarve e os 26% na Madeira, situando-se a média nacional num valor que é cerca de metade (11%) da percentagem obtida no caso dos imigrantes não brasileiros. Quanto a estes, é sobretudo na Região do Algarve que se destacam pela afectação às actividades turísticas, com cerca de quatro em cada dez brasileiros a trabalhar na hotelaria e restauração, sendo contudo a percentagem nacional próxima da registada no caso da mão-de-obra imigrante de outras nacionalidades que não a brasileira.

3.4. *Análise territorial das classes tecnológicas da indústria e dos serviços*

Recorremos, designadamente na caracterização das estruturas regionais da economia (segundo capítulo), e na análise comparativa dos perfis da mão-de--obra nacional e imigrante (quinto capítulo), à distribuição dos trabalhadores por conta de outrem segundo as diferentes classes tecnológicas, definidas a partir do grau de mobilização de I&D, sob a forma de tecnologia no caso das actividades industriais, e da intensidade informacional, no caso das actividades terciárias.

Encontrámos nestas análises, por um lado a expressão da terciarização da economia portuguesa, para a qual a mão-de-obra imigrante contribui de forma assinalável, e por outro alguns matizes de diferenciação, no modo como o trabalho por conta de outrem se distribui pelas classes tecnológicas consideradas, em função da nacionalidade. Importa, pois, avaliar neste momento se existem diferenciações regionais relevantes no que concerne aos perfis anteriormente encontrados (Quadros 90 e 91).

212 IMIGRANTES EM PORTUGAL

QUADRO 90. Distribuição dos trabalhadores portugueses por conta de outrem
segundo as classes tecnológicas, por NUTS II e III (2005)

	Sector Primário	Baixa Tecnologia	Média Baixa Tecnol.	Média Alta Tecnol.	Alta Tecnologia	Infra--estruturas	Baixa Intens. Inform.	Alta Intens. Informac.	TOTAL
Norte	**2,3**	**27,2**	**6,6**	**4,1**	**0,7**	**13,1**	**37,7**	**8,4**	**100**
Minho-Lima	4,5	16,6	8,9	5,2	0,0	18,7	39,7	6,5	100
Cávado	2,0	29,7	6,2	2,4	2,5	18,2	33,2	5,8	100
Ave	1,0	49,3	7,5	3,3	0,5	9,0	25,3	4,1	100
Grande Porto	0,9	13,1	6,2	5,1	0,6	9,9	50,4	13,9	100
Tâmega	3,7	41,1	3,9	1,6	0,4	21,9	23,8	3,7	100
Entre Douro e Vouga	0,9	39,6	12,3	9,0	0,1	8,0	24,9	5,2	100
Douro	15,3	9,2	2,1	1,3	0,0	15,2	47,6	9,2	100
Alto Trás-os-Montes	4,4	8,0	4,8	0,3	0,0	17,8	55,4	9,3	100
Centro	**3,3**	**14,7**	**11,7**	**5,7**	**0,4**	**13,4**	**43,2**	**7,7**	**100**
Baixo Vouga	2,2	14,4	21,0	10,9	0,7	7,4	36,1	7,3	100
Baixo Mondego	2,0	10,9	6,5	2,9	0,6	11,7	53,9	11,5	100
Pinhal Litoral	2,5	10,8	18,4	6,9	0,0	15,8	37,4	8,1	100
Pinhal Interior Norte	2,8	26,4	7,0	1,9	0,0	19,8	36,2	5,9	100
Dão-Lafões	3,7	15,6	7,3	5,3	0,9	17,6	43,1	6,5	100
Pinhal Interior Sul	3,4	21,0	8,3	1,2	0,0	20,1	40,7	5,3	100
Serra da Estrela	2,8	29,4	3,6	0,1	0,0	18,3	40,8	5,1	100
Beira Interior Norte	2,9	14,4	2,9	8,5	0,0	15,3	48,7	7,3	100
Beira Interior Sul	6,9	15,6	2,6	8,1	0,0	14,5	45,4	6,9	100
Cova da Beira	4,2	29,0	3,2	0,8	0,0	11,9	44,6	6,2	100
Oeste	5,9	11,7	11,3	4,4	0,2	13,0	46,0	7,5	100
Médio Tejo	3,0	15,4	8,9	2,8	0,0	15,0	47,7	7,1	100
Lisboa	**0,7**	**5,5**	**3,3**	**3,2**	**1,6**	**8,7**	**54,3**	**22,7**	**100**
Grande Lisboa	0,4	5,3	2,6	2,5	1,5	8,1	54,8	24,8	100
Península de Setúbal	2,2	6,3	6,6	6,7	1,8	11,6	52,0	12,8	100
Alentejo	**12,1**	**11,3**	**5,2**	**4,8**	**0,4**	**12,5**	**46,8**	**6,9**	**100**
Alentejo Litoral	11,1	6,8	7,6	3,9	0,0	13,3	48,8	9,4	100
Alto Alentejo	11,8	12,9	5,3	4,0	0,3	11,7	47,7	6,2	100
Alentejo Central	14,3	9,5	5,7	5,7	1,5	12,9	43,5	7,0	100
Baixo Alentejo	19,5	6,6	1,5	0,5	0,0	11,7	53,1	7,0	100
Lezíria do Tejo	8,3	15,6	5,3	6,5	0,1	12,5	45,6	6,2	100
Algarve	**3,4**	**3,2**	**2,1**	**0,5**	**0,0**	**14,6**	**67,1**	**9,2**	**100**
Algarve	3,4	3,2	2,1	0,5	0,0	14,6	67,1	9,2	100
Continente	**2,6**	**15,9**	**6,4**	**4,1**	**0,8**	**11,8**	**45,7**	**12,6**	**100**
Reg. Aut. Açores	5,1	10,5	3,0	0,1	0,0	17,5	54,9	8,8	100
Reg. Aut. Madeira	0,9	5,7	2,7	0,4	0,0	22,0	60,1	8,2	100
TOTAL	**2,6**	**15,6**	**6,3**	**3,9**	**0,8**	**12,2**	**46,2**	**12,4**	**100**

Fonte: DGEEP-MTSS, Quadros de Pessoal, 2005

IMIGRAÇÃO E TERRITÓRIO   213

QUADRO 91. Distribuição dos trabalhadores estrangeiros por conta de outrem
segundo as classes tecnológicas, nas NUTS II e III (2005)

	Sector Primário	Baixa Tecnologia	Média Baixa Tecnol.	Média Alta Tecnol.	Alta Tecnologia	Infra--estruturas	Baixa Intens. Inform.	Alta Intens. Informac.	TOTAL
Norte	**1,9**	**15,1**	**6,4**	**2,9**	**0,3**	**21,6**	**40,3**	**11,4**	**100**
Minho-Lima	2,2	10,4	12,9	3,1	0,0	18,6	42,6	10,3	100
Cávado	1,0	16,0	7,4	1,7	1,4	38,3	29,4	4,9	100
Ave	1,3	48,2	6,9	2,4	0,3	14,2	23,8	2,9	100
Grande Porto	1,0	7,9	4,2	3,4	0,3	13,4	53,6	16,1	100
Tâmega	2,7	13,2	3,4	1,5	0,0	51,9	23,1	4,1	100
Entre Douro e Vouga	1,0	22,3	17,7	7,8	0,1	18,0	29,8	3,3	100
Douro	13,0	5,8	2,6	0,2	0,0	23,6	20,5	34,3	100
Alto Trás-os-Montes	2,6	6,3	5,0	0,0	0,0	31,5	46,6	8,0	100
Centro	**5,1**	**11,0**	**13,3**	**4,1**	**0,1**	**25,0**	**35,0**	**6,3**	**100**
Baixo Vouga	2,6	11,0	25,2	11,6	0,1	13,1	28,9	7,5	100
Baixo Mondego	2,9	12,8	3,9	1,6	0,2	29,3	39,6	9,7	100
Pinhal Litoral	3,2	11,8	15,4	3,9	0,0	28,3	30,6	6,9	100
Pinhal Interior Norte	1,5	15,5	12,0	0,7	0,0	37,7	29,8	2,8	100
Dão-Lafões	3,3	13,1	13,7	3,4	0,2	18,2	44,3	3,8	100
Pinhal Interior Sul	1,5	10,3	10,8	0,5	0,0	13,7	61,8	1,5	100
Serra da Estrela	4,1	16,2	4,1	0,0	0,0	20,3	54,7	0,7	100
Beira Interior Norte	6,3	6,8	3,8	2,3	0,0	22,5	51,9	6,3	100
Beira Interior Sul	36,8	9,9	1,5	7,4	0,0	14,9	25,8	3,8	100
Cova da Beira	7,7	15,4	5,2	0,7	0,0	24,5	42,3	4,2	100
Oeste	7,4	8,2	12,4	2,5	0,0	28,7	36,1	4,7	100
Médio Tejo	3,9	13,2	11,9	2,2	0,0	28,0	33,1	7,8	100
Lisboa	**1,2**	**2,8**	**2,3**	**1,2**	**0,3**	**20,9**	**49,7**	**21,7**	**100**
Grande Lisboa	0,7	2,6	1,9	1,0	0,3	18,8	51,4	23,1	100
Península de Setúbal	3,9	3,7	4,3	1,9	0,4	33,3	39,0	13,5	100
Alentejo	**17,1**	**10,7**	**4,5**	**3,4**	**0,3**	**22,2**	**34,4**	**7,5**	**100**
Alentejo Litoral	24,3	3,4	1,4	1,1	0,0	24,2	21,9	23,7	100
Alto Alentejo	19,1	11,1	9,1	0,4	0,2	16,2	34,7	9,2	100
Alentejo Central	18,3	16,4	2,8	3,4	1,2	21,0	32,3	4,5	100
Baixo Alentejo	26,6	6,9	0,4	0,0	0,0	33,5	30,1	2,4	100
Lezíria do Tejo	10,9	11,7	6,4	5,8	0,0	20,9	41,4	2,9	100
Algarve	**4,1**	**2,0**	**1,4**	**0,4**	**0,0**	**33,7**	**54,4**	**4,0**	**100**
Algarve	4,1	2,0	1,4	0,4	0,0	33,7	54,4	4,0	100
Continente	**3,1**	**6,0**	**4,4**	**1,9**	**0,2**	**23,3**	**46,0**	**15,0**	**100**
Reg. Aut. Açores	4,0	3,4	1,9	0,1	0,1	56,8	29,6	4,2	100
Reg. Aut. Madeira	1,1	2,8	2,5	0,4	0,0	38,5	40,9	13,9	100
TOTAL	**3,1**	**5,9**	**4,4**	**1,8**	**0,2**	**23,8**	**45,8**	**14,9**	**100**

Fonte: DGEEP-MTSS, Quadros de Pessoal, 2005

Uma primeira constatação resulta de reconhecer que as regiões do Algarve e de Lisboa se destacam pela concentração de mão-de-obra nas classes tecnológicas do terciário, designadamente nos sectores de baixa intensidade informacional, ao contrário de situações como a da Região Centro e da Região Norte, onde se verifica um equilíbrio relativamente maior entre as classes tecnológicas da indústria e dos serviços, ou do caso da Região Autónoma dos Açores, onde o sector das infra-estruturas se aproxima – em volume – da classe de baixa intensidade informacional dos serviços (Gráficos 51 a 57).

Em segundo lugar, há sectores onde o peso percentual de mão-de-obra estrangeira tende a prevalecer face à mão-de-obra nacional, como é o caso das infra-estruturas, que atinge o seu auge de diferenciação nos Açores, onde estão percentualmente afectos quase 60% do total de trabalhadores estrangeiros (valor que desce para cerca de 18% no caso dos trabalhadores nacionais).

Já no caso das actividades industriais de baixa tecnologia, os trabalhadores portugueses assumem valores de peso percentual superiores aos dos trabalhadores estrangeiros, como de resto – tendencialmente – nas restantes classes tecnológicas deste sector, exceptuando a situação da Região Centro, onde o peso percentual da população imigrante nas actividades de média-baixa tecnologia supera o valor obtido pela mão-de-obra nacional.

GRÁFICO 51. Distribuição dos trabalhadores por conta de outrem nacionais e estrangeiros por classes tecnológicas, na Região Norte (2005)

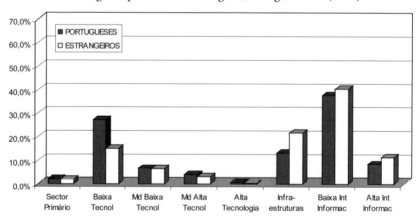

Fonte: DGEEP-MTSS, Quadros de Pessoal, 2005

GRÁFICO 52. Distribuição dos trabalhadores por conta de outrem nacionais e estrangeiros por classes tecnológicas, na Região Centro (2005)

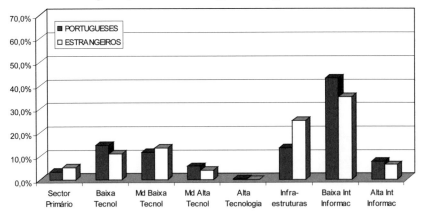

Fonte: DGEEP-MTSS, Quadros de Pessoal, 2005

GRÁFICO 53. Distribuição dos trabalhadores por conta de outrem nacionais e estrangeiros por classes tecnológicas, na Região de Lisboa (2005)

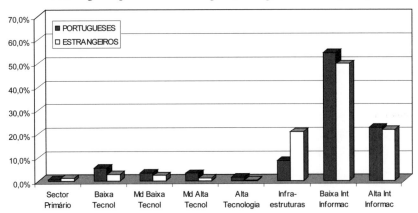

Fonte: DGEEP-MTSS, Quadros de Pessoal, 2005

GRÁFICO 54. Distribuição dos trabalhadores por conta de outrem nacionais e estrangeiros por classes tecnológicas, na Região do Alentejo (2005)

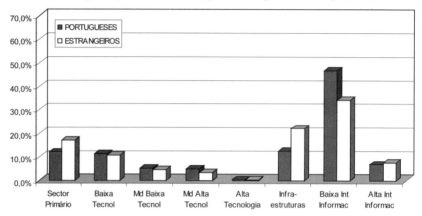

Fonte: DGEEP-MTSS, Quadros de Pessoal, 2005

GRÁFICO 55. Distribuição dos trabalhadores por conta de outrem nacionais e estrangeiros por classes tecnológicas, na Região do Algarve (2005)

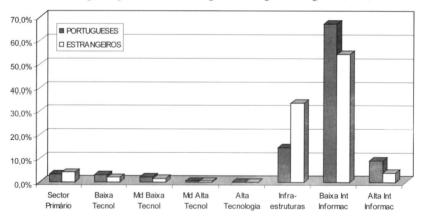

Fonte: DGEEP-MTSS, Quadros de Pessoal, 2005

GRÁFICO 56. Distribuição dos trabalhadores por conta de outrem nacionais e estrangeiros por classes tecnológicas, na Região Autónoma dos Açores (2005)

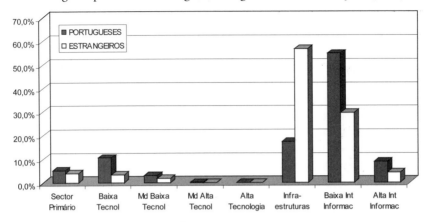

Fonte: DGEEP-MTSS, Quadros de Pessoal, 2005

GRÁFICO 57. Distribuição dos trabalhadores por conta de outrem nacionais e estrangeiros por classes tecnológicas, na Região Autónoma da Madeira (2005)

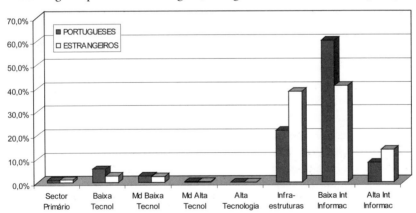

Fonte: DGEEP-MTSS, Quadros de Pessoal, 2005

Em dois sectores que curiosamente se situam no extremo das classes tecnológicas consideradas, ou seja, no sector primário e no sector dos serviços que usa uma alta intensidade informacional, vamos encontrar uma situação comparativa entre o trabalho por conta de outrem nacional e imigrante que em determinadas regiões confere ligeira vantagem à mão-de-obra imigrante.

Assim, exceptuando o Norte e a Região Autónoma da Madeira, o peso de trabalhadores imigrantes nas actividades subjacentes ao sector primário tende a ser superior ao observado no caso dos trabalhadores nacionais. E quanto aos domínios dos serviços que usam elevada intensidade informacional, destacam-se o Norte, o Alentejo e a Madeira como aquelas onde o trabalho por conta de outrem imigrante assume um peso percentual comparativo superior ao dos trabalhadores nacionais.

Por NUTS III, destaquem-se alguns casos onde a vantagem comparativa da mão-de-obra estrangeira, em determinadas classes tecnológicas merece ser assinalada. Nas actividades dos serviços com alta intensidade informacional, essa vantagem ronda os 25% no Douro e quase 15% no Alentejo Litoral. Mas é sobretudo no sector das infra-estruturas que as diferenças relativas são mais constantes e, em alguns casos, muito relevantes. No Cávado e no Tâmega, por exemplo, o peso de estrangeiros afectos a este sector distancia-se respectivamente em 20 e 30% face à mão-de-obra nacional, situando-se a diferença em torno dos 22% na Península de Setúbal e no Baixo Alentejo, e atingindo os 39% nos Açores.

4. Imigração e capacitação dos espaços de acolhimento: as habilitações dos imigrantes e dos portugueses

Um dos pressupostos deste estudo consiste em considerar que a imigração, pelo facto de apresentar volumes significativos de força de trabalho (respondendo assim às necessidades de mão-de-obra da economia portuguesa), pode acrescidamente comportar uma qualificação dos recursos humanos activos ou empregados, em virtude de integrar, sobretudo na sua vaga mais recente, trabalhadores provenientes de países com elevados padrões de escolarização.

Embora tenhamos consciência de que a fiabilidade da informação pode neste domínio não estar garantida[37], ensaiou-se uma exploração dos dados partindo da ideia de que há matéria que justifica aquele pressuposto.

---

[37] Como assinalámos no capítulo quinto, as Bases de Dados do MTSS, relativas a 2005, comportam no apuramento das habilitações escolares uma percentagem muito significa-

IMIGRAÇÃO E TERRITÓRIO 219

O primeiro ponto a observar é, nestes termos, o que respeita ao peso percentual das habilitações superiores. De um ponto de vista nacional, como vimos anteriormente, o universo dos trabalhadores portugueses compara positivamente com o universo dos trabalhadores estrangeiros abrangidos pelos Quadros de Pessoal. Contudo, esta conclusão global tem muitas variações no plano regional. Em catorze das trinta NUTS III, a percentagem de trabalhadores imigrantes com o ensino superior é mais elevada que a percentagem verificada em relação aos trabalhadores por conta de outrem portugueses, com diferenças em alguns casos superiores a três pontos percentuais, como mostra o Quadro 92.

As NUTS III da Região Norte, com a excepção de Trás-os-Montes, e sejam elas de natureza industrial, metropolitana ou periférica, registam um benefício relativo das habilitações da mão-de-obra pelo facto de terem recebido imigrantes, pois estes são mais habilitados que os nacionais, em termos de formação superior. O mesmo acontece, com significado, no Pinhal Interior Norte, na Serra da Estrela e na Cova da Beira (na Região Centro); assim como no Alentejo Central.

É certo que estas situações em que se regista um diferencial de habilitações, favorável aos trabalhadores imigrantes, apenas correspondem a cerca de 19% do total de imigrantes registado em 2005. No Algarve e na Grande Lisboa, bem como na Península de Setúbal, por exemplo, esta situação favorável ao trabalho imigrante não se verifica, sendo se assinalar que se trata de unidades territoriais com significativos volumes de imigrantes (66% do total nacional).

Esta análise pode contudo ser aprofundada, considerando o modo como se manifesta territorialmente o Índice de Escolaridade, já utilizado no capítulo anterior. O que está em causa, neste sentido, é saber se – para além dos graus superiores – os territórios do país ficam potencialmente mais capacitados pelo facto de receberem imigrantes. Isto é, se a imigração capacita os territórios.

---

tiva (13%) de trabalhadores estrangeiros por conta de outrem cujo nível de escolaridade não é conhecido. A informação utilizada neste capítulo, à semelhança do quinto capítulo, não considera os casos de habilitação escolar ignorada.

220 IMIGRANTES EM PORTUGAL

QUADRO 92. Percentagem de trabalhadores por conta de outrem nacionais e imigrantes com o ensino superior e respectivos Índices de Escolaridade (2005)

	Trab. Portugueses			Trab. Estrangeiros			Índice Escolaridade	
	Total	Ens. Superior	%	Total	Ens. Superior	%	Portugueses	Estrangeiros
Norte	**972 051**	**86 294**	**8,9**	**18 556**	**2 158**	**11,6**	**7,8**	**8,4**
Minho-Lima	52 735	4 108	7,8	1 120	126	11,3	7,9	8,8
Cávado	111 360	7 621	6,8	2 343	211	9,0	7,7	8,4
Ave	160 340	9 434	5,9	2 307	190	8,2	7,2	7,9
Grande Porto	359 241	46 787	13,0	8 055	1 092	13,6	8,6	8,8
Tâmega	136 518	6 006	4,4	1 391	102	7,3	6,7	7,2
Entre Douro e Vouga	88 465	6 548	7,4	1 502	247	16,4	7,4	8,9
Douro	36 366	3 285	9,0	712	91	12,8	7,6	7,5
Alto Trás-os-Montes	27 026	2 505	9,3	1 126	99	8,8	8,0	7,8
Centro	**558 904**	**49 970**	**8,9**	**17 093**	**1 286**	**7,5**	**8,0**	**8,3**
Baixo Vouga	107 932	10 803	10,0	3 042	312	10,3	8,0	8,6
Baixo Mondego	75 879	8 456	11,1	2 223	196	8,8	8,5	8,5
Pinhal Litoral	80 454	7 386	9,2	3 151	171	5,4	8,1	8,2
Pinhal Interior Norte	25 934	1 543	5,9	379	32	8,4	7,2	7,8
Dão-Lafões	61 894	5 487	8,9	1 179	107	9,1	7,9	8,6
Pinhal Interior Sul	6 800	364	5,4	105	6	5,7	7,2	7,7
Serra da Estrela	8 687	583	6,7	129	16	12,4	7,0	8,8
Beira Interior Norte	20 991	1 947	9,3	306	20	6,5	7,8	8,1
Beira Interior Sul	15 099	1 188	7,9	282	15	5,3	7,7	7,3
Cova da Beira	19 175	1 677	8,7	241	61	25,3	7,8	9,8
Oeste	82 713	5 862	7,1	4 345	205	4,7	7,8	7,9
Médio Tejo	53 346	4 674	8,8	1 711	145	8,5	8,2	8,1
Lisboa	**789 912**	**142 287**	**18,0**	**70 856**	**4 902**	**6,9**	**9,7**	**7,7**
Grande Lisboa	652 161	129 145	19,8	61 109	4 409	7,2	9,9	7,7
Península de Setúbal	137 751	13 142	9,5	9 747	493	5,1	8,7	7,5
Alentejo	**157 173**	**11 645**	**7,4**	**7 075**	**465**	**6,6**	**7,8**	**7,9**
Alentejo Litoral	19 113	1 475	7,7	1 301	79	6,1	7,8	8,4
Alto Alentejo	22 512	1 538	6,8	813	52	6,4	7,5	7,6
Alentejo Central	36 998	2 560	6,9	1564	138	8,8	7,8	8,2
Baixo Alentejo	21 653	1 696	7,8	613	42	6,9	7,8	7,6
Lezíria do Tejo	56 897	4 376	7,7	2784	154	5,5	7,9	7,7
Algarve	**106 575**	**8 330**	**7,8**	**16 461**	**877**	**5,3**	**8,3**	**8,0**
Algarve	106 575	8 330	7,8	16461	877	5,3	8,3	8,0
Continente	**2 584 615**	**298 526**	**11,6**	**130 041**	**9 688**	**7,4**	**8,4**	**7,9**
Reg. Aut. Açores	49 166	2 747	5,6	999	56	5,6	7,6	7,3
Reg. Aut. Madeira	62 963	4 216	6,7	2 153	192	8,9	8,0	8,6
TOTAL	**2 696 744**	**305 489**	**11,3**	**133 193**	**9 936**	**7,5**	**8,4**	**7,9**

Fonte: DGEEP-MTSS, Quadros de Pessoal, 2005

No Quadro 92 e no Gráfico 58 comparam-se justamente as variações territoriais deste índice, tornando-se possível constatar que em vinte das trinta NUTS III do país, o nível médio de habilitações dos imigrantes é superior ao dos portugueses que aí trabalham. Em três delas (Cova da Beira, Entre Douro e Vouga, e Serra da Estrela), o diferencial é superior a um ano de escolaridade.

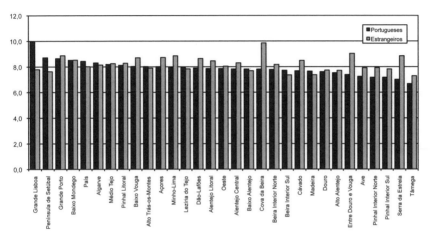

GRÁFICO 58. Comparação do Índice de Escolaridade, por NUTS III, dos trabalhadores por conta de outrem portugueses e estrangeiros (2005)

Fonte: DGEEP-MTSS, Quadros de Pessoal, 2005

Considerando este indicador, verifica-se de novo que, no Norte, a capacitação dos territórios através dos imigrantes é apreciável: em sete das suas oito NUTS III (incluindo o Grande Porto e os sistemas industriais mais dinâmicos), regista-se um diferencial positivo. Na Região Centro, a situação é idêntica, com dez das suas doze NUTS III a registarem períodos médios de escolaridade mais elevados no caso da mão-de-obra imigrante, e no Alentejo o resultado favorece igualmente o trabalho imigrante, em três das suas cinco NUTS III (Figura 9).

FIGURA 9. Índice de Escolaridade, por NUTS III, dos trabalhadores
por conta de outrem portugueses e estrangeiros (2005)

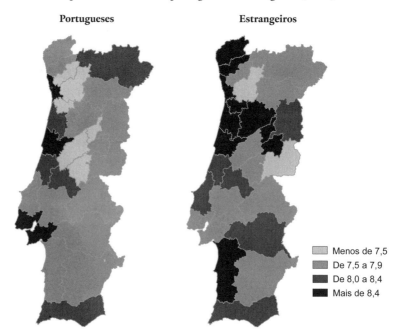

Fonte: DGEEP-MTSS, Quadros de Pessoal, 2005

Esta distribuição, que demonstra o potencial de qualificação dos territórios – devida aos níveis de escolaridade da mão-de-obra imigrante – não é naturalmente independente da origem geográfica dos trabalhadores estrangeiros (como demonstram os baixos valores obtidos pela Grande Lisboa, onde se concentra a imigração proveniente da África Lusófona). E é igualmente certo que são sobretudo os imigrantes provenientes da União Europeia os que mais se destacam nas habilitações, com índices bastante superiores (quase 12 anos de escolaridade, em média) aos dos portugueses e aos das restantes nacionalidades em todas as NUTS III (Quadro 93).

QUADRO 93. Índices de Escolaridade, segundo a nacionalidade, por NUTS II e III (2005)

	TOTAL	Portu-gueses	Estrangeiros							
			Total	Países Europeus			Países Lusófonos		
				Total	UE 25	Leste Europeu	Total	Brasil	Países Africanos
Norte	**7,8**	**7,8**	**8,4**	**8,6**	**11,3**	**7,8**	**8,3**	**8,6**	**7,8**
Minho-Lima	7,9	7,9	8,8	9,0	10,6	8,0	8,3	8,5	7,6
Cávado	7,7	7,7	8,4	8,6	11,3	8,1	8,3	8,8	7,7
Ave	7,2	7,2	7,9	7,8	10,1	7,3	8,4	8,0	9,5
Grande Porto	8,6	8,6	8,8	9,3	11,8	8,4	8,5	9,1	7,9
Tâmega	6,7	6,7	7,2	7,6	9,3	7,1	6,6	6,2	7,7
Entre Douro e Vouga	7,4	7,4	8,9	8,9	12,3	7,9	9,0	9,1	8,7
Douro	7,6	7,6	7,5	7,9	12,6	6,5	7,0	8,0	6,2
Alto Trás-os-Montes	8,0	8,0	7,8	7,9	10,3	7,7	7,7	8,1	7,0
Centro	**8,0**	**8,0**	**8,3**	**8,3**	**10,5**	**8,0**	**8,1**	**8,2**	**7,9**
Baixo Vouga	8,0	8,0	8,6	8,4	10,7	8,1	8,7	9,0	8,3
Baixo Mondego	8,5	8,5	8,5	8,5	11,5	8,0	8,6	8,6	8,6
Pinhal Litoral	8,1	8,1	8,2	8,2	9,5	8,0	8,0	8,0	7,8
Pinhal Interior Norte	7,2	7,2	7,8	7,7	10,8	7,2	7,9	7,2	8,7
Dão-Lafões	7,9	7,9	8,6	8,7	10,8	8,2	8,6	9,1	7,8
Pinhal Interior Sul	7,2	7,2	7,7	7,2	10,0	6,7	9,2	8,5	10,0
Serra da Estrela	7,0	7,0	8,8	8,6	11,1	6,8	9,7	8,5	10,9
Beira Interior Norte	7,8	7,8	8,1	8,2	9,1	7,9	8,2	7,3	9,9
Beira Interior Sul	7,7	7,7	7,3	7,9	9,3	7,5	8,3	8,1	8,4
Cova da Beira	7,8	7,8	9,8	10,4	13,0	8,6	7,8	7,8	7,9
Oeste	7,8	7,8	7,9	8,2	10,3	8,0	7,5	7,9	6,7
Médio Tejo	8,2	8,2	8,1	8,2	11,5	7,9	7,6	7,8	7,2
Lisboa	**9,5**	**9,7**	**7,7**	**9,1**	**12,8**	**8,2**	**7,2**	**8,5**	**6,5**
Grande Lisboa	9,7	9,9	7,7	9,2	12,9	8,2	7,2	8,7	6,5
Península de Setúbal	8,6	8,7	7,5	8,4	11,5	8,0	7,1	7,9	6,4
Alentejo	**7,8**	**7,8**	**7,9**	**8,1**	**10,2**	**7,8**	**7,6**	**7,7**	**7,4**
Alentejo Litoral	7,9	7,8	8,4	8,9	9,9	8,6	7,2	7,7	6,5
Alto Alentejo	7,5	7,5	7,6	7,5	9,4	7,2	7,9	7,9	7,8
Alentejo Central	7,8	7,8	8,2	8,4	11,3	8,1	7,7	7,3	8,9
Baixo Alentejo	7,8	7,8	7,6	7,6	8,7	7,3	7,6	7,4	8,1
Lezíria do Tejo	7,9	7,9	7,7	7,8	11,2	7,5	7,7	8,0	7,3
Algarve	**8,3**	**8,3**	**8,0**	**8,3**	**10,6**	**7,7**	**7,6**	**8,2**	**6,8**
Algarve	8,3	8,3	8,0	8,3	10,6	7,7	7,6	8,2	6,8
Continente	**8,4**	**8,4**	**7,9**	**8,6**	**11,5**	**7,9**	**7,4**	**8,4**	**6,7**
Reg. Aut. Açores	7,6	7,6	7,3	7,6	10,3	7,3	6,8	7,8	5,9
Reg. Aut. Madeira	8,0	8,0	8,6	9,1	11,7	8,1	7,3	8,0	6,3
TOTAL	**8,4**	**8,4**	**7,9**	**8,6**	**11,5**	**7,9**	**7,4**	**8,4**	**6,6**

Fonte: DGEEP-MTSS, Quadros de Pessoal, 2005

Mas isto mostra-nos justamente o carácter complexo e multifacetado da imigração em Portugal. Trata-se, como já se viu, de um volume de trabalhadores apenas equivalente a 0,4% do total de trabalhadores por conta de outrem (e a 7,6% no universo da imigração), mas o seu papel "qualificante" é geral no país.

Os imigrantes dos Países Africanos de Língua Oficial Portuguesa são, regra geral, os menos habilitados (a sua escolaridade é, em média, de 6,6 anos). Mas apresentam, contudo, índices de habilitações superiores aos dos portugueses em catorze NUTS III, embora se trate de espaços onde estes imigrantes assumem contingentes bastante reduzidos. De facto, sobretudo em algumas NUTS III do Centro do país (como o Pinhal Interior Sul, a Serra da Estrela, a Beira Interior Norte, a Beira Interior Sul e a Cova da Beira), onde o número total de estrangeiros provenientes dos países lusófonos africanos com habilitações conhecidas é de apenas 109 (num total de quase 40 mil), estes imigrantes apresentam índices de habilitações que tendem a revelar-se ligeiramente superiores aos dos portugueses dessas regiões.

Os imigrantes provenientes dos países da Europa de Leste são, em termos médios, menos habilitados, mas em treze NUTS III o seu nível de escolarização é igual ou superior ao dos portugueses. Trata-se sobretudo de territórios do interior, onde o volume destes imigrantes tem, apesar de tudo, algum significado (cerca de 10 mil, ou seja, aproximadamente 22 % do total de estrangeiros daquela proveniência).

Quanto aos imigrantes brasileiros, eles apresentam índices de habilitações a nível local que, em média, não são muito diferentes dos trabalhadores portugueses, excepto em cinco casos: as NUTS III do Cávado e Entre Douro e Vouga (a Norte), e no Dão Lafões, Pinhal Interior Sul e Serra da Estrela (na Região Centro), onde os trabalhadores brasileiros têm entre um a dois anos de escolaridade a mais do que os trabalhadores portugueses. Nestes casos, estamos a falar de um universo de 1339 cidadãos, verificando-se portanto uma situação idêntica à que assinalámos no caso dos imigrantes de Países Africanos de Língua Oficial Portuguesa.

À escala regional, ou seja, das NUTS II, não devem contudo deixar de sublinhar-se as diferenças entre os níveis de habilitações da mão-de-obra imigrante e da mão-de-obra nacional. Na Região Norte, apenas os imigrantes dos PALOP's e da Europa de Leste se situam ao nível dos portugueses (cerca de 7,8 anos de escolaridade, em média), revelando todas as outras principais origens geográficas um número médio de anos de escolaridade superior. O mesmo tende a verificar-se na Região Centro e, tanto no Alentejo como no

IMIGRAÇÃO E TERRITÓRIO   225

Algarve, os brasileiros juntam-se ao conjunto de nacionalidades com menores níveis de escolaridade, no qual se incluem os trabalhadores portugueses. Apenas na Região de Lisboa o Índice de Escolaridade dos trabalhadores portugueses supera as diferentes origens geográficas do trabalho imigrante, com excepção para os trabalhadores da União Europeia.

5. As qualificações dos imigrantes: o uso desqualificado da mão-de-obra
As qualificações profissionais, tal como sucede com as habilitações escolares, colocam em muitos casos, e sobretudo no universo da imigração, importantes questões na esfera do reconhecimento social das competências. No caso das habilitações, por exemplo, foram registados em 2005, na Direcção Geral de Inovação e Desenvolvimento Curricular (DGIDC), do Ministério da Educação[38], cerca de 6 mil pedidos de concessão de equivalência, que foram na sua quase totalidade (99,8%) solicitados por cidadãos estrangeiros, visando – em 40% dos casos – fins profissionais.

Neste universo, destacam-se particularmente os requerimentos de concessão de equivalências apresentados por cidadãos brasileiros (24%), ucranianos (11%) e franceses (11%), sendo que 36% do total de equivalências concedidas se referem ao 12º ano de escolaridade, e 15% ao 9º ano, evidenciando assim a existência de um padrão relativamente elevado das habilitações de origem dos imigrantes.

Mas a questão do reconhecimento de competências é mais complexa no âmbito da qualificação profissional, quer em termos processuais, quer pelo facto de os próprios imigrantes não tentarem fazer reconhecer as suas habilitações profissionais. Em matéria de imigração, há de facto uma distância enorme entre encarar o universo a partir das habilitações (ou seja, dos níveis de escolarização) e encará-lo do ponto de vista das qualificações profissionais (sobretudo na medida em que estas têm que ver com as formas de desempenho no local de trabalho)[39]. Trata-se, afinal, de constatar que uma coisa é o

---

[38] Estes dados referem-se apenas aos pedidos registados no sistema de informação da DGIDC (referidos no Relatório *"Concessão de Equivalências Estrangeiras"*, de 2005), não incluindo portanto – à data – muitos dos pedidos de concessão apresentados (e resolvidos) nos estabelecimentos de ensino básico e secundário da área de residência dos requerentes.

[39] Como assinalámos anteriormente, o número de "qualificações ignoradas" nas Bases de Dados tem algum significado, decorrendo de um deficiente preenchimento do instrumento de notação. Para minimizar este constrangimento, a informação aqui mobilizada, à

IMIGRANTES EM PORTUGAL

capital humano dos imigrantes, e outra – distinta –, é a sua utilização pela economia e pela sociedade. Ora, esta última é claramente inferior ao primeiro.

Basta, neste sentido, analisar alguns dos dados do Quadro 94. Globalmente, no conjunto do país, os desempenhos inferiores, correspondentes aos "trabalhadores não qualificados, praticantes e aprendizes", têm um peso mais do que duplo entre os imigrantes (38,2%) do que entre os portugueses (18,5%), quando, recorde-se, os respectivos perfis de habilitações escolares se equiparam, ou até se destacam favoravelmente no caso da mão-de-obra imigrante. O que significa, acrescidamente, que mais de 1/3 do volume de imigrantes que trabalham em Portugal está neste patamar de "desqualificação".

Para se encontrar alguma aproximação entre os níveis de desqualificação da mão-de-obra portuguesa e estrangeira a trabalhar em Portugal, tem que se fazer o exercício de encontrar os casos em que a desqualificação dos imigrantes (avaliada pelo peso percentual dos que são "não qualificados, praticantes e aprendizes") é menos do que o dobro da dos portugueses. Verifica-se então que é sobretudo nas NUTS III do Alentejo interior, em praticamente toda a Região Norte, e em algumas NUTS III do Centro interior, para além da Madeira, dos Açores e do Algarve, que os imigrantes atenuam a sua "inserção desqualificada" no mercado de trabalho. Por oposição, e com uma ligeira incidência no litoral a sul do Douro, é sobretudo em espaços como a Área Metropolitana de Lisboa e o Alentejo Litoral, que os níveis de "desqualificação" tendem a revelar-se mais acentuados (Gráfico 59).

Concomitantemente, quando procedemos a uma análise comparativa do peso percentual de quadros médios e superiores no universo do trabalho por conta de outrem nacional e imigrante (Quadro 94 e Gráfico 60), constatamos que o diferencial, favorável à mão-de-obra portuguesa, duplica ou mais que duplica tendencialmente nas regiões onde a desqualificação se revela mais pronunciada. Destaca-se assim uma vez mais a Área Metropolitana de Lisboa e algumas NUTS que a envolvem, todo o Alentejo (com a excepção relativa do Alentejo Central), o Algarve e as NUTS III da Beira Interior Norte e Sul, bem como o Baixo Mondego e o Pinhal Litoral. Já na Região Norte, e na maior parte das NUTS III da Região Centro, a diferença observada no peso de quadros médios e superiores entre a mão-de-obra nacional e a mão-de-obra imigrante tende a esbater-se, sendo mesmo – em alguns casos – equivalente.

---

semelhança das habilitações, considera apenas os trabalhadores cujas qualificações profissionais estão identificadas.

IMIGRAÇÃO E TERRITÓRIO   227

QUADRO 94. Trabalhadores por conta de outrem nacionais e imigrantes, por categorias profissionais relativas a Quadros Dirigentese Pessoal não Qualificado, segundo as NUTS II e III (2005)

	Trabalhadores Nacionais					Trabalhadores Estrangeiros				
	Total	Quadros Médios e Superiores		Trab. Não Qualific., Pratic. e Aprendizes		Total	Quadros Médios e Superiores		Trab. Não Qualific., Pratic. e Aprendizes	
		Nº	%	Nº	%		Nº	%	Nº	%
Norte	**932 394**	**83 485**	**9,0**	**168 954**	**18,1**	**19 228**	**1 679**	**8,7**	**5 410**	**28,1**
Minho-Lima	50 894	3 972	7,8	11 536	22,7	1 106	106	9,6	285	25,8
Cávado	107 442	7 628	7,1	18 285	17,0	2 346	146	6,2	659	28,1
Ave	154 714	10 432	6,7	24 088	15,6	2 311	153	6,6	631	27,3
Grande Porto	341 130	41 800	12,3	57 699	16,9	8 291	831	10,0	2 186	26,4
Tâmega	131 737	7 467	5,7	25 501	19,4	1 538	64	4,2	539	35,0
Entre Douro e Vouga	85 702	6 703	7,8	14 698	17,2	1 642	186	11,3	430	26,2
Douro	34 784	3 152	9,1	11 358	32,7	839	88	10,5	372	44,3
Alto Trás-os-Montes	25 991	2 331	9,0	5 789	22,3	1 155	105	9,1	308	26,7
Centro	**534 615**	**48 783**	**9,1**	**106 000**	**19,8**	**20 092**	**810**	**4,0**	**7 841**	**39,0**
Baixo Vouga	103 593	9 893	9,5	19 819	19,1	3 062	161	5,3	1 166	38,1
Baixo Mondego	71 741	7 648	10,7	15 365	21,4	2 470	125	5,1	1 036	41,9
Pinhal Litoral	76 742	7 669	10,0	13 982	18,2	3 722	118	3,2	1 465	39,4
Pinhal Interior Norte	24 871	1 847	7,4	5 215	21,0	429	26	6,1	203	47,3
Dão-Lafões	59 096	5 056	8,6	12 307	20,8	1 392	78	5,6	335	24,1
Pinhal Interior Sul	6 544	475	7,3	1 576	24,1	201	14	7,0	57	28,4
Serra da Estrela	8 425	841	10,0	1 617	19,2	141	19	13,5	31	22,0
Beira Interior Norte	20 273	1 777	8,8	3 911	19,3	386	18	4,7	106	27,5
Beira Interior Sul	14 778	986	6,7	3 235	21,9	466	16	3,4	224	48,1
Cova da Beira	18 560	1 552	8,4	3 380	18,2	276	53	19,2	74	26,8
Oeste	79 267	6 445	8,1	14 663	18,5	5 592	109	1,9	2 305	41,2
Médio Tejo	50 725	4 594	9,1	10 930	21,5	1 955	73	3,7	839	42,9
Lisboa	**739 764**	**119 721**	**16,2**	**117 640**	**15,9**	**69 703**	**3 211**	**4,6**	**29 407**	**42,2**
Grande Lisboa	610 292	106 663	17,5	94 550	15,5	59 015	2 924	5,0	25 171	42,7
Península de Setúbal	129 472	13 058	10,1	23 090	17,8	10 688	287	2,7	4 236	39,6
Alentejo	**150 520**	**11 923**	**7,9**	**37 772**	**25,1**	**8 119**	**237**	**2,9**	**3 548**	**43,7**
Alentejo Litoral	17 942	1 700	9,5	4 391	24,5	1 319	44	3,3	684	51,9
Alto Alentejo	21 709	1 614	7,4	6 431	29,6	907	32	3,5	342	37,7
Alentejo Central	35 961	2 691	7,5	9 540	26,5	1 675	75	4,5	647	38,6
Baixo Alentejo	21 042	1 588	7,5	5 597	26,6	772	12	1,6	353	45,7
Lezíria do Tejo	53 866	4 330	8,0	11 813	21,9	3 446	74	2,1	1 522	44,2
Algarve	**102 360**	**8 652**	**8,5**	**18 971**	**18,5**	**18 614**	**750**	**4,0**	**5 860**	**31,5**
Algarve	102 360	8 652	8,5	18 971	18,5	18 614	750	4,0	5 860	31,5
Continente	**2 459 653**	**272 564**	**11,1**	**449 337**	**18,3**	**135 756**	**6 687**	**4,9**	**52 066**	**38,4**
Reg. Aut. Açores	46 685	3 062	6,6	11 789	25,3	975	36	3,7	337	34,6
Reg. Aut. Madeira	61 079	4 974	8,1	13 103	21,5	2 180	205	9,4	685	31,4
TOTAL	**2 567 417**	**280 600**	**10,9**	**474 229**	**18,5**	**138 911**	**6 928**	**5,0**	**53 088**	**38,2**

Fonte: DGEEP-MTSS, Quadros de Pessoal, 2005

GRÁFICO 59. Percentagem de trabalhadores por conta de outrem integrados na categoria "Não qualificados, praticantes e aprendizes", por NUTS III (2005)

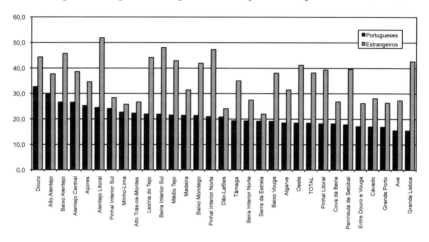

Fonte: DGEEP-MTSS, Quadros de Pessoal, 2005

GRÁFICO 60. Percentagem de trabalhadores por conta de outrem integrados na categoria "Quadros Médios e Superiores", por NUTS III (2005)

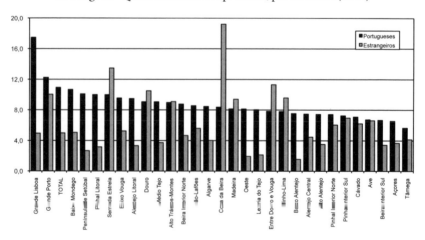

Fonte: DGEEP-MTSS, Quadros de Pessoal, 2005

Pontualmente, como sucede na Cova da Beira, Serra da Estrela, Entre Douro e Vouga, Minho-Lima e Madeira, o peso percentual de quadros médios e superiores, no total de mão-de-obra imigrante, chega mesmo a superar os valores obtidos pelos trabalhadores portugueses. E se no caso da Cova da Beira e da Serra da Estrela o contingente de imigrantes não é significativo (276 e 141, respectivamente), já nas restantes NUTS III mencionadas os respectivos contingentes não suscitam reservas quanto à relevância estatística dos resultados obtidos.

Tal como no caso das habilitações escolares, podemos igualmente analisar as qualificações profissionais através de um *Índice de Qualificação* (a que já recorremos no capítulo quinto), e que permite uma rápida comparação entre nacionalidades e unidades geográficas (Quadro 95)[40].

Da análise deste indicador, sobressai desde logo o elevado índice obtido pelos imigrantes de países membros da União Europeia (UE25), que em termos globais se posicionam, em média, numa categoria profissional acima, relativamente aos trabalhadores portugueses. Regionalmente, a diferença favorável aos imigrantes comunitários verifica-se em praticamente todas as NUTS, sendo particularmente relevante nas NUTS III da Região de Lisboa, no Grande Porto, Douro e Entre Douro e Vouga e no Alentejo Central, para além de situações com relevância estatística relativamente menor na Região Centro (como é o caso da Cova da Beira e da Serra da Estrela).

Em relação aos imigrantes lusófonos, considerados na sua totalidade, os níveis de qualificação assemelham-se aos registados pelos trabalhadores portugueses, sendo contudo a vantagem comparativa da mão-de-obra nacional superior à unidade na Grande Lisboa, e com valores muito próximos da unidade na Península de Setúbal e Baixo Mondego.

Quanto aos imigrantes do Leste Europeu, e apesar de em termos globais o índice de qualificação não se diferenciar muito do observado no caso dos imigrantes lusófonos, a vantagem comparativa dos trabalhadores nacionais é superior à unidade em 7 NUTS III do país, 5 das quais localizadas na Região Centro (Baixo Vouga, Pinhal Litoral, Pinhal Interior Norte, Beira Interior Sul e Oeste), e duas a Sul (Grande Lisboa e Alentejo Litoral).

---

[40] Recorde-se que a ponderação a que corresponde o Índice de Qualificação foi calculada através da atribuição de valores crescentes, entre 1 (praticantes e aprendizes) e 8 (quadros superiores), reflectindo assim a progressão das categorias de qualificação profissional.

230 IMIGRANTES EM PORTUGAL

QUADRO 95. Índices de Qualificação, segundo a Nacionalidade, por NUTS II e III (2005)

	TOTAL	Portugueses	Estrangeiros						
			Total	Países Europeus			Países Lusófonos		
				Total	UE 25	Leste Europeu	Total	Brasil	Países Africanos
Norte	**3,8**	**3,8**	**3,6**	**3,6**	**5,0**	**3,3**	**3,5**	**3,6**	**3,5**
Minho-Lima	3,7	3,7	3,7	3,8	4,8	3,2	3,5	3,5	3,6
Cávado	3,8	3,8	3,5	3,5	4,9	3,2	3,6	3,6	3,5
Ave	3,8	3,8	3,5	3,5	4,4	3,3	3,4	3,3	3,9
Grande Porto	4,0	4,1	3,6	3,7	5,2	3,3	3,5	3,6	3,4
Tâmega	3,7	3,7	3,3	3,2	4,0	3,0	3,5	3,4	3,7
Entre Douro e Vouga	3,7	3,7	3,7	3,7	5,5	3,2	3,8	3,7	3,9
Douro	3,6	3,6	3,4	3,4	5,9	2,8	3,4	3,4	3,3
Alto Trás-os-Montes	3,8	3,8	3,7	3,8	4,4	3,7	3,5	3,5	3,5
Centro	**3,8**	**3,8**	**3,2**	**3,1**	**4,5**	**2,9**	**3,3**	**3,2**	**3,4**
Baixo Vouga	3,8	3,8	3,2	3,0	4,4	2,8	3,5	3,4	3,6
Baixo Mondego	3,9	3,9	3,2	3,2	5,0	3,0	3,1	3,1	3,1
Pinhal Litoral	3,9	3,9	3,1	3,1	4,3	2,8	3,4	3,3	3,5
Pinhal Interior Norte	3,7	3,7	3,1	3,0	5,1	2,7	3,1	2,9	3,5
Dão-Lafões	3,8	3,8	3,6	3,5	4,5	3,4	3,7	3,7	3,8
Pinhal Interior Sul	3,6	3,7	3,5	3,5	4,0	3,5	3,7	3,4	4,2
Serra da Estrela	3,8	3,8	3,9	4,0	5,1	3,4	4,1	4,0	4,2
Beira Interior Norte	3,7	3,7	3,5	3,5	4,1	3,3	3,6	3,5	3,7
Beira Interior Sul	3,7	3,7	2,9	2,8	3,5	2,7	3,5	3,1	3,8
Cova da Beira	3,8	3,8	4,1	4,2	5,5	3,2	3,8	3,4	4,3
Oeste	3,8	3,8	3,0	2,9	4,1	2,8	3,1	3,0	3,3
Médio Tejo	3,8	3,8	3,1	3,0	4,7	2,8	3,2	3,2	3,2
Lisboa	**4,2**	**4,3**	**3,2**	**3,6**	**5,6**	**3,1**	**3,0**	**3,2**	**2,9**
Grande Lisboa	4,3	4,4	3,2	3,6	5,6	3,1	3,0	3,2	2,9
Península de Setúbal	3,9	4,0	3,1	3,3	5,2	3,0	3,1	3,1	3,1
Alentejo	**3,7**	**3,7**	**3,0**	**3,0**	**4,3**	**2,8**	**3,1**	**3,1**	**3,0**
Alentejo Litoral	3,7	3,6	3,0	2,9	1,1	2,6	3,0	2,9	3,2
Alto Alentejo	3,6	3,6	3,2	3,2	4,3	3,0	3,2	3,1	3,7
Alentejo Central	3,6	3,6	3,2	3,2	5,1	3,0	3,2	3,1	3,6
Baixo Alentejo	3,6	3,6	3,0	2,9	3,3	2,8	3,2	3,2	3,4
Lezíria do Tejo	3,7	3,8	3,0	2,9	4,4	2,8	3,0	3,1	2,8
Algarve	**3,8**	**3,9**	**3,3**	**3,3**	**4,6**	**3,0**	**3,2**	**3,1**	**3,3**
Algarve	3,8	3,9	3,3	3,3	4,6	3,0	3,2	3,1	3,3
Continente	**3,9**	**4,0**	**3,2**	**3,4**	**5,0**	**3,0**	**3,1**	**3,2**	**3,0**
Reg. Aut. Açores	3,6	3,6	3,3	3,2	4,9	3,0	3,3	3,4	3,3
Reg. Aut. Madeira	3,8	3,8	3,6	3,6	4,9	3,1	3,4	3,4	3,4
TOTAL	**3,9**	**4,0**	**3,2**	**3,4**	**5,0**	**3,0**	**3,1**	**3,2**	**3,0**

Fonte: DGEEP-MTSS, Quadros de Pessoal, 2005

Torna-se assim evidente que, na generalidade dos contextos regionais e locais, se verifica um subaproveitamento das habilitações dos trabalhadores estrangeiros, aparecendo os comunitários, mais uma vez, como a excepção. Na verdade, o índice de qualificações destes face aos portugueses assume a nível local, e num número significativo de casos, valores muito relevantes. Vejam-se, na Região Norte, os exemplos do Grande Porto, Douro e de Entre Douro e Vouga (NUTS III com índices superiores a 5, valor nunca atingido pelos trabalhadores portugueses, nem por imigrantes de outra origem geográfica que não a comunitária); situação equivalente à do Baixo Mondego, Pinhal Interior Norte, Serra da Estrela e Beira Interior Sul (na Região Centro); às NUTS III da Região de Lisboa e ao Alentejo Central.

No entanto, em virtude dos baixos resultados de todas as outras nacionalidades a este nível, e devido também ao facto de os imigrantes comunitários representarem uma parcela pequena do total de trabalhadores estrangeiros em Portugal, não há – no caso das qualificações – nenhuma região estatisticamente relevante em que os estrangeiros, no seu todo, apresentem qualificações superiores às dos portugueses, situação que se verificava quando se tratava das habilitações, como vimos anteriormente.

Esta situação de qualificações mais elevadas que as dos portugueses apenas se verifica no caso dos imigrantes dos PALOP (sendo que algumas das situações de vantagem comparativa destes imigrantes, face aos portugueses, resultam de valores absolutos muito reduzidos). E é nos imigrantes da Europa de Leste que se verifica uma maior discrepância entre habilitações e qualificações, com prejuízo para estas. O que nos leva a considerar, atendendo a que a questão da qualificação profissional é não só uma questão de reconhecimento de competências formais (que explicará em parte, certamente, o acesso rápido de trabalhadores da União Europeia a categorias profissionais mais relevantes), mas igualmente o resultado do tempo, da permanência e do percurso profissional. Ou seja, o reconhecimento de competências e qualificações progressivamente adquiridas com a experiência, que ajuda a explicar, em parte, o posicionamento dos imigrantes lusófonos provenientes do continente africano, que em regra residem e trabalham há mais tempo no nosso país.

6. Conclusão

São três as conclusões que se querem destacar neste capítulo. A primeira é a que se relaciona com a complexidade da geografia da imigração em Portugal. Ela é composta de *aglomerações* (a imigração concentra-se fortemente na

Grande Lisboa e no Algarve), de *impactos* locais fortes nas estruturas de territoriais de acolhimento (poucos imigrantes em zonas demograficamente rarefeitas têm um peso relativo elevado) e de diferentes capacidades de *atracção* (há meios quantitativamente pouco relevantes no país que atraem proporcionalmente mais imigrantes do que o conjunto nacional). Uma análise de impactos como a que procurámos fazer deve ter isto em conta.

De facto, o território é uma variável-chave para a percepção da influência da imigração. Por isso, o impacto económico e social da imigração no conjunto da economia precisa de ser confrontado com o impacto diferenciado que tem nos diferentes territórios regionais que compõem o país. E é neste último plano que podemos ganhar noções particularmente fortes sobre os seus significados positivos. A imigração tornou-se, pois, relevante em espaços desenvolvidos mas também em concelhos de pequena dimensão ou de economia pouco desenvolvida.

É aliás em espaços intermédios, isto é, em contextos territoriais de média dimensão, onde o volume da imigração assume níveis apreciáveis e, simultaneamente, comporta contributos positivos relativamente ao nível de habilitações e qualificações, que os impactos da imigração se podem tornar mais perceptíveis.

A segunda conclusão a sublinhar é que a forma de distribuição dos imigrantes no território está muito associada a certas nacionalidades (ou, porventura, ao momento da chegada a Portugal). Claramente, os imigrantes dos países do leste europeu e os brasileiros difundem-se mais no país do que outras nacionalidades, especialmente as dos PALOP.

A terceira conclusão global é que o padrão de inserção dos imigrantes nos ramos e sectores de actividade tem a ver com a estrutura da economia da região que os acolhe, mais do que com o facto de serem imigrantes. O que pode dizer muito não só sobre a plasticidade e adaptabilidade da mão-de--obra imigrante, mas igualmente da disponibilidade da sociedade portuguesa para acolher o trabalho imigrante, nos diferentes contextos territoriais que constituem o país.

CAPÍTULO VII

A IMIGRAÇÃO ENQUANTO MOBILIDADE: PORTUGAL NUMA PLATAFORMA GLOBAL DE 'CIRCULAÇÃO DE INVESTIGADORES'?

Entre os trabalhadores altamente qualificados, os investigadores surgem como um grupo em que a mobilidade internacional – uma entre várias formas de internacionalização particularmente características da actividade científica – é particularmente incentivada, fazendo parte das suas trajectórias profissionais. Na verdade, a própria substituição do conceito de migração pelo de mobilidade científica, para além de um eventual processo de diferenciação social entre classes de trabalhadores que esta distinção implicitamente pressupõe, pretende salientar a permanência de fluxos temporários na actividade científica face à ênfase na permanência das estadias a que o conceito de migração está mais frequentemente associado.

Para além da própria prática científica, a nível político global tem havido uma crescente ênfase na mobilidade internacional dos investigadores, como é disso exemplo a comunicação da Comissão Europeia *"A Mobility Strategy for the European Research Área"*[41]. A nova Lei da Imigração (Lei nº 23/2007 de 4 de Julho) já reflecte a atenção que tem vindo a ser dada não só às necessidades deste grupo de profissionais como aos interesses dos próprios países em acolhê-lo. Por isso se transpõe a Directiva Europeia 2005/71/CE de 12 de Outubro de 2005, relativa a um procedimento específico de admissão de nacionais de países terceiros para efeitos de investigação científica.

Esta ênfase das políticas públicas baseia-se, por um lado, no contributo da mobilidade científica para a produção de novo conhecimento e para a circulação e fertilização de conhecimento e de práticas através dos investigadores em movimento. Mas, por outro lado, é claro que quando os recursos humanos qualificados adquirem um papel central no modelo actual de crescimento económico, em que o conhecimento é um recurso central, a capacidade dos países e das regiões para atraírem recursos humanos qualificados é de importância fulcral para a sua capacidade de emergirem como competitivos no mapa global actual. Novas mobilidades e novas circulações de pessoas são

---

[41] COM(2001)331, de 20.06.2001.

assim fenómenos de criação de competitividade regional neste novo mapa global, como sublinha Saxenian (2006) na sua análise dos 'novos argonautas'.

Neste contexto, da prática e da política, a análise das migrações científicas tem uma particular relevância, juntando-se à análise apresentada em capítulos anteriores, nomeadamente a relativa às qualificações dos trabalhadores e à base tecnológica e informacional dos sectores industriais e dos serviços. Este capítulo irá assim debruçar-se especificamente sobre este grupo de trabalhadores científicos. Parte-se de uma primeira caracterização desta população, seguindo o inquérito oficial às actividades de investigação e desenvolvimento (I&D), que permite caracterizar a população de investigadores estrangeiros[42] em Portugal e aferir da sua relevância nas dinâmicas do sector. Numa segunda etapa, irão analisar-se os processos de inserção com base em dados de um inquérito realizado a investigadores estrangeiros em Portugal.

1. Dimensão internacional do sistema de investigação

Tem sido dada particular importância, no sistema de investigação nacional, à mobilidade científica no que se refere à emigração de investigadores portugueses para o estrangeiro. Este movimento, em grande parte baseado em fluxos temporários associados a formação pós-graduada, tem-se vindo no entanto a sedimentar através de estadias mais prolongadas no estrangeiro, tipicamente associada ao não retorno após o período de formação externa. Não sendo este necessariamente o modo exclusivo de emigração científica, é sem dúvida o modo principal, desde logo devido à significativa importância da formação pós-graduada no estrangeiro, no contexto português.

Na verdade, durante os três primeiros Quadros Comunitários de Apoio (1989-2006), que incluíram na área da investigação os Programas CIENCIA, PRAXIS XXI e POCTI/POCI 2010, mais de 50% de bolsas de doutoramento atribuídas foram no estrangeiro ou mistas (incluindo trabalhos em Portugal e no estrangeiro), de entre um total de 9108 bolsas de doutoramento entre 1990 e 2005, segundo dados recentemente publicados pelo GPEARI//MCTES[43] (Quadro 96). Não é assim de estranhar que seja dada particular

---

[42] Ao longo deste capítulo serão utilizados indistintamente os termos de migração ou mobilidade, bem como de trabalhadores/imigrantes científicos ou de investigadores estrangeiros, por via do diálogo quer com a terminologia típica dos sistemas de investigação quer com a perspectiva de base do projecto em torno dos mercados de trabalho.

[43] O Gabinete de Planeamento, Estratégia, Avaliação e Relações Internacionais (GPEARI), organismo do Ministério da Ciência, Tecnologia e Ensino Superior, sucede ao Obser-

importância em Portugal ao fluxo de investigadores portugueses para o exterior face ao fluxo de investigadores estrangeiros para o país.

QUADRO 96. Bolsas atribuídas, relativas a formação realizada em Portugal, no estrangeiro ou em regime misto (QCA I, II e III – 1990-2005)

	Portugal		Estrangeiro		Mistas		Total
	Nº	%	Nº	%	Nº	%	
Bolsas de Mestrado	1 371	65,2	414	19,7	318	15,1	2 103
Bolsas de Doutoramento	4 413	48,5	3 232	35,5	1 463	16,1	9 108
TOTAL	**5 784**	**51,6**	**3 646**	**32,5**	**1 781**	**15,9**	**11 211**

Fonte: GPEARI/MCTES

Vejamos agora o fluxo inverso. Para além de uma consideração geral do contributo de investigadores estrangeiros para a economia nacional, uma primeira questão a colocar é precisamente se tal fluxo imigratório no sector da investigação é ou não relevante. Para este efeito os dados estatísticos sobre I&D, resultantes do Inquérito ao Potencial Científico e Tecnológico Nacional, realizado bienalmente pelo GPEARI/MCTES, apresentam-se como a melhor fonte. Não estando estes dados disponíveis publicamente, e não sendo assim possível analisar tendências globais como as apresentadas no terceiro capítulo, foram obtidos os dados absolutos relativos a investigadores estrangeiros em Portugal, entre 1997 e 2005[44], que se apresentam no Quadro 97.

Como se vê pelos dados apresentados, o número de investigadores estrangeiros em Portugal tem vindo a aumentar, de forma continuada, sendo relevante para o sistema de investigação nacional. Corresponde a cerca de 5% do total de investigadores no país, parcela que é, aliás, semelhante à do total de imigrantes nos Quadros de Pessoal do tecido empresarial e ao peso da popu-

---

vatório da Ciência e do Ensino Superior (OCES), mantendo as competências aqui relevantes relativas à recolha estatística no sector, a que foram acrescentadas outras competências. Para mais fácil referência utilizamos neste relatório apenas a designação GPEARI/MCTES.

[44] Foram posteriormente publicados dados preliminares do Inquérito relativo ao ano de 2007, mas não permitem ainda analisar dados relativos aos investigadores estrangeiros, não tendo por isso sido possível incluí-los.

lação imigrante na população residente (tal como se mostrou em capítulos anteriores). É claro que estes valores não são muito significativos no contexto geral da população imigrante, mas não é essa a questão que aqui mais importa.

QUADRO 97. Investigadores estrangeiros no sistema de investigação português (1997-2005)

	Total de Investigadores	Investigadores Nacionais		Investigadores Estrangeiros	
		Nº	%	Nº	%
1997	22 355	21 407	95,8%	948	4,2%
1999	28 375	27 213	95,9%	1 162	4,1%
2001	31 146	29 808	95,7%	1 338	4,3%
2003	35 855	34 094	95,1%	1 761	4,9%
2005	37 769	35 720	94,6%	2 049	5,4%

Fonte: GPEARI/MCTES

Acresce ainda que o número de investigadores estrangeiros aumentou neste período a uma taxa superior à taxa de crescimento do total de investigadores, estando a juntar-se entre 100 e 200 novos investigadores estrangeiros anualmente, correspondendo a uma taxa média de crescimento acumulado de 10,1% por ano. Cabe ainda acrescentar que, tendo por referência os valores apresentados no Quadro 96, nomeadamente as 3232 bolsas de doutoramento no estrangeiro atribuídas durante os 16 anos indicados, se pode concluir que também na perspectiva do saldo migratório de investigadores o número de investigadores estrangeiros em Portugal não é negligenciável, tendo em conta que apenas uma pequena parcela dos beneficiários destas bolsas efectivamente se terá tornado emigrante, não regressando ao país após o período de formação[45], É certo que na investigação é também muito importante aferir

---

[45] Dados de inquéritos a ex-bolseiros de doutoramento da Fundação para a Ciência e Tecnologia (FCT), realizados anualmente entre 1999 e 2001 indicam que cerca de 15% dos 2676 ex-bolseiros que responderam se encontravam no estrangeiro (cf. OCES, *Inquérito à Inserção Profissional dos ex-Bolseiros de Doutoramento da FCT*; 1999, 2000, 2001 e 2002), o que sugere que o número de investigadores estrangeiros aqui referenciados é muito superior ao número de ex-bolseiros portugueses no estrangeiro, se a taxa de não retorno para todos os bolseiros no total deste período fosse aquela. Os dados relativos à distribuição desta população imigrante por grau académico, como veremos, sugerem que o saldo migratório

a qualificação e o contributo destas diferentes populações migrantes, para além da sua simples quantificação. Mas todas estas conclusões relativas à relevância do fenómeno de imigração científica justificam que se conheça melhor esta população de investigadores estrangeiros em Portugal, ainda pouco analisada, e o seu contributo para a qualificação da economia portuguesa.

2. Distribuição da imigração científica em Portugal

A análise mais detalhada da distribuição da imigração científica no sistema de investigação nacional, e a sua comparação com os principais padrões de distribuição de recursos humanos em C&T em Portugal permite identificar as especificidades destes fluxos.

Analisando a distribuição de investigadores estrangeiros por sectores de execução (Quadro 98 e Gráfico 61) verifica-se que é no Sector Estado que se encontram menos investigadores estrangeiros (6% do total de investigadores estrangeiros em 2005), o que não é necessariamente surpresa, ainda que os últimos dados, relativos a 2005, apresentem uma quase duplicação do número total de investigadores estrangeiros neste sector. A natureza específica da missão dos Laboratórios do Estado, inseridos na Administração Pública portuguesa, a estabilidade recente no volume dos seus quadros e a reduzida abertura, de um modo genérico, ao acolhimento de novos investigadores, justifica que neste sector os investigadores estrangeiros residentes em Portugal sejam em menor número e se tenham inserido, em grande parte, apenas recentemente.

As empresas têm também comparativamente menos estrangeiros entre os seus investigadores, totalizando apenas 2,9% de investigadores estrangeiros em 2005. No entanto, é de referir que os valores absolutos para 2005 apresentam uma variação na tendência anterior de crescimento, no caso do sector empresarial, diminuindo o número de investigadores estrangeiros de 229 em 2003 para 182 em 2005 (representando um peso relativo de 9% face ao total de investigadores estrangeiros). Adiante analisaremos o perfil dos investigadores imigrantes a trabalhar em empresas, para melhor caracterizar este grupo específico.

---

de doutorados será possivelmente positivo no sentido da imigração. Ao referir tal facto pretende-se aqui salientar apenas mais uma vez a relevância do fenómeno da imigração e não reduzir a importância de outras questões relevantes em torno da emigração científica.

QUADRO 98. Distribuição de investigadores (total e estrangeiros) por sector de execução (2001-2005)

	Total de Investigadores				Investigadores Estrangeiros				Estrangeiros no Total (%)		
	2001	2003	2005	tmca	2001	2003	2005	tmca	2001	2003	2005
Empresas	4 625	6 102	6 186	7,5%	143	229	182	6,2%	3,1%	3,8%	2,9%
Ensino Superior	17 276	19 906	21 384	5,5%	876	1 168	1 422	12,9%	5,1%	5,9%	6,6%
Estado	5 211	5 027	5 602	1,8%	74	72	130	15,1%	1,4%	1,4%	2,3%
IPSFL	4 034	4 820	4 597	3,3%	245	292	315	6,5%	6,1%	6,1%	6,9%
TOTAL	31 146	35 855	37 769	4,9%	1 338	1 761	2 049	11,2%	4,3%	4,9%	5,4%

Fonte: GPEARI/MCTES

GRÁFICO 61. Distribuição de investigadores portugueses e estrangeiros por sector de execução (2005)

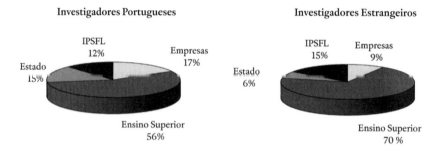

Investigadores Portugueses — IPSFL 12%, Empresas 17%, Estado 15%, Ensino Superior 56%

Investigadores Estrangeiros — IPSFL 15%, Empresas 9%, Estado 6%, Ensino Superior 70%

Fonte: GPEARI/MCTES

Os sectores do ensino superior e das instituições privadas sem fins lucrativos (IPSFL) são aqueles onde os investigadores imigrantes representam uma maior parcela do corpo de investigadores, atingindo já no sector do ensino superior em 2005 um número superior a 1400 investigadores estrangeiros, resultante de um crescimento muito significativo em anos recentes. É ainda de notar que estes dados integram não só os investigadores com contrato de trabalho, mas igualmente bolseiros envolvidos em projectos de investigação ou em pós-doutoramentos, como demonstram os dados apresentados do Quadro 99.

QUADRO 99. Carreira e situação profissional dos investigadores estrangeiros
por sector de execução (2001-2005)

Situação Profissional	2001		2003		2005	
Sector	Nº	%	Nº	%	Nº	%
Bolseiro de Investigação	**546**	**40,8%**	**729**	**41,4%**	**917**	**44,8%**
Empresas	6	1,1%	9	1,2%	.. (*)	..
Ensino Superior	366	67,0%	510	70,0%	683	74,5%
Estado	30	5,5%	33	4,5%	32	3,5%
IPSFL	144	26,4%	177	24,3%	202	22,0%
Integrado em Carreira	**549**	**41,0%**	**679**	**38,6%**	**555**	**27,1%**
Ensino Superior	434	79,1%	553	81,4%	409	73,7%
Estado	34	6,2%	32	4,7%	91	16,4%
IPSFL	81	14,8%	94	13,8%	55	9,9%
Integrado em carreira da Administração Pública	**1**	**0,1%**	**12**	**0,7%**	**9**	**0,4%**
Empresas	1	100,0%	12	100,0%	9	100,0%
Integrado nos quadros de pessoal da Empresa	**122**	**9,1%**	**189**	**10,7%**	**163**	**8,0%**
Empresas	122	100,0%	189	100,0%	163	100,0%
Integrado nos quadros de pessoal de outra empresa	**4**	**0,3%**	**11**	**0,6%**	**4**	**0,2%**
Empresas	4	100,0%	11	100,0%	4	100,0%
Outra situação profissional	**116**	**8,7%**	**141**	**8,0%**	**395**	**19,3%**
Empresas	10	8,6%	8	5,7%	.. (*)	..
Ensino Superior	76	65,5%	105	74,5%	330	83,5%
Estado	10	8,6%	7	5,0%	7	1,8%
IPSFL	20	17,2%	21	14,9%	58	14,7%
TOTAL	**1 338**	**100%**	**1 761**	**100%**	**2 049**	**100%**
Empresas	143	10,7%	229	13,0%	182	8,9%
Ensino Superior	876	65,5%	1 168	66,3%	1 422	69,4%
Estado	74	5,5%	72	4,1%	130	6,3%
IPSFL	245	18,3%	292	16,6%	315	15,4%

(*) Não disponível, ao abrigo do segredo estatístico.
Fonte: GPEARI/MCTES

De facto, cerca de 45% dos investigadores estrangeiros em Portugal trabalhavam em 2005 ao abrigo de bolsas de investigação científica, podendo-se desse modo considerar um trabalho de carácter temporário (associado a formação). Est. modalidade tem um maior peso relativo nas IPSFL, onde correspondia à situação profissional de 64% dos investigadores estrangeiros que aí desenvolvem a sua actividade (ainda que em termos absolutos 75% dos bolseiros estrangeiros se encontravam em 2005 no sector do ensino superior[46]), e é previsivelmente negligenciável nas empresas, onde os investigadores imigrantes integram os quadros em cerca de 90% dos casos, em 2005. Este peso das bolsas não se afigura contudo particularmente anormal perante o universo considerado. Ele será o resultado da prática em vigor e das oportunidades existentes, sendo que, por exemplo, no ensino superior, aproximadamente 30% dos investigadores estrangeiros se encontram integrados na carreira.

Esta efectiva integração e qualificação do sistema por imigrantes altamente qualificados é salientada pela análise das suas habilitações. De acordo com os dados apresentados no Quadro 100, verificamos que a maioria dos investigadores estrangeiros apresenta como grau académico mais elevado o doutoramento (53,5% em 2005), ao contrário da média geral de investigadores, que é de apenas 37,2% no mesmo ano, demonstrando-se assim o seu contributo claro para a qualificação do sistema. De facto, é precisamente no grupo dos licenciados que os imigrantes assumem um peso comparativamente menos significativo, evidenciando deste modo tratar-se essencialmente de uma mobilidade baseada em qualificações mais elevadas.

No entanto, pode-se identificar um padrão diverso entre o sector empresarial e os restantes sectores (identificados no seu conjunto como sector público de investigação), visto que naquele os doutorados representam uma pequena parcela (10%), sendo a grande maioria dos investigadores imigrantes licenciados. Se por um lado tal facto sugere a existência de diferentes mercados, académico e empresarial (ou público e privado), com diferentes padrões de incentivos face ao grau académico, importa salientar que – não obstante essas diferenças – as empresas contratam comparativamente com maior facilidade os investigadores estrangeiros detentores de doutoramento do que outros investigadores estrangeiros. De entre os investigadores em empresas que possuem doutoramento 15% são estrangeiros, enquanto que apenas 4% do total dos investigadores em empresas são estrangeiros, demonstrando-se também

---

[46] Note-se que o sector do ensino superior abrange não só a actividade docente, como também a actividade de investigação desenvolvida nas suas unidades de investigação, não autónomas. É assim de esperar que esta distinção encontre paralelo na situação profissional aqui apresentada, entre a integração na carreira docente universitária e a actividade de investigação enquanto bolseiro/a.

aqui um contributo relevante da imigração para a qualificação da economia nacional.

QUADRO 100. Distribuição dos investigadores segundo as habilitações académicas (2001-2005)

	Investigadores Estrangeiros						Total de Investigadores	
	2001	%	2003	%	2005	%	2005	%
Doutoramento	721	53,9	920	52,4	1 096	53,5	14 033	37,2
Mestrado	250	18,7	358	20,4	426	20,8	7 694	20,4
Licenciatura	367	27,4	479	27,3	527	25,7	16 042	42,5
TOTAL	1 338	100	1 757	100	2 049	100	37 769	100

Nota: O número total de Investigadores Estrangeiros, em 2003, não corresponde à soma dos valores para cada nível de habilitação devido à existência de investigadores com habilitações desconhecidas. Os valores para Licenciatura incluem o Bacharelato; para Mestrado e Doutoramento provas públicas equivalentes.

Fonte: GPEARI/MCTES

Ao nível da distribuição territorial (Quadro 101), os dados relativos à imigração científica tendem a reflectir mais a organização do sistema de investigação nacional do que tendências específicas da imigração, importando no entanto assinalar alguns aspectos particulares. Trata-se, em primeiro lugar, do facto de os investigadores estrangeiros se distribuírem por todos os distritos do país, sem excepção. A cobertura geográfica da rede de ensino superior, nomeadamente a lógica tendencialmente distrital de localização das unidades de ensino superior politécnico, ajuda a compreender esta distribuição dos investigadores estrangeiros por todo o território nacional. Não é, no entanto, a única justificação, tendo em conta que não existem investigadores estrangeiros no ensino superior em todos os distritos, bem como que a distribuição geográfica alargada é característica dos diferentes sectores e não apenas do ensino superior.

Ao nível das NUTS II, a comparação da distribuição geográfica dos investigadores estrangeiros com a do universo global de investigadores é particularmente alterada pelo peso do sector Estado na concentração de recursos humanos na Região de Lisboa, e pela menor inserção de investigadores estrangeiros neste sector, apresentando-se pelo contrário a Região Centro como de maior atractividade para os investigadores estrangeiros em termos relativos. É igualmente de notar, apesar dos números reduzidos, uma ligeira-

242   IMIGRANTES EM PORTUGAL

mente maior atractividade do Algarve face à média, eventualmente sugerindo também a relevância de factores externos nos processos de atracção da imigração científica (Gráfico 62).

QUADRO 101. Distribuição geográfica dos investigadores estrangeiros (2001-2005)[47]

	Investigadores Estrangeiros						Total Investigadores (%)		
	2001	%	2003	%	2005	%	2001	2003	2005
Norte	276	20,6	420	23,9	468	22,8	24,1%	25,4%	24,6%
Centro	342	25,6	404	22,9	477	23,3	19,3%	19,3%	20,2%
Lisboa e Vale do Tejo	593	44,3	769	43,7	894	43,6	48,0%	47,0%	47,2%
Alentejo	51	3,8	78	4,4	81	4,0	4,3%	4,4%	4,2%
Algarve	40	3,0	55	3,1	65	3,2	1,9%	2,0%	1,8%
Continente	**1 302**	**97,3**	**1 726**	**98,0**	**1 985**	**96,9**	**97,6%**	**98,1%**	**98,0%**
Reg. Aut. Açores	14	1,0	14	0,8	37	1,8	1,4%	1,2%	1,2%
Reg. Aut. Madeira	22	1,6	21	1,2	27	1,3	1,1%	0,7%	0,8%
TOTAL	**1 338**	**100**	**1 761**	**100**	**2 049**	**100**	**31 146**	**35 855**	**37 769**

Nota:
Fonte: GPEARI/MCTES

Resta apresentar dados relativos à distribuição por sexo dos investigadores estrangeiros em Portugal. A informação apresentada no Quadro 102 revela uma preponderância muito significativa (cerca de 2/3) de investigadores do sexo masculino entre os investigadores estrangeiros, valor superior à distribuição a nível nacional, que é mais equitativa (cerca de 55% do sexo masculino e 45% do sexo feminino). Tal diferença reflecte presumivelmente as barreiras associadas à mobilidade científica, nomeadamente no que se refere à mobilidade das investigadoras, mais dificultada por razões familiares.

---

[47] Neste quadro (cujos dados se encontram igualmente representados no Gráfico 62), a informação relativa ao sector "Empresas" sobre o pessoal por regiões é estimada tendo por base a distribuição percentual da despesa em I&D pelos concelhos onde são executadas estas actividades. Relativamente aos investigadores estrangeiros no sector "Empresas", a sua distribuição por regiões é também estimada mas, neste caso, de acordo com a região da sede social da empresa e não de acordo com a região onde são executadas efectivamente as actividades de I&D.

GRÁFICO 62. Distribuição geográfica dos investigadores portugueses e estrangeiros
(2005)

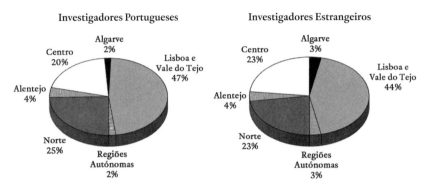

Fonte: GPEARI/MCTES

QUADRO 102. Distribuição dos investigadores estrangeiros segundo o sexo
(2001-2005)

	Investigadores Estrangeiros						Total de Investigadores	
	2001		2003		2005			
	Nº	%	Nº	%	Nº	%	2003	2005
Sexo Feminino	394	29,8	572	32,9	695	33,9	44,3%	44,4%
Sexo Masculino	929	70,2	1 166	67,1	1 354	66,1	55,7%	55,6%
TOTAL	1 338	100	1 761	100	2 049	100	35 855	37 769

Fonte: GPEARI/MCTES

Finalmente, passando de uma óptica de inserção para uma óptica de origens, apresenta-se no Quadro 103 a distribuição dos investigadores estrangeiros em Portugal de acordo com a sua nacionalidade.

Estes dados revelam uma interessante posição de Portugal na semiperiferia da ciência. Na verdade, a origem geográfica dos investigadores estrangeiros em Portugal mostra um equilíbrio entre padrões associados aos fluxos migratórios gerais do mercado de trabalho (como apresentados no quarto capítulo), e uma "aproximação científica" à União Europeia. Se os países africanos, em particular da África Lusófona, e o Brasil se apresentam como impor-

QUADRO 103. Nacionalidade dos investigadores estrangeiros em Portugal, por sectores de execução (2005)

	Empresas		Ens. Superior		Estado		IPSFL		Total	
	Nº	%	Nº	%	Nº	%	Nº	%	Nº	%
Europa	**98**	**62,0**	**88**	**67,7**	**838**	**58,9**	**186**	**59,6**	**1 210**	**59,8**
União Europeia (UE25)	94	59,5	83	63,8	625	44,0	145	46,5	947	46,8
Outros	4	2,5	5	3,8	213	15,0	41	13,1	263	13,0
África	**36**	**22,8**	**23**	**17,7**	**129**	**9,1**	**34**	**10,9**	**222**	**11,0**
África Lusófona	30	19,0	22	16,9	95	6,7	29	9,3	176	8,7
Outros	6	3,8	1	0,8	34	2,4	5	1,6	46	2,3
América	**24**	**15,2**	**16**	**12,3**	**328**	**23,1**	**64**	**20,5**	**432**	**21,4**
América do Norte	3	1,9	1	0,8	59	4,1	13	4,2	76	3,8
Brasil	18	11,4	14	10,8	224	15,8	39	12,5	295	14,6
América Central e do Sul	3	1,9	1	0,8	45	3,2	12	3,8	61	3,0
Ásia e Oceânia	**0**	**0,0**	**3**	**2,3**	**124**	**8,7**	**27**	**8,7**	**154**	**7,6**
Países asiáticos	0	0,0	3	2,3	121	8,5	26	8,3	150	7,4
Oceânia	0	0,0	0	0,0	3	0,2	1	0,3	4	0,2
Outros países	**0**	**0,0**	**0**	**0,0**	**3**	**0,2**	**1**	**0,3**	**4**	**0,2**
TOTAL	**158**	**7,8**	**130**	**6,4**	**1 422**	**70,3**	**312**	**15,4**	**2 022**	**100**

Fonte: GPEARI/MCTES

tantes países de origem de investigadores estrangeiros em Portugal, tal como dos trabalhadores estrangeiros de um modo mais genérico, a União Europeia apresenta-se aqui, no que se refere à investigação, como a principal região de origem da imigração científica. Parece assim, por um lado, que o Espaço Europeu de Investigação demonstra já importantes avanços na sua construção, tendo em conta que mesmo que os fluxos de investigadores estrangeiros de origem europeia não sejam ainda muito significativos, assumem já grande importância nas dinâmicas de mobilidade científica em Portugal. Por outro lado, Portugal pode ter um importante papel, também a nível científico, na ligação da Europa com os países lusófonos, nomeadamente com a África e a América Latina. Importa ainda acrescentar que os fluxos de investigadores dos países Africanos de Língua Oficial Portuguesa se encontram possivelmente associados a processos de formação, visto que é o grupo de origem com qualificações académicas significativamente inferiores. De facto, enquanto que cerca de 50% dos investigadores estrangeiros possuem doutoramento, apenas cerca de 20% dos investigadores da África Lusófona em Portugal têm o mesmo grau.

Os dados aqui apresentados mostram assim que a imigração científica é já relevante no panorama nacional e tem vindo a aumentar. Deste modo, não se pode assumir que Portugal seja um palco da chamada "fuga de cérebros",[48] de onde maioritariamente saem para o estrangeiro investigadores, devendo antes ser mais adequadamente visto como uma plataforma de circulação de investigadores. É particularmente de notar que, neste panorama, Portugal tem não só capacidade de atrair um número significativo de investigadores de outros países europeus, como todos estes investigadores se distribuem pelos vários sectores de execução, tendo vindo a ganhar importância junto das empresas, nomeadamente ao nível do pessoal mais qualificado, e no contexto das diferentes regiões.

No sub-capítulo seguinte procuraremos compreender melhor as trajectórias que levaram estes investigadores a escolher Portugal como destino e o modo como avaliam o seu processo de inserção.

3. Experiências e trajectórias de imigração científica

Com vista a obter-se uma melhor compreensão das características e condições da imigração científica, foi realizado um inquérito a investigadores estran-

---

[48] O conceito de "fuga de cérebros" (ou de *brain drain*) esteve muito em voga nos anos 60 e 70, para caracterizar o êxodo de recursos humanos qualificados dos países menos desenvolvidos, e acima de tudo com recursos humanos pouco qualificados, para os sistemas de investigação mais avançados. Estes processos de migração seguiam-se frequentemente a estadias temporárias, com vista a formação avançada nestes países (e por vezes financiada pelos países de origem ou por organizações internacionais de apoio ao desenvolvimento), e criou fortes dúvidas face ao impacto destes programas e destes processos a nível global. Este conceito tem vindo progressivamente a ser substituído por uma visão que enfatiza a mobilidade (*brain circulation*) e os benefícios das diásporas científicas para os países de origem (*brain gain*), questões aqui também analisadas. O debate ganhou novos contornos com as recentes preocupações políticas a nível global na 'atracção' de investigadores estrangeiros para os seus sistemas de investigação. Estamos cientes deste debate e das suas implicações políticas face à necessidade de se reflectir de um modo global sobre a mobilidade científica. Portugal emerge neste contexto em ambos os extremos deste debate, e é nessa perspectiva que aqui colocamos esta questão. Para uma revisão deste debate ver o número especial da revista *Globalisation, Societies and Education*, Vol. 4, No. 1, dedicado ao tema "*Brain drain, brain gain and brain circulation*".

geiros em Portugal. O inquérito foi organizado em torno de cinco secções: "Informações Pessoais", "Educação", "Situação Profissional", "Mobilidade Internacional" e "Carreira"[49]. Para além de se obterem informações de base sobre os inquiridos, as questões consistiram essencialmente em identificar aspectos centrais das trajectórias dos investigadores e o modo como a imigração e estadia em Portugal se insere nessa trajectória, bem como em identificar factores que terão contribuído para que essa estadia se prolongasse por um período maior ou menor.

Considerando o objectivo de identificar o maior número possível de investigadores estrangeiros em Portugal, e não sendo viável o acesso aos dados do IPCTN que haviam sido analisados de forma agregada, tomou-se como fonte pública, relativamente a essa informação, a base de dados de investigadores em Unidades de Investigação registadas junto da FCT[50].

Foram enviados convites de preenchimento do inquérito a 1808 investigadores estrangeiros constantes da base. Recorde-se que este número é sensivelmente idêntico à população de investigadores estrangeiros identificados no IPCTN de 2005 (2049), pelo que mesmo tendo em conta o crescimento previsível do número de investigadores estrangeiros, se pode considerar que a quase totalidade da população de investigadores estrangeiros em Portugal foi convidada a preencher o inquérito. O inquérito foi lançado em Julho de 2007. Cerca de 5,8% dos convites não foram entregues ao destinatário (105 mensagens). A recolha de dados terminou no início do mês de Setembro.

---

[49] Tendo em conta não só a maior facilidade de acesso a moradas de correio electrónico, como também a elevada intensidade de utilização da internet por investigadores, decidiu-se desenvolver um inquérito em página *web*, através do serviço especializado "*Survey Console*", que disponibiliza a construção do inquérito, distribuição e recolha automática de respostas.

[50] Deste modo, o inquérito incide em particular sobre os investigadores em instituições do sector público de investigação, não estando orientado para investigadores no sector privado (apenas 8 investigadores referem ter realizado investigação em Portugal no sector empresarial). As moradas electrónicas foram obtidas directamente da FCT, na sequência de uma solicitação efectuada. Garantiu-se a devida confidencialidade das respostas, não sendo recolhida qualquer informação pessoal sobre os respondentes. Num reduzido número de casos, os investigadores responderam directamente, quer inquirindo sobre a sua elegibilidade para os objectivos do questionário (tendo em conta que apenas estiveram em Portugal enquanto estudantes de doutoramento) quer para se auto-excluírem (em virtude de não terem nacionalidade estrangeira).

Tratando-se de um inquérito *online*, a recolha de respostas é instantânea, não sendo assim coincidente o número de inquéritos completados com o número de respostas a questões intercalares, visto que um número limitado de inquiridos não terminou o seu preenchimento[51]. Os inquéritos não concluídos foram analisados no sentido de verificar da sua validade e extensão, tendo sido finalmente seleccionados um total de 404 inquéritos para análise, correspondendo a uma taxa de resposta de 22,3%. A primeira pergunta do inquérito, destinada a esclarecer a situação actual dos inquiridos (nomeadamente se se encontravam estabelecidos em Portugal ou no estrangeiro), questionava-os também sobre se haviam de facto realizado investigação em Portugal, podendo constar da base de dados por mera associação aos centros de investigação, o que de facto se passava em 36 casos, que não foram considerados. Assim, as respostas ao inquérito podem ser sintetizadas da seguinte forma:

QUADRO 104. Distribuição do número de inquéritos enviados e respostas

	Nº	%
Email convite	**1 808**	**100,0%**
Emails devolvidos	105	5,8%
Inquéritos iniciados	**545**	**100,0%**
Respostas à primeira pergunta	489	89,7%
Inquéritos completados	362	66,4%
Inquéritos validados	404	74,1%
Taxa de resposta	**22,3%**	

3.1. *Caracterização da amostra*

Os quadros seguintes apresentam as principais características dos inquiridos que responderam ao inquérito. O Gráfico 63 apresenta a distribuição etária e por sexo dos inquiridos, comparando-a com a mesma distribuição para toda

---

[51] Sublinhe-se que a plataforma de inquérito não permite duas respostas do mesmo computador, limitando assim a resposta em duplicado.

a população de investigadores em Portugal[52]. Em primeiro lugar, é de notar que a população inquirida está proporcionalmente mais representada por investigadores do sexo masculino, face à distribuição por sexo da população de investigadores em Portugal. Não há razões para crer que seja um enviesamento específico destas respostas, mas sim um reflexo da estrutura da população de imigrantes científicos, com um maior peso de homens, tal como acima referido.

GRÁFICO 63. Distribuição etária e por sexo dos investigadores residentes e investigadores estrangeiros inquiridos

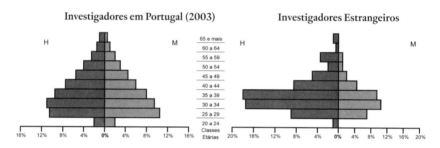

Fonte: GPEARI/MCTES e Inquérito dos autores

Em segundo lugar, identifica-se um maior peso na população estrangeira de investigadores inquirida no escalão etário entre os 30 e os 39 anos, o que é particularmente significativo entre os homens (mas não só), sendo que a restante distribuição se apresenta relativamente semelhante. É de esperar que tal resulte, por um lado, de esta imigração assumir uma dinâmica mais recente e, por outro lado, de se encontrar associada a um período particularmente produtivo da investigação (as idades situadas no escalão dos trinta anos), em que os investigadores terão maiores incentivos para procurar oportunidades no estrangeiro.

---

[52] Não temos disponíveis dados equivalentes para os investigadores estrangeiros identificados pelo mesmo inquérito (IPCTN). Relembra-se que os dados comparativos apresentados de seguida, relativos à amostra do inquérito e ao correspondente universo de investigadores estrangeiros em Portugal, comparam dados relativos a 2007, no primeiro caso, e relativos a 2005 (IPCTN), no segundo caso.

A maioria dos investigadores estrangeiros que responderam ao inquérito possuem doutoramento (68%), e 3% detém igualmente a agregação. Cerca de 22% possuem o grau de Mestre e 8% dos inquiridos apenas a licenciatura. Relativamente à área científica, 38% obtiveram o seu último grau académico na área das ciências naturais e 30% nas engenharias e tecnologias. Cerca de 11% obtiveram o doutoramento na área das ciências sociais e humanas, cerca de 7% em ciências médicas e da saúde e finalmente um pouco mais de 2% obtiveram este grau nas ciências agrárias. Estes dados são bastante próximos dos dados da população de investigadores em Portugal, sendo apenas de notar uma representação aqui ligeiramente inferior das ciências sociais e humanas (19% no total) e das ciências médicas e da saúde (13% no total) e uma representação superior das ciências naturais (27% no total).

Tal como anteriormente referido, o universo de inquiridos inclui um número reduzido de investigadores (pouco mais de 2%) que desenvolveram, ou se encontram a desenvolver, trabalho de investigação em empresas, o que traduz um valor significativamente inferior ao registado no universo de investigadores estrangeiros em Portugal que trabalham em empresas no ano de 2005 (9%). Tal facto dever-se-á, como anteriormente referido, à fonte de informação utilizada para o lançamento do inquérito. O sector das IPSFLs encontra-se também menos representado em termos comparativos (apenas 7% dos investigadores inquiridos, mas 15% do universo de investigadores estrangeiros em Portugal). É de esperar, porém, que tal se deva ao facto de uma parcela dos investigadores inseridos em IPSFLs do sector universitário se terem identificado como pertencendo ao sector do ensino superior e não ao sector privado não lucrativo. O sector do Estado encontra-se por seu turno comparativamente sobre-representado (10% no universo dos inquiridos, e 6% no total de investigadores estrangeiros).

Reflectindo em parte a preponderância do sector do ensino superior, a maioria dos investigadores inquiridos está ou esteve inserido no sistema de investigação em Portugal através de uma bolsa de investigação (56,6%), em maior grau do que o peso verificado no universo de investigadores estrangeiros (44,8%). Este dado resulta, em parte, da não inclusão do sector empresarial, mas também da elevada representação de outras formas de inserção nos dados do IPCTN.

A distribuição geográfica dos inquiridos é todavia muito semelhante à encontrada para o universo de investigadores estrangeiros que o IPCTN registou em 2005, conforme demonstra o Quadro 105.

IMIGRANTES EM PORTUGAL

QUADRO 105. Distribuição geográfica dos investigadores estrangeiros inquiridos, face ao universo de investigadores estrangeiros e ao universo total (2005)

	Investigadores Inquiridos		Investigadores Estrangeiros		Total de Investigadores	
	Nº	%	Nº	%	Nº	%
Região Norte	108	26,7	468	22,8	9 308	24,6
Região Centro	76	18,8	477	23,3	7 628	20,2
Região de Lisboa	170	42,1	894	43,6	17 835	47,2
Região do Alentejo	6	1,5	81	4,0	1 570	4,2
Região do Algarve	31	7,7	65	3,2	684	1,8
Continente	**391**	**96,8**	**1 985**	**96,9**	**37 026**	**98,0**
Reg. Aut. Açores	7	1,7	37	1,8	444	1,2
Reg. Aut. Madeira	6	1,5	27	1,3	299	0,8
TOTAL	**404**	**100**	**2 049**	**100**	**37 769**	**100**

O peso relativo de respostas ao inquérito oriundas de investigadores das diferentes regiões é muito semelhante à distribuição de investigadores estrangeiros em Portugal, com a maior disparidade no Alentejo e Centro (ligeiramente inferior) e Algarve e Norte (ligeiramente superior). Com uma ligeiramente menor representação da Região de Lisboa, confirma-se o dado relativo à maior dispersão territorial dos investigadores estrangeiros.

Tendo analisado onde se localizam os imigrantes científicos, com vista a uma melhor caracterização dos inquiridos no presente inquérito, resta ainda analisar a sua origem geográfica, considerando as diferentes nacionalidades. A distribuição dos inquiridos por grandes grupos de origem geográfica é apresentada no Quadro 106.

De acordo com os dados, os inquiridos reflectem de forma muito próxima o padrão de origens relativo ao universo de investigadores estrangeiros em Portugal. A diferença mais relevante corresponde à menor representação de investigadores oriundos dos países da África Lusófona, fortemente sub-representados no inquérito (4,2%) face ao universo global (8,7%). Pelo contrário, os investigadores originários do Brasil estão ligeiramente mais representados no presente inquérito.

QUADRO 106. Origem geográfica dos investigadores inquiridos em comparação
com o universo de investigadores estrangeiros (2005)

	Investigadores Inquiridos		Investigadores Estrangeiros	
	Nº	%	Nº	%
Europa	**242**	**60,3**	**1 210**	**59,8**
União Europeia (UE 25)	191	47,6	947	46,8
Outros	51	12,7	263	13,0
África	**28**	**7,0**	**222**	**11,0**
África Lusófona	17	4,2	176	8,7
Outros	11	2,7	46	2,3
América	**97**	**24,2**	**432**	**21,4**
América do Norte	9	2,2	76	3,8
Brasil	67	16,7	295	14,6
América Central e do Sul	21	5,2	61	3,0
Ásia e Oceânia	**34**	**8,5**	**158**	**7,8**
Países asiáticos	32	8,0	150	7,4
Oceânia	2	0,5	4	0,2
TOTAL	**401**	**100**	**2 022**	**100**

3.2. *Portugal nas trajectórias de mobilidade internacionais*

Apesar de a mobilidade científica fazer crescentemente parte do discurso
político a diferentes níveis, tendo sido particularmente enfatizado à escala
europeia, continua latente o debate em torno da "fuga de cérebros" e de uma
economia global dos recursos humanos altamente qualificados, dos quais
os investigadores são o expoente principal. É precisamente neste contexto
que é relevante analisar-se o modo como Portugal emerge como destino
nas trajectórias científicas de alguns investigadores. Será possível identificar
o perfil semiperiférico do sistema de investigação nacional nas trajectórias
dos investigadores que escolhem Portugal como destino ou, pelo contrário,
Portugal revela-se como parte integrante de um sistema global de "circulação
de cérebros", em que esta não é uma opção necessariamente secundarizada?

Num primeiro plano podemos analisar, para além da nacionalidade de
origem dos investigadores, o local onde obtiveram a sua formação (relativamente ao último grau obtido). Esta análise revela uma enorme diversidade de

IMIGRANTES EM PORTUGAL

instituições de origem dos investigadores estrangeiros em Portugal. Por um lado, inclui um número alargado de universidades menos conhecidas, exteriores aos *rankings* centrais e em que a migração para Portugal poderá resultar de um posicionamento intermédio das instituições portuguesas numa hierarquia científica global. Mas, por outro lado, inclui também universidades no centro científico, como Princeton, Brown, Oxford, Cambridge ou a Sorbonne. Nestes casos, as trajectórias não se enquadram naquele modelo mas antes revelam os diversos sentidos de fluxos e de lógicas de circulação. Se analisarmos os países de formação, já é interessante verificar que a inserção no sistema de investigação português privilegia padrões de formação científica semelhantes, sendo que os países de formação dos investigadores estrangeiros se situam maioritariamente na União Europeia (66,3%). Inclui-se neste caso Portugal que foi o país onde cerca de 20% dos investigadores estrangeiros obtiveram o seu último grau de formação, de acordo com os dados apresentados no Quadro 107.

QUADRO 107. Países de formação e de nacionalidade
dos investigadores estrangeiros em Portugal

	Países de Formação				Países de Nacionalidade	
	Incluíndo Portugal		Excluíndo Portugal			
	Nº	%	Nº	%	Nº	%
Europa	**283**	**74,5**	**204**	**67,8**	**242**	**60,3**
União Europeia (UE 25)	252	66,3	173	57,5	191	47,6
Outros	31	8,2	31	10,3	51	12,7
África	**5**	**1,3**	**5**	**1,7**	**28**	**7,0**
África Lusófona	0	0,0	0	0,0	17	4,2
Outros	5	1,3	5	1,7	11	2,7
América	**69**	**18,2**	**69**	**22,9**	**97**	**24,2**
América do Norte	14	3,7	14	4,7	9	2,2
Brasil	44	11,6	44	14,6	67	16,7
América Central e do Sul	11	2,9	11	3,7	21	5,2
Ásia e Oceânia	**23**	**6,1**	**23**	**7,6**	**34**	**8,5**
Países asiáticos	23	6,1	23	7,6	32	8,0
Oceânia	0	0,0	0	0,0	2	0,5
TOTAL	**380**	**94,8%**	**301**	**75,1%**	**401**	**100,0%**

Deste modo torna-se claro que Portugal tem um papel de relevância numa hierarquia científica global ao nível da formação, sendo que ao nível da circulação de investigadores o nosso país demonstra alguma capacidade de atracção para além do seu posicionamento no mapa global. Se excluirmos os investigadores com formação em Portugal, a atractividade é mais significativa precisamente no caso de investigadores com formação nos países de maior centralidade científica (UE, EUA, mas também Brasil). De referir ainda que os países mais representados são o Brasil (44 formandos) e a Espanha (41), seguidos de França (28), Reino Unido (27) e Alemanha (20). É de notar que a Índia aparece logo a seguir com 18 respostas mas apenas 5 investigadores da China responderam a este inquérito. Refira-se ainda que os EUA apresentam 11 respostas, a seguir à Itália, com 17. Se a proximidade cultural e geográfica do Brasil e de Espanha explicam a sua posição central, mostram também o interessante posicionamento português entre a Europa e as suas ligações históricas fora da Europa. É igualmente de notar a importância dos países centrais europeus nesta dinâmica de mobilidade científica, mas também a efectiva inserção de Portugal em plataformas globais, não só com a chegada de investigadores de países emergentes, como o é a Índia, mas também do "velho" centro científico, como é o caso dos EUA.

Para além da análise da imigração para Portugal nesta lógica global, é também relevante analisá-la na perspectiva da carreira individual, nomeadamente procurando identificar os casos em que se trata de uma primeira opção, ou seja, o resultado de uma oportunidade que surge e os casos em que, pelo contrário, se trata de uma opção já inserida de outro modo na trajectória individual.

Para 32% dos inquiridos o primeiro emprego decorreu em Portugal, reflectindo eventualmente a continuação de uma inserção anterior durante o período de formação. No entanto, para 68% dos inquiridos, a estadia em Portugal não resulta de tal processo mas antes da inserção numa trajectória que evidencia uma experiência mais alargada. A análise das trajectórias de mobilidade revela ainda que um número significativo dos investigadores "circulou" anteriormente por outros países. Neste panorama os países centrais emergem como principais locais de passagem anterior dos investigadores que desenvolvem a sua actividade em Portugal, nomeadamente o Reino Unido, a França, a Alemanha e os EUA.

Já no caso daqueles que explicitam o seu desejo de deixar Portugal, de forma temporária ou permanente (22% e 27%, respectivamente, dos investigadores estrangeiros a residir actualmente em Portugal), ou que de facto já deixaram o nosso país (16% dos inquiridos), constata-se que os países de destino são maioritariamente os países de origem e não os grandes centros científicos, sendo a Espanha (21 casos) e o Brasil (18) os países mais mencionados como destino, seguidos pelo Reino Unido (12).

Estes cerca de 50% de potenciais novos migrantes demonstram a circulação desta população e sublinham as dinâmicas intrínsecas da mobilidade científica. Como podemos ver de seguida (Quadro 108) uma elevada percentagem dos imigrantes científicos em Portugal já teve anteriormente estadias noutros países, por períodos de pelo menos 6 meses, tendo 2 deles indicado já ter residido de forma mais prolongada noutros países em pelo menos 5 ocasiões anteriores, demonstrando a especificidade da mobilidade internacional para esta comunidade.

QUADRO 108. Mobilidade anterior dos imigrantes científicos (mínimo de 6 meses)

Estadia anterior	Inquiridos que indicaram ter realizado estadia anterior	% Inquiridos	Duração média das estadias	Principais países de anterior migração científica
1	186	46%		
2	70	17%		
3	27	7%	4 anos e 7 meses	EUA , França, Reino Unido, Alemanha, Espanha, Itália, Holanda, Brasil
4	7	2%		
5	2	0.5%		

De notar, relativamente aos países anteriores da trajectória dos investigadores, a importância dos EUA enquanto destino científico, bem como o facto de alguns dos investigadores estrangeiros actualmente a residir em Portugal serem "reincidentes", isto é, já terem estado anteriormente em Portugal por um período relevante. Este último facto sugere igualmente a importância das redes informais estabelecidas entre investigadores nestes processos, criando ligações que subsistem por períodos prolongados e que potencialmente se constituem como redes de troca de conhecimento.

Curiosamente, ao contrário do que é normalmente referido como sendo uma das principais barreiras à mobilidade científica, não se constata que a família constitua um factor que afecte a mobilidade, já que os padrões de mobilidade não revelam dependência da dimensão do agregado familiar, sendo os investigadores com 3 filhos quem apresenta um nível de mobilidade, indicado pelo número de estadias anteriores, mais elevado. É certo que em casos concretos existirão claras implicações para a mobilidade associadas a opções familiares, mas as mesmas parecem, no presente caso, não traduzir diferenças em termos agregados.

3.3. *Experiências e motivações de migração*
Neste contexto de experiências várias, é relevante compreender, por um lado, as razões que levam estes investigadores a optar por estadias em Portugal, e a terminá-las, se for esse o caso, e, por outro lado, o nível de satisfação destes imigrantes com a situação profissional em Portugal, no que se refere a diversos aspectos do trabalho científico.

O que leva então estes investigadores estrangeiros a imigrar para Portugal? O Quadro 109 e o Gráfico 64 ilustram as respostas dos investigadores, quando inquiridos sobre se as razões apresentadas (identificadas no quadro) foram determinantes para a sua decisão de migração, quer relativamente à imigração para Portugal, quer relativamente à emigração após estadia em Portugal (emigração já concretizada ou de intenção declarada).

QUADRO 109. Razões para a imigração e para a emigração
de investigadores estrangeiros, em relação a Portugal

	Razões para imigrar para Portugal	Razões para emigrar de Portugal
Terminou os estudos	22,8%	20,9%
Terminou um pós-doutoramento ou contrato de trabalho	18,1%	28,9%
Oferta de um emprego, pós-doutoramento ou melhor lugar	36,1%	38,9%
Factores académicos (e.g. publicação; área específica; desenvolvimento de carreira)	38,4%	34,1%
Factores pessoais	50,2%	49,7%
Factores económicos ou políticos	16,3%	23,7%

As respostas tornam clara a importância dos factores pessoais no desenvolvimento de trajectórias científicas, sendo este nitidamente o factor mais enunciado pelos investigadores em ambas as situações. O nível de detalhe de um inquérito desta natureza não permite especificar que tipo de factores pessoais estarão em causa no caso concreto destes inquiridos, mas tenderão a incluir questões relacionadas com a conjugação do binómio trabalho-família, e o modo como a opção por Portugal poderá facilitar ou permitir a mobilidade científica em contexto familiar (um caso específico descrito no final do capítulo por uma investigadora confirma esta situação) com a afinidade sociocultural (por exemplo no caso de investigadores espanhóis ou brasileiros é de esperar que tal seja relevante), ou devido a outras redes sociais existentes.

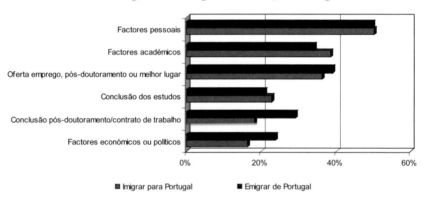

GRÁFICO 64. Razões para a imigração e para a emigração de investigadores estrangeiros, em relação a Portugal

É também de notar que, em relação à migração para Portugal, os factores académicos aparecem como segundo factor de importância na decisão. No entanto, no caso das razões para sair de Portugal o contexto do mercado de trabalho científico tem maior preponderância. Ou seja, apesar de anteriormente termos concluído que, a partir de uma análise quantitativa dos fluxos de investigadores de e para Portugal, a perspectiva da "fuga de cérebros" deve ser substituída por uma visão mais alargada de circulação, é também evidente que existe um constrangimento no sistema que conduz a uma opção da emigração por razões conjunturais (e não apenas de opção pessoal), também no caso dos investigadores estrangeiros que vêm a desenvolver investigação em

Portugal[53]. Este facto é igualmente consubstanciado em opiniões específicas que apontam neste sentido, expressas no final do inquérito pelos inquiridos, em secção que convidava ao comentário livre[54]. São disso exemplo os seguintes comentários[55]:

"Acho que o obstáculo principal para o desenvolvimento dos investigadores estrangeiros (e portugueses) em Portugal é a incerteza com respeito ao futuro. Muitos investigadores com vários anos de experiência pós-doutoral no estrangeiro voltam para Portugal com um contrato de bolseiro (sem os direitos de um trabalhador), a falta de outras possibilidades de contratação. Isso significa rebaixar o estatuto social alcançado anteriormente e pelo tanto faz com que seja difícil voltar para Portugal a não ser por motivos pessoais." (investigadora de Espanha)

"[...] I feel like an overqualified researcher underpaid because after 5 yrs of experience and good productivity I have to continue on bolsa de pós-doutouramento because nothing else is available. For people like me who adapt and start liking this country and city very much, I find Portugal has no opportunities where I can think of making a stable career and life." (investigador da Índia)

---

[53] Convém aqui referir que à data da realização do inquérito, as iniciativas recentemente promovidas pela Fundação para a Ciência e Tecnologia de contratação de investigadores doutorados (Ciência 2007 e Ciência 2008) não tinham ainda resultados. É de supor que o panorama tenha desde então sofrido alterações, quer a nível da composição da população de investigadores estrangeiros, quer das motivações para a migração científica e satisfação com a inserção profissional.

[54] Para além de outros comentários adiante citados, importa referir o facto de vários investigadores terem demonstrado satisfação pela realização de um inquérito sobre esta matéria, que consideraram de grande importância, demonstrando interesse em tomar conhecimento dos resultados. Estes inquiridos sublinham o facto de estudos desta natureza serem por vezes negligenciados, limitando as suas possibilidades em expressar opiniões pessoais. Outros investigadores juntaram comentários positivos sobre os conteúdos do inquérito, bem como comentários críticos (num dos casos particularmente crítico), nomeadamente quanto ao modelo de questionário ou aos seus conteúdos (sugerindo matérias não incluídas), à versão em língua inglesa ou à dimensão do questionário (foi também indicada satisfação quanto à sua dimensão, e à correspondência com o tempo esperado).

[55] Os comentários integrantes das respostas ao inquérito são aqui apresentados na língua em que foram introduzidos pelos investigadores (português ou inglês, tendo em conta que o questionário podia ser respondido em ambas as línguas). A sua transcrição traduz o modo como os mesmos foram redigidos, mesmo que por vezes a forma gramatical não seja a mais correcta (o que é compreensível, atendendo, por um lado, a que alguns investigadores têm que utilizar uma língua não materna, como atendendo, por outro lado, ao facto de disporem de um escasso tempo disponível para preencher o questionário). Pontualmente, foram introduzidas pequenas correcções, que são essencialmente de natureza ortográfica.

258 IMIGRANTES EM PORTUGAL

Até que ponto se reflecte esta distinção entre os aspectos académicos e as condições laborais na experiência efectivamente vivida pelos investigadores? Para analisar esta questão inquiriram-se os investigadores sobre a sua satisfação com diversos factores profissionais, numa escala de 1 a 4, correspondendo a notação 1 a "Muito satisfeito" e a notação 4 a "Muito pouco satisfeito". A média das respostas é apresentada no Quadro 110 e Gráfico 65.

QUADRO 110. Satisfação dos investigadores estrangeiros
com a situação profissional em Portugal

Satisfação com situação profissional em Portugal relativamente a:	Média (1 – muito satisfeito a 4 – muito pouco satisfeito)
Salário	2,43
Benefícios	2,75
Segurança laboral	2,72
Condições de trabalho	2,18
Oportunidades de progressão	2,71
Desafio intelectual	1,78
Nível de responsabilidade	1,94
Grau de independência	1,82
Contributo para a sociedade	2,04
Estatuto social	2,22
Inserção em redes locais	2,41
Inserção em redes internacionais	2,10
Ligações universidade-empresa	2,76

Como se pode constatar, a opinião dos investigadores estrangeiros é genericamente positiva (inferior a 2,5) relativamente às suas condições de trabalho em Portugal. Os domínios onde essa opinião é menos positiva estão relacionados com condições laborais da carreira (benefícios, segurança laboral ou oportunidades de progressão), bem como com um aspecto conjuntural do sistema de inovação nacional, que se refere às ligações universidade-empresa. As questões relacionadas com a prática científica revelam, pelo contrário, uma avaliação particularmente positiva, em particular ao nível do desafio intelectual, do grau de independência ou do nível de responsabilidade de que os investigadores beneficiam ou beneficiaram no decurso da experiência de trabalho desenvolvida em Portugal.

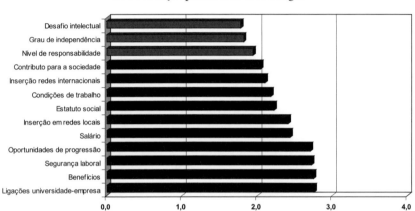

GRÁFICO 65. Factores de satisfação dos investigadores estrangeiros com a situação profissional em Portugal

Poderia antever-se, de certo modo, esta distinção, que não difere de uma visão clássica dos cientistas largamente caracterizada, na forma como separam a dimensão científica, valorizada, da dimensão administrativa, encarada negativamente. E é por isso aqui relevante questionar até que ponto estas opiniões reflectem alguma benevolência de uma população migrante para com o seu país de acolhimento. Nesse sentido, os investigadores com outra experiência de trabalho internacional foram inquiridos relativamente à sua opinião sobre os mesmos factores no seu anterior trabalho, noutro país, ou naquele em que actualmente se encontram (para os investigadores que já tinham deixado Portugal).

O Quadro 111 apresenta a diferença entre as médias atribuídas para cada um destes factores por estes investigadores quanto à sua experiência no estrangeiro (última ou presente). Uma diferença média positiva indica uma apreciação mais positiva da sua experiência em Portugal. Uma diferença média negativa indica, pelo contrário, uma maior valorização da sua experiência no estrangeiro. Adicionalmente, são também apresentados neste quadro valores para a mesma comparação relativamente aos investigadores com maior ou menor mobilidade internacional, tendo em vista aferir a existência de diferenças entre estes dois grupos, reflectindo níveis distintos de experiência internacional.

QUADRO 111. Comparação da satisfação dos investigadores estrangeiros com a situação profissional em Portugal e no estrangeiro

Factores	Diferença média		
	Total	Investigadores com uma outra estadia	Investigadores com duas ou mais outras estadias
Salário	-0,12	0,00	-0,55
Benefícios	-0,47 *	-0,38	-0,81 **
Segurança laboral	-0,62 *	-0,57	-0,79 **
Condições de trabalho	-0,21 *	-0,07	-0,71 **
Oportunidades de progressão	-0,30 *	-0,21	-0,62
Desafio intelectual	0,22 *	0,24	0,17
Nível de responsabilidade	-0,03	-0,01	-0,13
Grau de independência	0,08	0,11	0,00
Contributo para a sociedade	-0,10	-0,05	-0,27
Estatuto social	-0,07	0,00	-0,29
Inserção em redes locais	-0,08	-0,03	-0,26
Inserção em redes internacionais	0,28 *	0,40	-0,15 **
Ligações universidade-empresa	0,01	0,05	-0,15

(*) Situações em que se verifica uma diferença média total estatisticamente significativa (5%) entre a satisfação com a situação profissional em Portugal e no estrangeiro para o conjunto dos investigadores com experiências profissionais em ambos os contextos.

(**) Situações em que existe uma diferença estatisticamente significativa (5%) entre os valores de diferença média de satisfação obtida para o caso dos "Investigadores com 2 ou mais outras estadias" e para o caso do grupo de investigadores com menor mobilidade internacional.

Os dados comparativos revelam interessantes resultados que, desde logo, atenuam a visão apenas apresentada pela opinião da experiência em Portugal, na medida em que demonstram genericamente uma opinião mais favorável à mais próxima experiência no estrangeiro. Estas diferenças são particularmente acentuadas (e estatisticamente significativas) no caso das condições estruturais do exercício do trabalho científico, tais como a segurança laboral, os benefícios associados, as oportunidades de progressão, ou as condições de trabalho. No entanto, é importante referir que a distinção entre dimensão científica e administrativa é agora ainda mais acentuada, tendo em conta que factores como a inserção em redes internacionais ou o desafio intelectual são factores particularmente valorizados (e estatisticamente relevantes), em termos comparativos, a favor da experiência portuguesa.

Apesar disso, a distinção entre os investigadores inquiridos com maior ou menor mobilidade científica internacional apresenta uma clara distinção entre estes dois grupos. Em todos os factores, os investigadores com experiência de trabalho num maior número de países têm uma opinião claramente menos positiva da experiência portuguesa do que os restantes investigadores, sendo esta diferença entre os dois grupos estatisticamente significativa em vários factores. É igualmente de salientar que para os investigadores com maior mobilidade internacional, mesmo em questões como a inserção em redes internacionais, globalmente valorizada positivamente, a opinião negativa é estatisticamente distinta da opinião do restante grupo de investigadores.

Podem-se assim salientar dois aspectos em particular. Por um lado, estes dados apresentam uma visão genericamente positiva da experiência científica deste grupo de imigrantes, a qual não é, no entanto, complementada por uma mesma opinião relativamente às questões administrativas associadas (de carácter científico ou não). Este facto torna-se particularmente importante quando a imigração científica se apresenta frequentemente associada a uma elevada mobilidade. Ou seja, as dificuldades administrativas, a insatisfação gerada e a eventual lentidão processual, de maior impacto no caso de estadias de curta duração, associadas a mobilidade temporária, tornam-se claramente um factor que pode ser decisivo, negativamente, no processo de atracção de investigadores estrangeiros, face à atracção através da qualidade do trabalho científico.

Este aspecto é tanto mais importante quanto vários investigadores referiram preocupações especiais com estas questões, como demonstram, a título de exemplo, os seguintes comentários:

"A emissão de vistos para estadas temporárias em Portugal tem de ser renovada ano a ano. É uma dor de cabeça. Deveria ser emitido por três ou cinco anos e prorrogável, como nos Estados Unidos. Assim também, a mobilidade no espaço Schengen é limitada para mim porquanto tenho um visto só válido para Portugal. Deveriam dar-nos um visto válido para todos os países Schengen." (investigador do Perú)

"O apoio a investigadores a nível de mobilidade de curta duração deve ser amplamente revisto e facilitado, para comodidade do investigador e, para o atempado resultado por parte da instituição a que ele está ligado." (investigador de Cabo Verde)

"One very difficult thing in Portugal has been dealing with the various government bureaucracies on many issues, which takes a great deal of time and can be extremely frustrating." (investigador do Reino Unido)

"This survey does not reflect in any way the main problem for non-EU aliens in this country: huge and very slow bureaucracy (especially concerning visas)." (investigador da Ucrânia)

Torna-se assim claro que deve ser dada uma particular atenção aos imigrantes científicos, que apresentam necessidades específicas tendo em conta a importância intrínseca da mobilidade para realizarem a sua actividade. Como veremos adiante, se existem iniciativas a ter necessariamente em conta ao nível do papel do Estado, no âmbito das suas políticas de imigração, existe espaço para iniciativas de apoio ao processo de inserção pelas próprias instituições de acolhimento. Resta referir aqui que a nova Lei da Imigração (Lei nº 23/2007, de 4 de Julho), que entretanto entrou em vigor, diferencia este grupo de imigrantes, criando procedimentos específicos para as diferentes modalidades de entrada e/ou estadia no nosso país, transpondo a Directiva Europeia 2005/71/CE, de 12 de Outubro de 2005, relativa a um procedimento específico de admissão de nacionais de países terceiros para efeitos de investigação científica.

Um segundo aspecto a reter da presente análise da experiência de trabalho em Portugal é a diferenciação da opinião entre os investigadores com trajectórias de trabalho em diversos países e aqueles com um perfil mais local. Se uma breve leitura dos dados permite simplesmente inferir a menor satisfação dos primeiros, demonstrando assim uma condição periférica do sistema de investigação nacional, há contudo uma outra leitura que pode ser feita. A diferente apreciação dos investigadores que apresentam uma experiência mais ampla de mobilidade enfatiza também a importância de pensar o sistema de investigação nacional como parte de uma plataforma alargada de circulação de investigadores, ultrapassando assim a simples visão comparativa que concede ênfase às "fugas de cérebros". O contributo crítico dos investigadores com múltiplas experiências de trabalho internacional (desde os estrangeiros que imigram para Portugal aos portugueses que circulam no estrangeiro) é pois central para se poderem ultrapassar visões excessivamente locais do modo de fazer ciência ou da ciência que se faz.

Sendo esta a opinião expressa relativamente à experiência nos países de acolhimento, nomeadamente Portugal, passamos a apresentar os principais factores que os investigadores estrangeiros consideraram ter tido um maior impacto, quer positivo quer negativo, na sua experiência em Portugal. O Quadro 112 e o Gráfico 66 apresentam esses resultados.

QUADRO 112. Factores de influência na inserção em Portugal

	Influência		
	Positiva	Indiferente	Negativa
Desafios científicos e intelectuais	71,3%	22,4%	6,2%
Questões culturais	66,4%	25,0%	8,6%
Conhecimento da língua	57,2%	38,1%	4,7%
Iniciativas da instituição de acolhimento	54,4%	35,9%	9,7%
Condições de trabalho	51,1%	30,7%	18,2%
Questões familiares	41,1%	39,9%	19,0%
Estratégias científicas da instituição	39,7%	42,3%	18,0%
Questões económicas	32,5%	52,2%	15,3%
Políticas de investigação	28,9%	47,0%	24,1%
Redes de investigadores estrangeiros em Portugal	24,3%	65,9%	9,8%
Distância do país de origem	13,3%	59,4%	27,3%
Política de imigração em Portugal	12,3%	61,0%	26,7%

Se, de novo, os aspectos científicos emergem como prioritários nos processos de inserção dos trabalhadores científicos, factores complementares parecem ser de particular importância para o sucesso da sua inserção. Assim, as questões culturais, o conhecimento da língua, as iniciativas das instituições de acolhimento, as condições de trabalho ou as questões familiares assumem contributos particularmente positivos, e mais relevantes quando relacionados com questões concretamente relacionadas com o trabalho, como o são as estratégias científicas da instituição, questões económicas ou as políticas de investigação. Tal como pudemos anteriormente concluir, a política de imigração em Portugal é vista mais como uma barreira do que enquanto apoio ao processo de inserção.

264   IMIGRANTES EM PORTUGAL

GRÁFICO 66. Factores de influência na inserção em Portugal

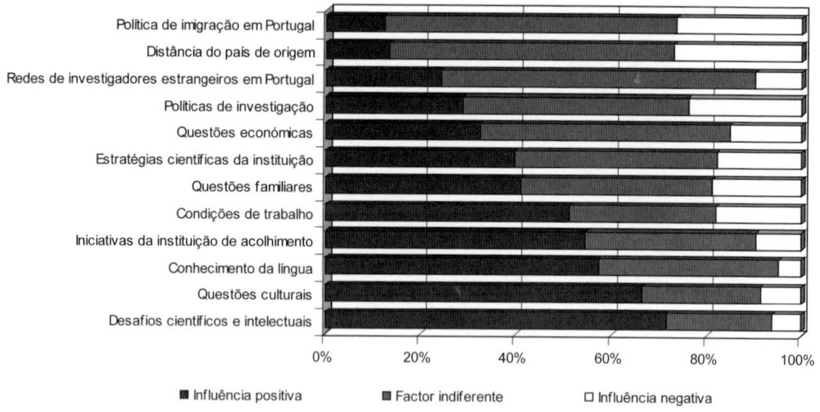

Política de imigração em Portugal
Distância do país de origem
Redes de investigadores estrangeiros em Portugal
Políticas de investigação
Questões económicas
Estratégias científicas da instituição
Questões familiares
Condições de trabalho
Iniciativas da instituição de acolhimento
Conhecimento da língua
Questões culturais
Desafios científicos e intelectuais

0%   20%   40%   60%   80%   100%

■ Influência positiva   ■ Factor indiferente   □ Influência negativa

Salientem-se neste âmbito alguns aspectos. Em primeiro lugar a questão da língua. Quando inquiridos sobre o seu conhecimento da língua portuguesa antes de chegarem a Portugal, cerca de metade dos investigadores inquiridos indicaram não ter nenhum conhecimento da língua portuguesa, enquanto aproximadamente 22% referiram ser fluentes em português (os investigadores oriundos de países lusófonos, mas também um número reduzido de investigadores de outras origens). Já quando inquiridos sobre o seu conhecimento da língua no momento da resposta ao questionário, o número de investigadores que se considerou fluente tinha aumentado para cerca de metade, sendo residual o volume daqueles que referiu não dispor de qualquer conhecimento (tratando-se, provavelmente, de investigadores recém-chegados). Sendo esta questão classificada numa escala de 1 (nenhum conhecimento) a 5 (fluente), a média das respostas relativas ao momento da chegada e ao momento da resposta subiu significativamente de 2,35 (ou seja, abaixo do valor médio de 2,5) para 3,99 (conhecimento avançado), demonstrando o esforço efectivo dos investigadores neste domínio, bem como a importância que atribuem à língua enquanto factor de inserção.

Importa ainda acrescentar que os investigadores que detêm um conhecimento da língua superior a elementar (valor 2 na escala), no momento da chegada, revelam diferenças significativas na apreciação das políticas de imigração portuguesas, o que sugere que deve ser dada particular atenção à questão do apoio a imigrantes com conhecimentos reduzidos da língua portuguesa no momento inicial de entrada, relativamente a todas as questões processuais que se lhe associam.

A importância das questões culturais reflectiu-se igualmente em alguns dos comentários finais. Se diversos comentários salientaram o apreço pela experiência em Portugal e pelo país, demonstrando assim a importância de factores extra-científicos, dois investigadores denunciaram contudo a existência de práticas de discriminação dirigidas a imigrantes, questão que não era evidenciada no questionário apesar da sua importância e relevância.

Um outro aspecto a salientar relativamente a estes factores de inserção relaciona-se com a relevância do papel que cabe às instituições de acolhimento. Não só é dada maior importância às estratégias científicas das instituições de acolhimento do que às políticas de investigação, como é também atribuída grande importância a iniciativas encetadas pelas instituições de acolhimento no sentido de apoiar o processo de inserção. Este resultado apenas mostra o que não pode deixar de ser esperado, isto é, que as instituições de acolhimento, responsáveis pela contratação dos investigadores estrangeiros, devem também assumir particular responsabilidade no acolhimento proporcionado e no apoio à inserção dos investigadores.

3.4. *Redes e resultados*

O Quadro 112 indica que as redes de investigadores estrangeiros em Portugal são relativamente indiferentes ao processo de inserção, o que poderá decorrer do facto de a comunidade de imigrantes científicos não ser ainda muito significativa, apesar de se encontrar em crescimento acentuado, como demonstrámos anteriormente. De igual modo, quando inquiridos sobre as relações que estes imigrantes científicos mantêm com o seu país de origem, as respostas revelam que essas redes não são particularmente fortes, conforme se pode inferir dos dados apresentados no quadro seguinte.

Como os dados apresentados demonstram, as ligações não são acentuadas e baseiam-se essencialmente numa rede informal, próxima dos investigadores estrangeiros, sendo os aspectos de natureza mais formal menos frequentes, ainda que exista disponibilidade para um maior envolvimento. A criação destas redes, expandindo redes previamente existentes, é um dos potenciais benefícios mais seguros e concretos das trajectórias de mobilidade dos investigadores, sendo a base para a troca de conhecimento tácito. Mas há, obviamente, outros impactos científicos que se esperam através do acolhimento de investigadores estrangeiros para além do seu contributo para diversas redes cientíﬁcas, nomeadamente os característicos dos normais indicadores cientíﬁcos, relativos a publicações cientíﬁcas e/ou a patentes.

QUADRO 113. Ligações dos investigadores estrangeiros com o país de origem

	Sim	Não
Mantém contacto com redes informais de "diáspora"	33%	67%
Tem uma rede informal alargada de amigos/conhecidos/colegas do seu país de origem	75%	25%
Mostra disponibilidade para vários mecanismos possíveis de ligação (visitas, formação, projectos em colaboração, supervisão, angariação de financiamentos)	74%	26%
Mantém uma relação de trabalho com o seu país de origem	39%	61%
Colabora com associações proﬁssionais no seu país de origem	38%	62%
Colabora com revistas cientíﬁcas/académicas do seu país de origem	40%	60%

Os Quadros 114 e 115 apresentam os resultados do trabalho de investigação destes imigrantes cientíﬁcos no que se refere a determinados indicadores de produção cientíﬁca, bem como no que concerne à inserção de seu trabalho em Portugal, através de diversos tipos de redes.

QUADRO 114. Publicações e patentes resultantes do trabalho realizado em Portugal pelos investigadores estrangeiros

	Nº Total	Média/ Investigador	Média Investigador/Ano
Artigos em publicação com revisão cientíﬁca	2 702	8,9	1,6
Livros, monograﬁas ou capítulos de livro	505	1,8	0,3
Patentes	47	0,2	0,1

Embora estes resultados sejam apenas indicativos (visto não ser possível aferir o tipo de publicações face a indicadores existentes, relativos a bases de dados internacionais), não impedem que se reﬁra o facto de os valores médios se poderem considerar significativos (tendo em conta a diversidade de áreas científicas e de etapas da carreira dos investigadores inquiridos), demonstrando também desta forma o impacto positivo dos imigrantes científicos no sistema de investigação e na sua visibilidade externa.

QUADRO 115. Participação dos investigadores estrangeiros
em diversos tipos de redes

	Sim	Não
Colaboração com empresas	23,1%	76,9%
Colaboração com grupos de investigação estrangeiros	74,5%	25,5%
Colaboração com grupos de investigação no país	72,9%	27,1%

Já ao nível da inserção destes investigadores em diferentes redes, mais do que a reduzida colaboração com empresas, (indicada pelos próprios como insatisfatória, como referimos anteriormente), e que de resto constitui um espelho da experiência geral no sistema de investigação nacional, o que surpreende é o facto de a colaboração com grupos de investigação estrangeiros não ser ainda mais elevada. Não só porque os inquiridos são eles próprios estrangeiros, mas porque a experiência de colaboração internacional é semelhante à experiência de colaboração nacional. Sendo de esperar que os investigadores que não colaboraram com grupos de investigação estrangeiros durante o período de estadia em Portugal apenas o não tenham feito em virtude de uma curta estadia no país (ou por serem recém-chegados), ou em virtude de terem realizado a sua formação principal já em Portugal, não tendo assim necessariamente constituído redes internacionais intensas, não deixa – por seu turno – de ser um sinal positivo da integração dos imigrantes científicos estrangeiros no sistema de investigação nacional o seu elevado nível de colaboração com outros grupos de investigação portugueses.

4. Conclusão
No presente capítulo pretendeu-se analisar as dinâmicas de um grupo específico de trabalhadores imigrantes altamente qualificados, os imigrantes científicos, aferindo não só a sua importância no sector da investigação nacional e caracterizando os seus padrões de distribuição, como também analisando a integração destas dinâmicas migratórias nas trajectórias individuais dos investigadores.

268 IMIGRANTES EM PORTUGAL

Retemos aqui quatro pontos principais. Em primeiro lugar, os dados de investigadores estrangeiros em Portugal revelam que este é um fenómeno relevante para a análise das dinâmicas do sistema de investigação nacional. Não só a percentagem de investigadores estrangeiros entre o total de investigadores do sistema é semelhante ao peso dos trabalhadores imigrantes no mercado de trabalho nacional, de um modo geral, como o seu número absoluto se estima de uma ordem de grandeza semelhante à do número de investigadores portugueses que trabalham no estrangeiro. Assim sendo, deve ser concedida particular importância à dinâmica de integração de investigadores estrangeiros no sistema de investigação nacional.

Em segundo lugar, concluiu-se que para esta população migrante, dos investigadores, a mobilidade internacional é um elemento central. Nesse sentido, a inserção no sistema nacional muitas vezes não é mais do que uma etapa em trajectórias que incluem outros países e que revela diferenças resultantes dessas trajectórias. Assim, ressaltam dois aspectos centrais da análise destas trajectórias. Estas dinâmicas de migração devem ser vistas essencialmente numa lógica de circulação internacional, e não numa perspectiva de saldos migratórios, de "fugas" ou de "chegadas", enfatizando o seu importante contributo para a integração do sistema em espaços alargados internacionais, europeus e outros, e para a abertura de novos espaços de mudança internos. A centralidade da mobilidade para estes imigrantes, e a sua duração variada (por vezes relativamente curta), requer a existência de políticas e procedimentos específicos para esta população, em que a morosidade ou complexidade processual não funcionem como impeditivas do sucesso destas trajectórias.

Em terceiro lugar, este último aspecto torna claro que o sucesso destas experiências não reside apenas nas dinâmicas científicas mas também, em grande parte, nas diferentes dinâmicas de inserção, profissional, institucional, social, ou cultural. Se as políticas de imigração devem ter em atenção as necessidades específicas destes trabalhadores (como acima referido, a nova Lei da Imigração recentemente aprovada já confere particular atenção aos investigadores), as instituições de acolhimento têm também uma responsabilidade especial no apoio aos processos de inserção dos investigadores estrangeiros, enfatizando não só as dinâmicas científicas, mas facilitando também as questões processuais e outros factores de integração, tais como o apoio em termos de aprendizagem da língua, que constitui um factor importante de integração.

Finalmente, as respostas dos investigadores inquiridos não deixam de indicar que a sua participação no sistema de investigação nacional tem, para além de contributos indirectos acima referidos, claros impactos directos, como demonstra o elevado número de resultados científicos e da produção de conhecimento que estes representam.

BIBLIOGRAFIA

ALMEIDA, André (2003), *Impacto da Imigração em Portugal nas Contas do Estado*, Observatório da Imigração, 1, ACIME, Lisboa.

BAGANHA, Maria Ioannis; MARQUES, José Carlos; GÓIS, Pedro (2004), "Novas migrações, novos desafios: A imigração do Leste Europeu", *Revista Crítica de Ciências Sociais*, 69, Coimbra.

BAGANHA, Maria Ioannis (2005), "Política de imigração: A regulação dos fluxos", *Revista Crítica de Ciências Sociais*, 73, Coimbra.

BASTOS, Susana Pereira; BASTOS, José Gabriel (2006), *Filhos Diferentes de Deuses Diferentes. Manejos da Religião em Processos de Inserção Social Diferenciada*, Observatório da Imigração, 17, ACIME, Lisboa.

CÁDIMA, Francisco Rui; FIGUEIREDO Alexandra (Coord.) (2003), *Representações (imagens) dos imigrantes e das minorias étnicas na Imprensa*, Observatório da Imigração, 3, ACIME, Lisboa.

CARVALHO, Lourenço Xavier (2004), *Impacto e reflexos do Trabalho Imigrante nas empresas portuguesas. Uma visão qualitativa*, Observatório da Imigração, 9, ACIME, Lisboa.

DGIDC (2005), *Concessão de Equivalências Estrangeiras – Relatório 2005*, Direcção Geral da Inovação e de Desenvolvimento Curricular, Ministério da Educação, Lisboa.

FERIN, Isabel Cunha; SANTOS, Clara; SILVEIRINHA, Maria João; PEIXINHO, Ana Teresa (2004), *Media, Imigração e Minorias Étnicas*, Observatório da Imigração, 6, ACIME, Lisboa.

FERIN, Isabel; SANTOS (2006), *Media, Imigração e Minorias Étnicas II*, Observatório da Imigração, 19, ACIME, Lisboa.

FERREIRA, Eduardo Sousa; RATO, Helena; MORTÁGUA, Maria João (2004), *Viagens de Ulisses. Efeitos da Imigração na Economia Portuguesa*, Observatório da Imigração, 6, ACIME, Lisboa.

FONSECA, Lucinda; (2003), *Imigrantes de Leste nas Áreas Rurais Portuguesas: o caso do Alentejo Central*, Comunicação apresentada na Conferência Imigração de Leste – Uma nova Realidade: Oportunidades e Desafios, Fundação Calouste Gulbenkian, Lisboa.

FONSECA, Lucinda; MALHEIROS, Jorge; ESTEVES, Alina; CALDEIRA, Maria José (2002), "Immigrants in Lisbon. Routes of integration"; *Estudos para o Planeamento Regional e Urbano*, 56, Centro de Estudos Geográficos, Lisboa.

FONSECA, Lucinda; ORMOND, Meghann, MALHEIROS, Jorge; MARTINS, Filipa (2005), *Reunificação Familiar e Imigração em Portugal*, Observatório da Imigração, 15, ACIME, Lisboa.

FONSECA, Lucinda; MALHEIROS, Jorge (Coord.) (2005), "Social integration & Mobility: Education, Housing and Health", *Estudos para o Planeamento Regional e Urbano*, 67, Centro de Estudos Geográficos, Lisboa.

FONSECA, Lucinda (2007), "Inserção Territorial, Urbanismo, Desenvolvimento Regional e Políticas Locais de Atracção", *in:* Vitorino, António (Coord.); *Imigração: Oportunidade ou Ameaça?* Fórum Gulbenkian Imigração, Fundação Calouste Gulbenkian, Lisboa.

GÓIS, Pedro; MARQUES, José Carlos (2007), *Estudo Prospectivo sobre Imigrantes Qualificados em Portugal*, Observatório da Imigração, 24, ACIDI, Lisboa.

LAJES, Mário; POLICARPO, Verónica (2002), *Análise preliminar de duas sondagens sobre os Imigrantes em Portugal*, Observatório da Imigração, 2, ACIME, Lisboa.

MALHEIROS, Jorge; MENDES, Manuela (Coord.) (2007), *Espaços e Expressões de Conflito e Tensão entre Autóctones, Minorias Migrantes e Não Migrantes na Área Metropolitana de Lisboa*, Observatório da Imigração, 22, ACIME, Lisboa.

MARQUES, Maria Margarida; MARTINS, Joana (2005), *Jovens, Migrantes e a Sociedade da Informação e do Conhecimento. A Escola perante a Diversidade*, Observatório da Imigração, 16, ACIME, Lisboa.

MARQUES, Rui (2003), *Políticas de gestão da diversidade étnico-cultural. Da assimilação ao multiculturalismo*, Observatório da Imigração; ACIME, Lisboa.

NICO, Magda; GOMES, Natália; ROSADO, Rita; DUARTE, Sara (2007), *Licença para Criar: Imigrantes nas Artes em Portugal*, Observatório da Imigração, 23, ACIME, Lisboa.

OECD (2007), *The Labour Market Integration of Immigrants in Portugal*.

OLIVEIRA, Catarina (2004), *Estratégias Empresariais de Imigrantes em Portugal*, Observatório da Imigração, 10, ACIME, Lisboa.

ÖZDEN, Çağlar; SCHIFF, Maurice (Editors) (2006), *International Migration, Remittances and the Brain Drain*, The World Bank and Palgrave Macmillan, Washington.

PEIXOTO, João (2004) 'Highly Skilled Migration in Portugal: An Overview', *SOCIUS Working Papers*, nº 3/2004, SOCIUS, ISEG/UTL, Lisboa.

PEIXOTO, João (Coord.) (2005), *O Tráfico de Migrantes em Portugal. Perspectivas Sociológicas, Jurídicas e Políticas*, Observatório da Imigração, 12, ACIME, Lisboa.

PIRES, Rui Pena (2002), "Mudanças na Imigração. Uma análise das estatísticas sobre a população estrangeira em Portugal, 1998-2001", *Sociologia Problemas e Práticas*, 39, Lisboa.

REBELO, Emília; PAIVA, Luís (2006), *Planeamento Urbano para a Integração de Imigrantes*, Observatório da Imigração, 18, ACIME, Lisboa.

ROCHA-TRINDADE, Maria Beatriz (2005), "As políticas portuguesas de imigração", *Janus* (http:// www.janusonline.pt/sociedade_cultura/sociedade_2001_3_3_4_c.html).

ROSA, Maria João Valente; SEABRA, Hugo; SANTOS, Tiago (2003), *Contributos dos "Imigrantes" na Demografia Portuguesa. O papel das populações de nacionalidade estrangeira*, Observatório da Imigração, 4, ACIME, Lisboa.

SANTOS, Vanda (2004), *O Discurso Oficial do Estado sobre a Emigração dos anos 60 a 80 e Imigração dos anos 90 à Actualidade*, Observatório da Imigração, 8, ACIME, Lisboa.

SASSEN, Saskia (2002), "Será este o caminho? Como lidar com a imigração na era da globalização?", Revista Crítica de Ciências Sociais, 64, Coimbra.

SAXENIAN, Anna Lee (2006), *The New Argonauts: Regional Advantage in a Global Economy*, Harvard, MA: Harvard University Press.

SEABRA, Hugo Martinez; SANTOS, Tiago (2005), *A criminalidade de Estrangeiros em Portugal. Um inquérito científico*, Observatório da Imigração, 13, ACIME, Lisboa.

SEABRA, Hugo Martinez; SANTOS, Tiago (2006), *Reclusos Estrangeiros em Portugal. Esteios de uma Problematização*, Observatório da Imigração, 20, ACIME, Lisboa.

SEF (2007), *Relatório de Actividades – Imigração, Fronteiras e Asilo*, Serviço de Estrangeiros e Fronteiras, Lisboa.

SILVA, Jorge Pereira (2004), *Direitos de Cidadania e Direito à Cidadania*, Observatório da Imigração, 5, ACIME, Lisboa.

SILVA, Pedro Duarte (2005), *A Protecção Social da População Imigrante. Quadro legal, Estudo comparado e Proposta de reforço*, Observatório da Imigração, 11, ACIME, Lisboa.

SILVEIRINHA, Maria João; CRISTO, Ana Teresa (2004), "A construção discursiva dos imigrantes na imprensa", Revista Crítica de Ciências Sociais, 69, Coimbra.

VITORINO, António (Coord.) (2007), *Imigração: Oportunidade ou Ameaça?* Fórum Gulbenkian Imigração, Fundação Calouste Gulbenkian, Lisboa.

ÍNDICE DE QUADROS, GRÁFICOS E FIGURAS

Capítulo I – O modelo económico português e os factores de competitividade

Quadro 1 – Indicadores do sistema de emprego: população e trabalho
(1990-2005)   27

Quadro 2 – Taxas de actividade e desemprego, e níveis de qualificação
escolar (1990-2007)   27

Quadro 3 – Taxa de emprego: comparações internacionais (1998-2007)   28

Gráfico 1 – Percentagem de variação anual do PIB (1975-2007)   24

Gráfico 2 – Evolução em volume do crescimento anual do PIB (1996-2007)   25

**Capítulo II – A estrutura regional da economia: sistemas produtivos
e especializações territoriais**

Quadro 4 – Evolução da população residente e do emprego, nas regiões
do Continente (2002-2005)   33

Quadro 5 – A desagregação subsectorial do emprego na indústria, nas regiões
do Continente (2002-2005)   35

Quadro 6 – A desagregação subsectorial do emprego no sector terciário,
nas regiões do Continente (2002-2005)   38

Quadro 7 – Emprego por classes tecnológicas da indústria, na Região
Norte (2002)   42

Quadro 8 – Emprego por subsectores industriais na Região Norte (2002)   42

Quadro 9 – Emprego por classes tecnológicas do sector terciário,
na Região Norte (2002)   43

Quadro 10 – Emprego por subsectores do terciário na Região Norte (2002)   43

Quadro 11 – Emprego por sub-regiões e classes tecnológicas industriais,
na Região Norte (2002)   45

Quadro 12 – Quocientes de localização do emprego por subsectores
industriais, nos espaços da Região Norte (2002)   45

Quadro 13 – Emprego por sub-regiões e classes tecnológicas do sector
terciário, na Região Norte (2002)   46

Quadro 14 – Quocientes de localização do emprego por subsectores
do terciário, nos espaços da Região Norte (2002)   47

Quadro 15 – Emprego por classes tecnológicas da indústria, na Região
Centro (2002)   49

QUADRO 16 – Emprego por subsectores industriais na Região Centro (2002) 49

QUADRO 17 – Emprego por classes tecnológicas do sector terciário, na Região
Centro (2002) 50

QUADRO 18 – Emprego por subsectores do terciário na Região Centro (2002) 50

QUADRO 19 – Emprego por sub-regiões e classes tecnológicas industriais,
na Região Centro (2002) 51

QUADRO 20 – Quocientes de localização do emprego por subsectores
industriais, nos espaços da Região Centro (2002) 52

QUADRO 21 – Emprego por sub-regiões e classes tecnológicas do sector
terciário, na Região Centro (2002) 53

QUADRO 22 – Quocientes de localização do emprego por subsectores
do terciário, nos espaços da Região Centro (2002) 54

QUADRO 23 – Emprego por classes tecnológicas da indústria, na Região
de Lisboa (2002) 55

QUADRO 24 – Emprego por subsectores industriais na Região de Lisboa (2002) 56

QUADRO 25 – Emprego por classes tecnológicas do sector terciário, na Região
de Lisboa (2002) 57

QUADRO 26 – Emprego por subsectores do terciário na Região de Lisboa (2002) 57

QUADRO 27 – Emprego por sub-regiões e classes tecnológicas industriais,
na Região de Lisboa (2002) 58

QUADRO 28 – Quocientes de localização do emprego por subsectores industriais,
nos espaços da Região de Lisboa (2002) 58

QUADRO 29 – Emprego por sub-regiões e classes tecnológicas do sector terciário,
na Região de Lisboa (2002) 59

QUADRO 30 – Quocientes de localização do emprego por subsectores
do terciário, nos espaços da Região de Lisboa (2002) 59

QUADRO 31 – Emprego por classes tecnológicas da indústria, na Região
do Alentejo (2002) 60

QUADRO 32 – Emprego por subsectores industriais na Região do Alentejo (2002) 60

QUADRO 33 – Emprego por classes tecnológicas do sector terciário, na Região
do Alentejo (2002) 61

QUADRO 34 – Emprego por subsectores do terciário na Região do Alentejo (2002) 61

QUADRO 35 – Emprego por sub-regiões e classes tecnológicas industriais,
na Região do Alentejo (2002) 62

QUADRO 36 – Quocientes de localização do emprego por subsectores industriais,
nos espaços da Região do Alentejo (2002) 62

QUADRO 37 – Emprego por sub-regiões e classes tecnológicas do sector terciário,
na Região do Alentejo (2002) 63

ÍNDICE DE QUADROS, GRÁFICOS E FIGURAS   275

QUADRO 38 – Quocientes de localização do emprego por subsectores
do terciário, nos espaços da Região do Alentejo (2002)   63

QUADRO 39 – Emprego por classes tecnológicas da indústria, na Região
do Algarve (2002)   64

QUADRO 40 – Emprego por subsectores industriais na Região do Algarve (2002)   65

QUADRO 41 – Emprego por classes tecnológicas do sector terciário, na Região
do Algarve (2002)   65

QUADRO 42 – Emprego por subsectores do terciário na Região do Algarve (2002)   66

GRÁFICO 3 – Desagregação subsectorial do Emprego na Indústria, nas regiões
do Continente (2005)   36

GRÁFICO 4 – Desagregação subsectorial do emprego no sector terciário,
nas regiões do Continente (2005)   39

Capítulo III – Portugal em mudança: demografia, urbanização e territórios

QUADRO 43 – Factores de crescimento demográfico: Comparações
internacionais (1995-2007)   74

QUADRO 44 – Distribuição percentual da população residente por NUTS III
(1981-2004) e densidade da população (2005)   76

QUADRO 45 – Evolução da população residente (1981-2005)   78

QUADRO 46 – Indicadores de urbanização: Dimensão dos lugares e população
activa urbana (2001)   83

GRÁFICO 5 – Evolução da emigração portuguesa (1900-2003)   70

GRÁFICO 6 – Evolução dos saldos migratórios (1981-2007)   71

GRÁFICO 7 – Evolução do saldo natural, do saldo migratório e do saldo
demográfico (1981-2007)   72

FIGURA 1 – Posicionamento comparativo dos países membros da União
Europeia, em termos de valores médios de saldo natural e de saldo
migratório (1995-2007)   73

FIGURA 2 – Indicadores de evolução da população residente (1981-2005)   80

FIGURA 3 – Indicadores de urbanização (2001)   83

Capítulo IV – A imigração em Portugal: novos imigrantes e uma nova geografia

QUADRO 47 – População imigrante residente segundo as principais
nacionalidades (1992-2007)   92

QUADRO 48 – Títulos de Autorização de Permanência (AP) e Vistos de Longa
    Duração (VLD) emitidos e prorrogados, segundo as principais nacionalidades
    (2001-2007)   94
QUADRO 49 – População imigrante residente por distritos (1992-2007)   97
QUADRO 50 – Títulos de Autorização de Permanência (AP) e Vistos de Longa
    Duração (VLD) emitidos e prorrogados, segundo as principais
    nacionalidades, por distritos (2001-2007)   100
QUADRO 51 – População imigrante residente, segundo as principais origens
    geográficas, por distritos (2007)   101
QUADRO 52 – Evolução regional das taxas de crescimento demográfico, natural
    e migratório (2000-2007)
QUADRO 53 – Percentagem de imigrantes Residentes e Índice Territorial
    de Imigração por Distritos (2007)   107
GRÁFICO 8 – Imigrantes residentes em Portugal, segundo o estatuto jurídico
    concedido (1980-2007)   89
GRÁFICO 9 – Comparação das pirâmides etárias da população residente
    e da população imigrante (2004)   90
GRÁFICO 10 – Evolução do número de imigrantes segundo o continente
    de origem (1992-2007)   93
GRÁFICO 11 – Imigrantes residentes, segundo as principais nacionalidades
    (2007)   95
GRÁFICO 12 – Média das taxas anuais de crescimento demográfico, natural
    e migratório, por regiões (2000-2007)   106
FIGURA 4 – População imigrante residente, segundo os principais espaços
    de origem geográfica (2007)   103
FIGURA 5 – Indicadores do peso da distribuição territorial dos imigrantes
    residentes (2007)   108

Capítulo V – Perfis do trabalho nacional e do trabalho imigrante

QUADRO 54 – Trabalhadores por conta de outrem segundo a nacionalidade
    (2002 e 2005)   115
QUADRO 55 – Trabalhadores por conta de outrem segundo o grau de habilitações
    e a nacionalidade (2002-2005)   117
QUADRO 56 – Distribuição dos graus de escolaridade segundo a nacionalidade
    (2005)   118
QUADRO 57 – Índice de Escolaridade dos trabalhadores por conta de outrem,
    segundo a nacionalidade (2005)   122

ÍNDICE DE QUADROS, GRÁFICOS E FIGURAS 277

QUADRO 58 – Trabalhadores por conta de outrem segundo a qualificação profissional e a nacionalidade (2002-2005) 124

QUADRO 59 – Distribuição dos níveis de qualificação profissional segundo a nacionalidade (2005) 126

QUADRO 60 – Índice de Qualificação dos trabalhadores por conta de outrem, segundo a nacionalidade (2005) 129

QUADRO 61 – Distribuição dos trabalhadores por conta de outrem segundo a CAE (2002-2005) 131

QUADRO 62 – Distribuição dos trabalhadores por conta de outrem segundo os ramos de actividade (CAE) e a nacionalidade (2005) 133

QUADRO 63 – Trabalhadores por conta de outrem nacionais e estrangeiros, segundo o seu peso percentual por ramos de actividade CAE (2005) 137

QUADRO 64 – Trabalhadores por conta de outrem nacionais e estrangeiros, por Classes Tecnológicas industriais e dos serviços (2005) 140

QUADRO 65 – Trabalhadores por conta de outrem segundo as profissões e a nacionalidade (2002-2005) 143

QUADRO 66 – Trabalhadores por conta de outrem segundo as profissões e a nacionalidade (2005) 145

QUADRO 67 – Índice de Qualificação Profissional dos trabalhadores por conta de outrem, segundo a nacionalidade (2005) 149

QUADRO 68 – Distribuição dos trabalhadores por conta de outrem nacionais e estrangeiros, segundo os ramos de actividade CAE e as habilitações (2002) 151

QUADRO 69 – Distribuição dos trabalhadores por conta de outrem portugueses, europeus e dos países lusófonos, segundo os ramos de actividade CAE e as habilitações (2002) 154

QUADRO 70 – Distribuição dos trabalhadores por conta de outrem portugueses, da Europa de Leste e do Brasil, segundo os ramos de actividade CAE e as habilitações (2002) 156

QUADRO 71 – Distribuição dos trabalhadores por conta de outrem nacionais e estrangeiros, segundo os ramos de actividade CAE e as qualificações profissionais (2002) 158

QUADRO 72 – Distribuição dos trabalhadores por conta de outrem portugueses, europeus e dos países lusófonos, segundo os ramos de actividade CAE e as qualificações profissionais (2002) 162

GRÁFICO 13 – Evolução do número de trabalhadores imigrantes segundo o continente de origem (2002-2005) 115

GRÁFICO 14 – Trabalhadores por conta de outrem nacionais e estrangeiros, segundo o grau de ensino (2005) 119

GRÁFICO 15 – Trabalhadores por conta de outrem segundo a nacionalidade
(portugueses, europeus, lusófonos e outros) e o grau de ensino (2005)   120

GRÁFICO 16 – Trabalhadores por conta de outrem portugueses e da Europa
de Leste e do Brasil, segundo o grau de ensino (2005)   121

GRÁFICO 17 – Índice de Escolaridade dos trabalhadores por conta de outrem,
segundo a nacionalidade (2005)   123

GRÁFICO 18 – Trabalhadores por conta de outrem nacionais e estrangeiros,
segundo os níveis de qualificação (2005)   126

GRÁFICO 19 – Trabalhadores por conta de outrem segundo a nacionalidade
(portugueses, europeus, lusófonos e outros) e o nível de qualificação (2005)   127

GRÁFICO 20 – Trabalhadores por conta de outrem portugueses e da Europa
de Leste e do Brasil, segundo o nível de qualificações (2005)   128

GRÁFICO 21 – Índice de Qualificação dos trabalhadores por conta de outrem,
segundo a nacionalidade (2005)   130

GRÁFICO 22 – Trabalhadores por conta de outrem nacionais e estrangeiros,
por ramos de actividade CAE (2005)   135

GRÁFICO 23 – Trabalhadores por conta de outrem segundo a nacionalidade
(portugueses, europeus, lusófonos e outros), por ramos de actividade
CAE (2005)   135

GRÁFICO 24 – Trabalhadores por conta de outrem portugueses e da Europa
de Leste e do Brasil, por ramos de actividade CAE (2005)   136

GRÁFICO 25 – Trabalhadores por conta de outrem estrangeiros, segundo o seu
peso percentual por ramos de actividade CAE (2005)   138

GRÁFICO 26 – Trabalhadores por conta de outrem nacionais e estrangeiros,
por Classes Tecnológicas industriais e dos serviços (2005)   139

GRÁFICO 27 – Trabalhadores por conta de outrem segundo a nacionalidade
(portugueses, europeus, lusófonos e outros), por Classes Tecnológicas
industriais e dos serviços (2005)   141

GRÁFICO 28 – Trabalhadores por conta de outrem portugueses e da Europa de
Leste e do Brasil, por Classes Tecnológicas industriais e dos serviços (2005)   142

GRÁFICO 29 – Trabalhadores por conta de outrem nacionais e estrangeiros,
segundo as profissões (2005)   146

GRÁFICO 30 – Trabalhadores por conta de outrem segundo a nacionalidade
(portugueses, europeus, lusófonos e outros) e as profissões (2005)   147

GRÁFICO 31 – Trabalhadores por conta de outrem portugueses e da Europa
de Leste e do Brasil, segundo as profissões (2005)   148

GRÁFICO 32 – Índice de Qualificação Profissional dos trabalhadores por conta
de outrem, segundo a nacionalidade (2005)   149

ÍNDICE DE QUADROS, GRÁFICOS E FIGURAS   279

GRÁFICO 33 – Trabalhadores por conta de outrem nacionais e estrangeiros
com o ensino secundário e superior, por ramos de actividade CAE (2002)   152

GRÁFICO 34 – Trabalhadores por conta de outrem portugueses, europeus
e dos países lusófonos com o ensino secundário e superior, por ramos
de actividade CAE (2002)   155

GRÁFICO 35 – Trabalhadores por conta de outrem portugueses, da Europa
de Leste e do Brasil com o ensino secundário e superior, por ramos
de actividade CAE (2002)   157

GRÁFICO 36 – Trabalhadores por conta de outrem nacionais e estrangeiros,
a ocupar categorias profissionais dirigentes, por ramos de actividade
CAE (2002)   159

GRÁFICO 37 – Trabalhadores por conta de outrem portugueses, europeus
e dos países lusófonos, categorias profissionais dirigentes, por ramos
de actividade CAE (2002)   164

GRÁFICO 38 – Trabalhadores por conta de outrem portugueses, europeus
e dos países lusófonos, que ocupam categorias de menor qualificação
profissional, por ramos de actividade CAE (2002)   165

Capítulo VI – Imigração e Território

QUADRO 73 – Distribuição territorial dos trabalhadores por conta de outrem
segundo a nacionalidade, e Índice de Distribuição Territorial do Trabalho
Imigrante, por NUTS II e III (2005)   170

QUADRO 74 – Concelhos da Região Norte e da Região Centro com percentagens
de mão-de-obra imigrante superiores à média nacional (2005)   173

QUADRO 75 – Concelhos da Região de Lisboa com percentagens de mão-de-obra
imigrante superiores à média nacional (2005)   174

QUADRO 76 – Concelhos da Região do Alentejo e da Região do Algarve com
percentagens de mão-de-obra imigrante superiores à média nacional (2005)   175

QUADRO 77 – Concelhos da Região Autónoma dos Açores e da Região Autónoma
da Madeira com percentagens de mão-de-obra imigrante superiores à média
nacional (2005)   176

QUADRO 78 – Distribuição territorial dos trabalhadores por conta de outrem
imigrantes, segundo as principais nacionalidades, por NUTS II e III (2005)   179

QUADRO 79 – Distribuição dos trabalhadores por conta de outrem imigrantes,
segundo as principais nacionalidades, por NUTS II e III (2005)   181

QUADRO 80 – Distribuição do total de trabalhadores por conta de outrem
segundo os ramos de actividade económica, por NUTS II e III (2005)   186

QUADRO 81 – Distribuição dos trabalhadores por conta de outrem imigrantes segundo ramos de actividade económica, por NUTS II e III (2005) — 187

QUADRO 82 – Percentagem de trabalhadores por conta de outrem imigrantes no total, segundo os ramos de actividade económica, por NUTS II e III (2005) — 188

QUADRO 83 – Distribuição percentual dos trabalhadores por conta de outrem portugueses, por ramos de actividade económica, segundo as NUTS II e III (2005) — 192

QUADRO 84 – Distribuição percentual dos trabalhadores por conta de outrem imigrantes, por ramos de actividade económica, segundo as NUTS II e III (2005) — 194

QUADRO 85 – Distribuição percentual dos trabalhadores imigrantes por conta de outrem por sectores de actividade económica, segundo as NUTS II e III (2005) — 202

QUADRO 86 – Distribuição percentual do total de trabalhadores por conta de outrem por sectores de actividade económica, segundo as NUTS II e III (2005) — 205

QUADRO 87 – Distribuição percentual dos trabalhadores portugueses por conta de outrem por sectores de actividade económica, segundo as NUTS II e III (2005) — 207

QUADRO 88 – Distribuição dos trabalhadores por conta de outrem segundo a nacionalidade, por sectores de actividade económica (2005) — 210

QUADRO 89 – Importância do emprego no sector do turismo (alojamento e restauração), no volume de trabalhadores por conta de outrem portugueses e brasileiros, face a outros imigrantes estrangeiros (2005) — 210

QUADRO 90 – Distribuição dos trabalhadores portugueses por conta de outrem segundo as classes tecnológicas, por NUTS II e III (2005) — 212

QUADRO 91 – Distribuição dos trabalhadores estrangeiros por conta de outrem segundo as classes tecnológicas, nas NUTS II e III (2005) — 213

QUADRO 92 – Percentagem de trabalhadores por conta de outrem nacionais e imigrantes com o ensino superior e respectivos Índices de Escolaridade (2005) — 220

QUADRO 93 – Índices de Escolaridade, segundo a nacionalidade, por NUTS II e III (2005) — 223

QUADRO 94 – Trabalhadores por conta de outrem nacionais e imigrantes, por categorias profissionais relativas a Quadros Dirigentes e Pessoal não Qualificado, segundo as NUTS II e III (2005) — 227

QUADRO 95 – Índices de Qualificação, segundo a Nacionalidade, por NUTS II e III (2005) — 230

ÍNDICE DE QUADROS, GRÁFICOS E FIGURAS   281

GRÁFICO 39 – Distribuição dos trabalhadores por conta de outrem imigrantes,
segundo as principais nacionalidades, nas NUTS II (2005)   183

GRÁFICO 40 – Distribuição dos trabalhadores por conta de outrem nacionais
e imigrantes, por ramos de actividade económica, na Região Norte (2005)   193

GRÁFICO 41 – Distribuição dos trabalhadores por conta de outrem nacionais
e imigrantes, por ramos de actividade económica, na Região Centro (2005)   195

GRÁFICO 42 – Distribuição dos trabalhadores por conta de outrem nacionais
e imigrantes, por ramos de actividade económica, na Região de Lisboa
(2005)   197

GRÁFICO 43 – Distribuição dos trabalhadores por conta de outrem nacionais
e imigrantes, por ramos de actividade económica, na Região do Alentejo
(2005)   198

GRÁFICO 44 – Distribuição dos trabalhadores por conta de outrem nacionais
e imigrantes, por ramos de actividade económica, no Algarve (2005)   199

GRÁFICO 45 – Distribuição dos trabalhadores por conta de outrem nacionais
e imigrantes, por ramos de actividade económica, na Região Autónoma
dos Açores (2005)   200

GRÁFICO 46 – Distribuição dos trabalhadores por conta de outrem nacionais
e imigrantes, por ramos de actividade económica, na Região Autónoma
da Madeira (2005)   200

GRÁFICO 47 – Percentagem de trabalhadores por conta de outrem empregados
no sector terciário, segundo a nacionalidade, por NUTS III (2005)   204

GRÁFICO 48 – Percentagem de trabalhadores por conta de outrem empregados
no sector secundário, segundo a nacionalidade, por NUTS III (2005)   206

GRÁFICO 49 – Percentagem de trabalhadores por conta de outrem empregados
no sector da construção, segundo a nacionalidade, por NUTS III (2005)   208

GRÁFICO 50 – Percentagem de trabalhadores por conta de outrem empregados
no sector primário, segundo a nacionalidade, por NUTS III (2005)   209

GRÁFICO 51 – Distribuição dos trabalhadores por conta de outrem nacionais
e estrangeiros por classes tecnológicas, na Região Norte (2005)   214

GRÁFICO 52 – Distribuição dos trabalhadores por conta de outrem nacionais
e estrangeiros por classes tecnológicas, na Região Centro (2005)   215

GRÁFICO 53 – Distribuição dos trabalhadores por conta de outrem nacionais
e estrangeiros por classes tecnológicas, na Região de Lisboa (2005)   215

GRÁFICO 54 – Distribuição dos trabalhadores por conta de outrem nacionais
e estrangeiros por classes tecnológicas, na Região do Alentejo (2005)   216

GRÁFICO 55 – Distribuição dos trabalhadores por conta de outrem nacionais
e estrangeiros por classes tecnológicas, na Região do Algarve (2005)   216

GRÁFICO 56 – Distribuição dos trabalhadores por conta de outrem nacionais
e estrangeiros por classes tecnológicas, na Região Autónoma dos Açores
(2005) 217

GRÁFICO 57 – Distribuição dos trabalhadores por conta de outrem nacionais
e estrangeiros por classes tecnológicas, na Região Autónoma da Madeira
(2005) 217

GRÁFICO 58 – Comparação do Índice de Escolaridade, por NUTS III,
dos trabalhadores por conta de outrem portugueses e estrangeiros (2005) 221

GRÁFICO 59 – Percentagem de trabalhadores por conta de outrem integrados na
categoria "Não qualificados, praticantes e aprendizes", por NUTS III (2005) 228

GRÁFICO 60 – Percentagem de trabalhadores por conta de outrem integrados
na categoria "Quadros Médios e Superiores", por NUTS III (2005) 228

FIGURA 6 – Indicadores da distribuição territorial do trabalho imigrante (2005) 172

FIGURA 7 – Percentagem de trabalhadores imigrantes no total de trabalhadores
por conta de outrem, em sectores relevantes de emprego de mão-de-obra
imigrante, por NUTS III (2005) 190

FIGURA 8 – Distribuição dos trabalhadores imigrantes por sectores de actividade,
segundo as NUTS III (2005) 203

FIGURA 9 – Índice de Escolaridade, por NUTS III, dos trabalhadores por conta
de outrem portugueses e estrangeiros (2005) 222

**Capítulo VII – A imigração enquanto mobilidade: Portugal numa plataforma
global de 'circulação de investigadores'?**

QUADRO 96 – Bolsas atribuídas, relativas a formação realizada em Portugal,
no estrangeiro ou em regime misto (QCA I, II e III – 1990-2005) 235

QUADRO 97 – Investigadores estrangeiros no sistema de investigação português
(1997-2005) 236

QUADRO 98 – Distribuição de investigadores (total e estrangeiros) por sector
de execução (2001-2005) 238

QUADRO 99 – Carreira e situação profissional dos investigadores estrangeiros
por sector de execução (2001-2005) 239

QUADRO 100 – Distribuição dos investigadores segundo as habilitações
académicas (2001-2005) 241

QUADRO 101 – Distribuição geográfica dos investigadores estrangeiros
(2001-2005) 243

QUADRO 102 – Distribuição dos investigadores estrangeiros segundo o sexo
(2001-2005) 243

QUADRO 103 – Nacionalidade dos investigadores estrangeiros em Portugal,
por sectores de execução (2005) 244

QUADRO 104 – Distribuição do número de inquéritos enviados e respostas 247

QUADRO 105 – Distribuição geográfica dos investigadores estrangeiros inquiridos,
face ao universo de investigadores estrangeiros e ao universo total (2005) 250

QUADRO 106 – Origem geográfica dos investigadores inquiridos em comparação
com o universo de investigadores estrangeiros (2005) 251

QUADRO 107 – Países de formação e de nacionalidade dos investigadores
estrangeiros em Portugal 252

QUADRO 108 – Mobilidade anterior dos imigrantes científicos (mínimo
de 6 meses) 254

QUADRO 109 – Razões para a imigração e para a emigração de investigadores
estrangeiros, em relação a Portugal 255

QUADRO 110 – Satisfação dos investigadores estrangeiros com a situação
profissional em Portugal 258

QUADRO 111 – Comparação da satisfação dos investigadores estrangeiros com
a situação profissional em Portugal e no estrangeiro 260

QUADRO 112 – Factores de influência na inserção em Portugal 263

QUADRO 113 – Ligações dos investigadores estrangeiros com o país de origem 266

QUADRO 114 – Publicações e patentes resultantes do trabalho realizado em
Portugal pelos investigadores estrangeiros 266

QUADRO 115 – Participação dos investigadores estrangeiros em diversos tipos
de redes 267

GRÁFICO 61 – Distribuição de investigadores portugueses e estrangeiros por
sector de execução (2005) 238

GRÁFICO 62 – Distribuição geográfica dos investigadores portugueses
e estrangeiros (2005) 243

GRÁFICO 63 – Distribuição etária e por sexo dos investigadores residentes
e investigadores estrangeiros inquiridos 248

GRÁFICO 64 – Razões para a imigração e para a emigração de investigadores
estrangeiros, em relação a Portugal 256

GRÁFICO 65 – Factores de satisfação dos investigadores estrangeiros com a
situação profissional em Portugal 259

GRÁFICO 66 – Factores de influência na inserção em Portugal 264

ANEXO

ANEXO

INTEGRAÇÃO DE IMIGRANTES E APROVEITAMENTO DE POTENCIALIDADES PRODUTIVAS: ANÁLISE BASEADA EM ENTREVISTAS E INQUÉRITOS

1. Entrevistas a trabalhadores e a dirigentes empresariais

Foram entrevistados cinco imigrantes que podem ser, sinteticamente, identificados a partir das seguintes características: originários da Europa do Leste (quatro ucranianos e um moldavo); trabalham em empresas localizadas em Águeda e Marinha Grande; três são do sexo masculino; têm idades compreendidas entre os 38 e os 53 anos; possuem formação de nível superior ou média (quatro têm curso de engenharia e uma teve formação em enfermagem); estão em Portugal há alguns anos (a mais recente chegou em 2004 e o mais antigo em 1999); com excepção de um, que desempenha as funções de engenheiro de manutenção, todos os outros são operadores de máquinas; não têm contactos com associações de imigrantes.

Na sequência da desagregação da União Soviética, estes trabalhadores foram confrontados, nos respectivos espaços de origem, com uma profunda crise no mercado de trabalho e, consequentemente, com um subaproveitamento das respectivas qualificações, tendo desempenhado tarefas muito diferentes daquelas para as quais tinham formação específica e num ambiente de enorme precariedade. Como reacção a estas circunstâncias, emigraram para Portugal, seguindo o exemplo de familiares ou amigos que se encontravam no nosso país e que os influenciaram nessa decisão.

Em Portugal, a quase totalidade destes emigrantes tem realizado tarefas com fraco nível tecnológico, cujo desempenho não requer uma formação muito específica, para além de uma aprendizagem elementar do funcionamento básico dos equipamentos com que trabalham. Apenas um dos imigrantes viu a sua situação profissional significativamente melhorada: após ter sido trabalhador directo do departamento de manutenção, passou a desempenhar as funções de engenheiro desse departamento.

Não existe desigualdade nas condições dos trabalhadores portugueses e dos imigrantes que desempenhem as mesmas funções, embora haja um subaproveitamento profissional das competências técnicas destes últimos; este subaproveitamento é vivido com conformismo. A experiência anterior destes trabalhadores nos respectivos países de origem explica, em parte, este conformismo; a informação de que a situação económica desses países continua a ser bastante pior do que a realidade que vivem em Portugal também alimenta esse sentimento. Para além destes aspectos, outros factores contribuem para que esse sentimento se reforce, como as dificuldades processuais relacionadas com o reconhecimento das respectivas licenciaturas e as diferenças linguísticas. Apesar destes últimos tipos de constrangimento, não é visível a preocupação, por parte destes trabalhadores, em estabelecer contactos com associações de imigrantes ou com sindicatos que possam contribuir para resolver tais problemas.

O conformismo perante os conteúdos das tarefas e a ausência de contactos com associações socioprofissionais não deixam de revelar uma precária integração social destes trabalhadores. Uma precária integração social que tem custos de oportunidade significativos, relacionados, no curto prazo, com um subaproveitamento produtivo de competências profissionais, que se vão tornando, ao longo do tempo, cada vez mais esquecidas e obsoletas. Não realizando tarefas mais qualificadas, os imigrantes tendem a cristalizar o seu relacionamento profissional e também existencial, com o espaço de destino, num nível que não ultrapassa a satisfação das necessidades mais elementares da sobrevivência. Em termos mais gerais, o subaproveitamento produtivo das competências dos trabalhadores estrangeiros fragiliza o potencial dinâmico dos efeitos a montante e a jusante do respectivo fluxo imigratório, o qual tenderá, assim, a ter as características de uma "imigração de enclave", cuja existência será apenas determinada pela duração da crise dos espaços de origem. Não sendo visíveis iniciativas, por parte dos imigrantes entrevistados, conducentes a um maior aproveitamento das suas potencialidades produtivas, interessa saber em que medida as empresas onde trabalham e outras organizações podem contribuir para alterar essa situação.

Foram, por isso, entrevistados dirigentes de sete empresas, caracterizadas: por se localizarem em Águeda e na Marinha Grande; realizarem actividades produtivas diversas (embora integradas, maioritariamente, no sector da metalomecânica); empregarem, em média, 140 postos de trabalho (10 dos quais são imigrantes, entre os quais predominam os trabalhadores da Europa de Leste); realizarem um volume médio de vendas da ordem dos 10 milhões de euros, 58% do qual correspondem a exportações; e terem uma média de idades de 32 anos.

O número de trabalhadores imigrantes empregados nestas empresas tem vindo a diminuir, como consequência de uma desaceleração da sua actividade comercial: o recurso a trabalhadores imigrantes foi mais significativo no final do século XX, para dotar as empresas de capacidades produtivas que permitissem satisfazer a expansão das suas vendas, nomeadamente os fornecimentos ao sector da construção civil. Foi, portanto, uma coincidência, nesse período, de um aumento da oferta de trabalho, induzido pela desagregação da União Soviética, e de um aumento da procura de trabalho, gerado pela expansão comercial das empresas, que contribuiu para o elevado recurso a trabalhadores imigrantes.

Os entrevistados consideram que, comparativamente com os trabalhadores portugueses, os imigrantes têm níveis de habilitações mais elevados assim como uma maior e mais versátil capacidade de trabalho. O recurso a imigrantes é, sobretudo, explicado pelo aproveitamento desta maior e mais versátil capacidade produtiva: frequentemente, foram empregados em regimes de produção particularmente intensos, fazendo turnos e horas extraordinárias, para os quais havia maiores resistências da parte dos trabalhadores portugueses.

A intervenção das empresas no sentido de promoverem a integração social dos imigrantes tem-se traduzido, fundamentalmente, no acompanhamento dos processos administrativos relacionados com a legalização destes trabalhadores. Questões como o reconhecimento de habilitações são consideradas como bastante complexas e que saem das competências ou das práticas habituais das empresas.

Embora se reconheça que a permanência dos trabalhadores imigrantes nas empresas é frequentemente temporária, existem casos em que essa permanência se tornou mais estável. Para essa estabilidade contribuiu a persistência da crise nos respectivos países de origem, a vinda, para Portugal, do núcleo familiar de imigrantes mais antigos e a progressiva integração, na sociedade portuguesa, dos filhos desses imigrantes. Assim, a integração dos imigrantes em Portugal parece fazer-se, em grande medida, a partir da educação dos seus descendentes, à semelhança, aliás, do que se verificou com a inserção social da família de muitos dos nossos emigrantes nos respectivos países de destino. O relacionamento dos imigrantes com organizações não empresariais poderá ser, assim, uma base importante para a integração económica e social destes trabalhadores e, consequentemente, para um maior aproveitamento das respectivas potencialidades produtivas.

2. Inquéritos e entrevistas a organizações não empresariais

Das 35 Câmaras Municipais a quem foi enviado um inquérito[56], responderam 22, localizadas no Sul (11), na Região de Lisboa (9) e no Norte (2). As informações obtidas acrescentam diversos elementos aos captados nas entrevistas com os trabalhadores e com os responsáveis das empresas, permitindo conhecer melhor o processo de integração da generalidade dos imigrantes na sociedade portuguesa.

Por um lado, a localização dos imigrantes nestes concelhos é explicada pelo dinamismo das economias locais (ou, em termos mais rigorosos, pelo maior dinamismo dessas economias relativamente à dos espaços de origem desses imigrantes) e pelos contactos com imigrantes já integrados em tais espaços, registando-se, nos últimos

---

[56] O critério de selecção utilizado consistiu no envio de inquéritos às Câmaras dos Concelhos com mais de 100 mil imigrantes ou com um índice global de imigração (quociente entre a importância percentual dos imigrantes no conjunto dos trabalhadores encontrada para o concelho e para o Continente) não inferior a 2.

três anos, um aumento do número de imigrantes nesses concelhos. Esta última informação, concordante com o sentido dinâmico identificado através dos dados estatísticos totais, reforça a ideia de que o decrescente recurso, por parte das empresas anteriormente entrevistadas, a mão-de-obra imigrante, se deve apenas a razões relacionadas com a evolução da actividade económica particular dessas empresas ou, no limite, do correspondente sector industrial. Com efeito, a opinião captada através do inquérito às Câmaras expressa sensibilidades a dinâmicas sectoriais mais amplas, em que se inclui a evolução observada no mercado de trabalho de diversos serviços, actividades predominantes na distribuição sectorial dos imigrantes.

Embora se considere que a integração dos imigrantes na vida social dos concelhos é, globalmente, boa (classificação expressa por treze Câmaras, enquanto seis outras a consideram razoável, havendo uma que considera que essa integração é muito boa), o tempo médio da permanência destes trabalhadores nesses concelhos é da ordem dos quatro a cinco anos (as sete respostas dadas a esta última pergunta variam entre um mínimo de dois anos e um máximo de sete anos e meio). As medidas propostas para melhorar/reforçar essa integração incidem, predominantemente, no apoio a projectos interculturais e aos processos de legalização; quatro Câmaras destacam também a organização de cursos de língua portuguesa; mais residualmente, duas Câmaras referem a participação no processo de reconhecimento das habilitações escolares ou académicas e duas outras Câmaras destacam a necessidade de se melhorar o acesso dos imigrantes aos serviços de assistência social.

Por outro lado, o impacto dos imigrantes na actividade económica dos concelhos é, maioritariamente, classificado como sendo bom (opinião de oito Câmaras) ou razoável (opinião expressa também por oito Câmaras), havendo duas Câmaras que consideram que tal impacto é muito bom. No entanto, não se identificam situações particularmente reveladoras de um elevado contributo dos imigrantes para o desenvolvimento económico dos concelhos: as respostas a esta questão são demasiado vagas ou referem a participação dos imigrantes em actividades económicas de baixa intensidade tecnológica, como a construção civil, o comércio e a restauração. Para melhorar o impacto dos imigrantes na actividade económica dos concelhos, sugerem-se medidas que, na sua diversidade, podem ser agregadas em três grupos: a maioria dessas medidas está relacionada com a melhoria da integração social; um segundo grupo de medidas diz respeito ao reforço das acções de formação profissional, sendo, mais particularmente, reconhecida por duas Câmaras a necessidade de se melhorar o processo de reconhecimento das habilitações dos imigrantes; quatro outras Câmaras apontam ainda a necessidade de se apoiar a criação de micro-empresas.

A generalidade das Câmaras Municipais tem realizado iniciativas com o objectivo específico de promover a integração económica e social dos imigrantes. Estas iniciativas incidem em aspectos predominantemente sociais e traduzem-se em acções muito diversas que podem ser integradas em três grupos: é generalizada a criação de organismos locais de apoio ao imigrante; é também muito significativo o número de Câmaras que têm dinamizado projectos de integração social, havendo um número mais restrito de iniciativas dirigidas à resolução de problemas de habitação; uma iniciativa com um significado mais particular corresponde à contratação de um imigrante, por parte de uma Câmara. O papel das Câmaras na promoção da integração económica e social dos imigrantes nos respectivos concelhos é, maioritariamente, classificado como sendo bom (opinião de onze Câmaras) ou razoável (opinião de sete Câmaras), havendo duas Câmaras que consideram que esse papel é muito bom.

Esta actividade das Câmaras como promotores da integração dos imigrantes poderá ser complementada com a actuação de outras organizações locais. Entre essas outras organizações, as Câmaras destacam, sobretudo, as empresas privadas e as organizações não empresariais, públicas e privadas. No entanto, consideram que estas organizações, empresariais ou não, têm tido uma actuação que, sendo globalmente positiva, é menos relevante que a das Câmaras na promoção da integração dos imigrantes: em termos mais concretos, essa actuação é classificada como razoável (opinião de onze Câmaras) ou boa (por quatro Câmaras) e, embora apareça classificada como muito boa (por uma Câmara), também aparece como fraca (duas Câmaras) ou má (uma Câmara). Por outro lado, a ausência de resposta, por parte de três Câmaras, a esta pergunta, não deixa de transparecer a existência de algum desconhecimento sobre as actividades daquelas organizações.

As entrevistas a dez organizações não empresariais[57] permitem conhecer melhor o respectivo contributo para a maior integração social e económica dos imigrantes. Assim, constata-se que a intervenção destas organizações incide nas diversas áreas onde também intervêm as Câmaras Municipais: difusão de informações, acompanhamento dos processos de legalização e de reconhecimento das habilitações, promoção do intercâmbio intercultural, nomeadamente entre crianças e jovens na idade escolar, e acções de formação profissional, assim como cursos de língua portuguesa.

Embora se registe esta convergência quanto à natureza das iniciativas realizadas por estas organizações e pelas Câmaras Municipais, não parece ser muito expressiva a colaboração entre estes dois actores públicos. Nesse sentido, apontam não só as já comentadas informações obtidas junto das Câmaras, mas também o reduzido

---

[57] Nestas dez organizações, incluem-se oito Associações de Desenvolvimento Local, uma Associação Empresarial e a Associação de Apoio ao Imigrante; estas dez organizações distribuem-se pelas regiões Sul (quatro), Centro (quatro) e Norte (duas).

número das outras organizações não empresariais que referem tal colaboração (o que só acontece com três casos) e também a natureza muito pontual que, segundo algumas organizações, têm tais iniciativas. No que se refere a este último aspecto, duas destas organizações consideram que aquelas actividades são realizadas de forma dispersa e não têm, frequentemente, continuidade ao longo do tempo, o que limitará o efectivo aproveitamento dos impactos positivos potenciais dessas iniciativas.

Um aspecto apresentado como constituindo outro factor limitativo do efectivo alcance das acções relacionadas com a promoção da integração social e económica dos imigrantes é a excessiva introversão das comunidades dos imigrantes. Isto não significa que Portugal coloque barreiras à entrada ou à integração de imigrantes. Aliás, a própria Associação de Apoio ao Imigrante considera, à semelhança de organizações internacionais que têm elaborado relatórios sobre esta questão, que Portugal é um dos países que menos obstáculos coloca à entrada de imigrantes.

A reduzida interacção social dos imigrantes decorre mais de um aspecto já referido na análise das entrevistas aos trabalhadores imigrantes: a excessiva concentração das práticas de relacionamento destes trabalhadores no circulo restrito das suas famílias e na satisfação das necessidades mais elementares da sobrevivência. Em face desta "imigração de enclave", são muito reduzidas as energias canalizadas para iniciativas sociais ou associativas, mesmo para aquelas que estão directamente relacionadas com a defesa dos interesses específicos deste grupo social. Um outro indicador da natureza extremamente "insular" desta comunidade está na própria génese da Associação de Apoio ao Imigrante, que foi criada por portugueses e em 2001 (alguns anos, portanto, depois de o fluxo imigratório ter adquirido uma relevância significativa).

Os elementos referidos anteriormente permitem também concluir que a "insularidade" não está presente apenas na comunidade dos imigrantes. Esta característica transparece também no conjunto das organizações empresariais e não empresariais contactadas através das entrevistas e dos inquéritos que foram objeto de análise neste anexo.

Estabelecer laços de comunicação e de diálogo, destinados a vencer "insularidades" individuais ou organizacionais, contribuiria, com certeza, para reforçar a eficácia de muitos processos de integração social e económica dos imigrantes. Deste modo, tais processos perderiam, progressivamente, a natureza de acções pontuais e descontínuas que parecem possuir actualmente, criando-se condições favoráveis a um maior aproveitamento das potencialidades produtivas existentes. No fundo, com o estabelecimento desse diálogo colectivo, a actual ausência de barreiras à entrada de imigrantes deixaria de poder ser interpretada como uma hipotética prova de uma atitude cultural negligente para passar a ser entendida como o primeiro indicador de uma sociedade capaz de articular abertura com capacidade de mobilização de diversas culturas num projeto social e económico comum.